Ausgerechnet Alaska

Briefe aus Cicely

Ellis Weiner

Ausgerechnet Alaska
Briefe aus Cicely

Aus dem Amerikanischen
von Stefan Weidle

vgs

Erstveröffentlichung bei:
Pocket Books, New York, NY

Titel der amerikanischen Originalausgabe:
Northern Exposure: Letters From Cicely. A book by Ellis Weiner.

Das Buch basiert auf der „Universal-Television"-Fernsehserie „Ausgerechnet Alaska" (Northern Exposure) von Joshua Brand & John Falsey.

Die Deutsche Bibliothek – CIP-Einheitsaufnahme

Weiner, Ellis:
Ausgerechnet Alaska : Briefe aus Cicely / Ellis Weiner. Aus dem Amerik. von Stefan Weidle. – Köln : vgs, 1992
Einheitssacht.: Northern exposure <dt.>
ISBN 3-8025-2225-7

Lektorat: Kurt-Jürgen Heering
Umschlaggestaltung: Fred Papen, Köln
Satz: ICS Communikations-Service GmbH, Bergisch Gladbach
Druck: Clausen & Bosse, Leck
Printed in Germany
ISBN 3-8025-2225-7

1

Die große Schlaflosigkeit

28. 2.

Liebe Mom,

danke fürs Pastrami. Ich weiß, wie unbequem es für Dich ist, die Sachen von Katz's aus der Innenstadt nach Hause zu schleppen. Das heißt, ich weiß natürlich, daß Du wegen dieser Matinee ohnehin in der Stadt warst, aber trotzdem. (Wenn Du mich hier je besuchen solltest, was Gott verhüten möge, dann würdest Du einen Mann kennenlernen, mit dem Du über Musicals diskutieren könntest. Er ist ein ehemaliger Astronaut, also das Gegenteil eines Juden, doch ihr hättet immerhin eine gemeinsame Vorliebe: „Gigi". ABER BITTE KOMM AUF GAR KEINEN FALL. DU WÄRST ENTSETZT. GARANTIERT.)

Jedenfalls bin ich Dir sehr dankbar. Du könntest Dich übrigens erkundigen, wie man Sendungen für Federal Express verpacken muß und das dann selbst übernehmen und noch zwei Pfund koschere Wurst von Ginsberg's dazutun.

Mir geht es soweit gut. Der Frühling läßt zwar noch auf sich warten, aber es wird wohl nicht mehr lange dauern, sagt man mir. Dann werden die Wiesen um mein Haus von Millionen blühender Blumen bedeckt sein, und der Himmel wird in einem tiefen Blau erstrahlen. Kannst Du nächstes Mal ein Glas Kosciusko-Senf mitschicken? Danke. Gibt es einen groben, nach alter Art oder wie das heißt? Danke. Liebe Grüße an Pop.

Oh, und vielen Dank noch für das Sweatshirt. Ich trage es fast ununterbrochen.

Küßchen,
Joey

Mr. Steven Cohen, Esq.
129 W. Sumner
Pittsburgh, Pennsylvania

1. 3.

Lieber Steve,

bevor Du weiterliest, springe erst einmal ans Ende dieses Briefs und schau Dir meinen Namen an, den ich absichtlich auf dem Umschlag weggelassen habe. Ich warte inzwischen hier.

Ja, Alaska! Überrascht? Was glaubst Du, wie *ich* mich fühle? Und Du bist also in Pittsburgh gelandet! Man behauptet, es wäre dort – entgegen allen gegenteiligen Behauptungen – schön. Und Du bist Staatsanwalt. Ich bin beeindruckt. Aber nicht ganz so sehr, denn ich bin ungefähr dasselbe im medizinischen Bereich, zumindest für vier Jahre.

Eigentlich hatte ich mir nicht unbedingt vorgestellt, nach dem Studium ausgerechnet hier zu landen. Aber das geht vorbei, hoffe ich. Es ist nur die Gegenleistung für das Stipendium, das der Staat Alaska mir zukommen ließ. Dafür muß ich jetzt vier Jahre als öffentlich bestallter Arzt in diesem arktischen Höllenloch absitzen. Na ja, so schlimm ist es auch wieder nicht. Nur kann ich mir nichts Schlimmeres vorstellen. Als ginge man von der Militärakademie direkt an die vorderste Front. Allerdings ist das Essen hier schlechter. Da ich aber schon zwei Jahre hier bin, rechne ich jeden Moment damit, daß ich mich doch noch daran gewöhne.

Ich schreibe Dir, weil meine Mutter mir ein moosgrünes Sweatshirt geschickt hat, so eins, wie wir sie als Betreuer im Ferienlager getragen haben. Indian Hill steht drauf. Als guter Sohn habe ich es natürlich gleich anprobiert. Zu klein! Die Ärmel enden knapp unter dem Ellbogen. Ich sehe aus wie einer dieser Penner, die gelegentlich in sozialkritischen Fernsehsendungen auftauchen. Da denkt man dann: „Gott sei Dank sehe *ich* nicht so aus." – Ist „Penner" soziologisch gesehen unpassend? Ich meine natürlich „Amerikaner der ländlichen Unterschicht mit Alkoholproblem".

Jedenfalls erinnerte mich das Sweatshirt an Dich, und deshalb wollte ich Dir einen Gruß schicken. Ich tue sowas zwar normalerweise nicht (d. h. „Grüße schicken"), weil ich eigentlich weder Zeit noch Kraft dafür habe. Aber jetzt ist es Viertel nach vier in der Nacht, und ich bin kein bißchen müde. Komisch, nicht wahr? Also rief ich meine Mutter an (in New York ist es schon nach acht, sie sind also auf) und ließ mir Deine Adresse geben. Sie hatte sie von Deiner Mutter. Wie hieß es früher in der Werbung? „Ohne Mütter wäre das Leben unmöglich."

Laß mich mit diesem philosophischen Gedanken schließen. Bitte antworte mir, damit ich einen Beweis habe, daß Du diesen Brief erhalten hast. Und wenn Du ihn nicht erhalten hast, dann schreib erst recht und laß es mich wissen. Ich schicke ihn dann noch mal ab. Inzwischen ist es fast 4.21 Uhr, und ich fühle mich großartig.

Aus tiefster Vergangenheit,
Joel Fleischman

PS: Ich weiß, damals im Ferienlager waren wir siebzehn. Jetzt sind wir . . . bist zumindest *Du* dreißig. (Ich noch nicht ganz). Tut mir leid.

1. März

Liebe Phyl,

ich weiß, ich habe Dir vor drei Monaten geschrieben, kurz nachdem Du nach Minneapolis gezogen warst, und vorgeschlagen, in Kontakt zu bleiben. Du hast prompt geantwortet. Und dann habe ich nicht mehr geschrieben. Aber Du weißt ja, wie das ist: Viel Ablenkung, viel Arbeit. Das kennst Du bestimmt besser als ich, wegen der Kleinen. SIE IST SO SÜSS! Kann ich noch ein Foto von ihr haben?

Ich entschuldige mich also förmlich für die Unterbrechung unserer Korrespondenz und unterbreite Dir einen neuen Vorschlag: Laß uns wirklich in Verbindung bleiben! Ganz ernsthaft. Mit wie vielen Menschen teilt der durchschnittliche Mensch schon das Zimmer im College? Gut, das ist eine zufällige Verbindung. Aber was ist nicht zufällig? Man kann sich seine Eltern nicht aussuchen, man kann sich seine Klassenkameraden nicht aussuchen, auch nicht denjenigen, in den man sich verliebt . . . Alle Verbindungen sind zufällig, wenn ich's mir recht überlege. Ergibt das einen Sinn? Das Seltsame daran ist, daß es etwa 3 Uhr in der Nacht von Samstag auf Sonntag ist und es mir vorkommt wie Mittag. Ich habe die ganze Nacht nicht geschlafen, habe aber auch keinerlei Bedürfnis nach Schlaf. Also baue ich meine Briefschulden ab – Du bist die erste, der ich schreibe, das schwöre ich – und fühle mich so . . . gedankenverloren.

Hier also der neueste Stand der Dinge. Arbeit: gut. Der Winter ist natürlich immer ein bißchen flau, aber jetzt ist er bald zu Ende, und das Geschäft lief trotzdem gut. Das Flugzeug hat nur ein paar kleine Macken, die ich selbst für wenig Geld reparieren kann, und ich spare schon auf ein neues.

Männer: katastrophal. Nein, das nehme ich zurück. Was nicht heißen soll, daß ich eine Beziehung habe. Was wiederum nicht heißen soll, daß mir das nicht fehlt . . . Du weißt schon, Liebe, Sex, eine feste Partnerschaft . . . Aber irgendwie fehlt mir das alles auch wieder nicht. Ich habe Freunde. Es gibt einen Mann hier, wir sind wie Katz und Maus miteinander, aber da ist doch ein Unterton von . . . irgendwie . . .

Klingt das vage? Nun, es *ist* vage. Ich mag seine Art zwar nicht, aber irgendwie mag ich ihn, aber ich „mag" ihn nicht wirklich, sondern ich interessiere mich für ihn, allerdings sehr distanziert und ohne weitere Interessen. Klar?

Vielleicht liegt es an der Uhrzeit. Vielleicht ist es der fehlende Schlaf, obwohl ich offen gestanden überhaupt nicht müde bin. Jedenfalls schließe ich jetzt. Bitte antworte mir, und ich verspreche Dir, daß ich Dich nie mehr so lange warten lasse. Gib der Kleinen einen Kuß von mir. Und schicke mir *mehr Fotos!* Grüße an Jonathan.

Alles Liebe,
Maggie

1. 3.

Lieber Tim,

Dein Brief bricht mir das Herz. Der Verkehr in White Plains ist „entsetzlich“? Es ist „so gut wie unmöglich, einen erstklassigen Mechaniker für den Swimmingpool“ zu finden? Immerhin kannst Du einen Bagel kaufen, wenn Du einen willst.

Jedenfalls schönen Dank für die Kopien. Obwohl ich nicht genau weiß, wie relevant „Intensive Cephalosporin-Behandlung für *Staphylokokken*-bedingte Formen akuter Pyelonephritis-Infektionen“ hier ist, wo die gängige medizinische Behandlung darin besteht, zwei doppelte Bourbon runterzuschütten und dann in den Wald zu gehen und die Bäume anzubrüllen. Die Ansprüche an den Arzt sind in Alaska nicht so hochgeschraubt; es geht eher darum, abgerissene Arme wieder anzuschrauben. Bei den meisten sind die Schrauben allerdings ziemlich locker.

Um Deine Fragen zu beantworten: Ich mache *nicht* sämtliche „Tussis“ hier an, denn wir haben keine Tussis in unserer Gemeinde. Dafür haben wir einen Elch, der einmal im Monat über die Hauptstraße flaniert. Immer derselbe. Und doch spricht er nie! Vielleicht ist er zu schüchtern.

Habe ich je erwähnt, daß die Stadt ungefähr 860 Einwohner hat? Insgesamt, alles in allem, die gesamte Bevölkerung jeden Alters, aller Geschlechter, Rassen und Religionen. Es gibt hier also etwa so viele Tussis wie Thai-Restaurants.

Übrigens haben wir hier am Ende der Welt wirklich jede Menge Religionen. Ziemlich seltsame zwar, aber es sind doch Religionen. Ein Typ glaubt, daß Hunde als Katzen wiedergeboren werden. „Deshalb haben so viele Leute Katzen“, erzählt er mir, während ich seinen eingewachsenen Zehennagel entferne und die Wunde verbinde.

Das sind die Fälle in meiner „Praxis“: Eingewachsene Zehennägel, Frauen, die mit Schälmessern auf ihre Männer einstechen, eine Frau, die mich fragt, ob ich ihrem zahmen Stachelschwein nicht das Gesicht liften könnte. Anstelle eines weißen Kittels sollte ich eine Grillschürze tragen, mit den Worten: UND DAFÜR HABE ICH MEDIZIN STUDIERT?

Also der Katzenmann: „Die Ägypter beteten die Katzen an“, erzählt er mir und deutet dabei mit dem Daumen über die Schulter, als geschähe das gerade jetzt in seinem Vorgarten. „Bisher sind alle Hunde des vergangenen Zeitalters in Katzenform wiedergekehrt.“

Wie ein Vollidiot lasse ich mich auf eine vernünftige Diskussion mit ihm ein. „Eine Frage nur“, werfe ich ein. „Woher sind all die Katzen gekommen, die die Ägypter anbeteten? Wem haben die Hunde gehört, die da wiedergeboren wurden?“ Wie aus der Pistole geschossen antwortet er: „Das waren die Hunde von Atlantis.“

Das wird der Titel meiner Memoiren aus Alaska, wenn ich lange genug lebe, um sie zu schreiben: „Die Hunde von Atlantis“. Den ganzen Tag bin ich solchen Theorien ausgesetzt, und allmählich fange ich selbst schon an, einiges davon zu glauben.

860 „Seelen“ also! Ich habe allein an der Theke im Fischgeschäft, wo meine Mutter einkaufte, mehr Menschen anstehen sehen. Von diesen 860, was meinst Du, wie viele davon sind wohl akzeptable, d. h. begehrenswerte, attraktive junge Frauen? Na? Es gibt genau eine, aber . . vergiß es. Es würde drei Seiten füllen, meine total lächerliche Beziehung zu ihr vollständig zu beschreiben. Auf jeden Fall sehe ich sie morgen, das heißt heute, denn ich schreibe diese Zeilen um 5 Uhr früh. Ich habe die ganze Nacht keinerlei Bedürfnis nach Schlaf verspürt. Ohne Drogen, ohne Kaffee, ohne Büffeln für Histologie-Examen am nächsten Morgen. Merkwürdig? Allerdings.

Jedenfalls hat sie ein Lufttaxi, das sie selbst fliegt. Ob sie sexy ist? Nein . . . Aber irgendwie doch sexy, auf ihre Art. Auf jeden Fall sexuell attraktiver als alle anderen Taxifahrer, denen ich je begegnet bin.

Sie fliegt mich 200 Meilen weiter nach Norden, tiefer in die Taiga oder Tundra, oder wie man das nennt, damit ich einem Ölbohrer einen Finger amputieren kann, der zerschmettert wurde, als er versuchte, mit der Axt eine Bierdose zu öffnen. Frag’ nicht. Ja, ich gebe zu, sie haben Ringe auf den Bierdosen, an denen man ziehen könnte. Aber den

Leuten wird es eben langweilig in den langen Wintermonaten. Sehr langweilig sogar.

Sein kostbares gottgegebenes medizinisches Talent verschwendend,

Dr. med. Joel Fleischman

An den
Herausgeber
von Stereo Age
350 Madison Avenue
New York, NY

1. März

Sehr geehrter Herr,

es gehört nicht zu meinen Gewohnheiten, an Herausgeber von Zeitschriften zu schreiben, doch da ich im Morgengrauen des 1. März noch immer unnatürlich wach bin, habe ich beschlossen, die Gelegenheit wahrzunehmen, um einem Kommentar Ihres Kritikers Gene Fanelli zu widersprechen. In diesem Kommentar wird die Behauptung aufgestellt, „das amerikanischste aller Musicals“ sei „Guys and Dolls“. Ist diesem Herrn nicht bekannt, daß eine der Schlüsselszenen von „Guys and Dolls“ (wenn auch außerhalb des Bühnengeschehens) in Kuba spielt? Und wie ich mit eigenen Augen aus dem Weltraum erkennen konnte, ist diese Insel nicht einmal ein Teil Lateinamerikas. Kuba ist vielmehr ein karibischer Staat. Wie „amerikanisch“ finden Sie das also?

Aber mißverstehen Sie mich bitte nicht: Frank Loessers Musical ist eines der besten und gehört zu meinen ausgesprochenen Favoriten. Dennoch drängen sich mir bei dem Begriff „amerikanisch“ andere Musicals auf. Was ist mit „The Music Man“? Was mit „Fiorello!“? Oder „Hello, Dolly!“?

Aber schließlich und vor allem: Was ist mit *Oklahoma!?* Ich stelle diese Frage nicht nur, weil ich in Oklahoma geboren bin oder weil dieses Musical neue Standards für die Verknüpfung von Story und Songs gesetzt hat, sondern weil ich glaube – und in diesem Punkt bin ich als Experte besonders heikel –, daß dieses Meisterwerk von Rogers und Hammerstein das erste war, welches ein Ausrufungszeichen in seinem Titel führte. Was, wie auch Mr. Fanelli sicher wissen dürfte, auf Jahrzehnte hinaus zu einem unerläßlichen Bestandteil von Musical-Titeln wurde. Wie an den oben erwähnten Titeln bewiesen ist. (!)

Ihr sehr ergebener
Maurice Minnifield

1. März

Liebe Shanna,

hallo und herzlichen Dank für Ihren anregenden, charmanten und, möchte ich sagen, geradezu *provozierenden* Brief. Ich bin hocherfreut, daß Ihnen die Radio Show gefällt. Offen gestanden, wollte ich zuerst kaum glauben, daß Sie uns da draußen in Seward überhaupt empfangen können. Und es ist in der Tat schmeichelhaft, daß Sie mich für einen kompetenten, sogar aufregenden Diskjokkey halten. Freilich muß ich sagen, daß mir Ihre Worte, ich wäre „der wichtigste Mensch im gesamten Universum", doch ein wenig hoch gegriffen scheinen. Ja, ich spreche zwar gern aus dem Stegreif über philosophische oder religiöse Fragen, aber das tun die meisten Betrunkenen in Bars auch. (Vielleicht habe ich es sogar daher, mein Vater war abhängig von dem Zeug.)

Obwohl ich also froh bin, daß Sie meine Plaudereien interessant finden, sollte man doch die richtige Perspektive nicht verlieren. Auch wenn mir bewußt ist, daß die richtige Perspektive einen nicht unbedingt zu den Gipfeln höchster

Erfahrungen führt. Aber ohne sie sieht jeder Maulwurfshügel wie ein hoher Gipfel aus.

Nach diesen Anmerkungen sollte ich mich nun dem Hauptpunkt Ihres Briefes zuwenden. Obwohl ich nur zu gerne sagen würde: Ja, ich erinnere mich daran, in der Nacht des 16. Dezember meinen Körper verlassen zu haben und auf einer Astralebene dem Ihren begegnet zu sein, habe ich tatsächlich doch keine solche Erinnerung. Sie sagen: „Wir umarmten uns als verwandte Geister" und „diskutierten die mythische Resonanz und tantrische Bedeutung des Backgammon-Bretts". Ich wünschte, ich könnte mich an eine solche Diskussion erinnern, das Thema klingt interessant. Schließlich schreiben Sie noch, Ihr astrales Ego habe meines auf seiner Rückkehr in meinen Körper begleitet, und dieser Körper habe „einen roten Pyjama mit Schottenmuster" getragen und „neben einem Mädchen namens Macie" gelegen. Sie hätten mir „verziehen" und uns zum Beweis dafür zum „Liebesspiel stimuliert", welches bis zu unserer Erfüllung und Befriedigung „auf der körperlichen wie auf der astralen Ebene ablief".

Shanna, obwohl ich dem Liebesspiel auf jeglicher Ebene durchaus aufgeschlossen gegenüberstehe, ist die harte und traurige Wahrheit doch, daß ich keinen Pyjama mit Schottenmuster besitze. Darüber hinaus war ich gerade sieben Jahre alt, als ich zuletzt ein Mädchen namens Macie kannte, und wenn mein Astralleib sich auf diversen Ebenen tummelt und dabei metaphysische Spekulationen über Brettspiele anstellt, dann wäre mir dies neu. Ihre erste Reaktion wird sein: „Das heißt nicht, daß es nicht doch geschehen ist", und ich stimme dem zu. Das bedeutet aber, so leid mir dies tut, daß ich mich außerstande sehe, bewußt, körperlich wie geistig, innerhalb der physikalischen Welt die Vaterschaft für das Kind zu übernehmen, das Sie, wie Sie schreiben, seit drei Monaten unter Ihrem Herzen tragen. Ich würde Ihnen empfehlen, sorgfältig Herz, Geist, Seele und Erinnerung abzusuchen, ob sich nicht irgendwo jemand findet, der das könnte und sollte. Obwohl ich mich natürlich durch Ihre Anfrage sehr geschmeichelt fühle.

Also vielen Dank für Ihre lieben Worte, und zum Trost werde ich mich bemühen, künftig mehr von Blind Faith zu spielen. Da es von dieser Gruppe jedoch nur eine LP gibt, wird es zwangsläufig zu Wiederholungen kommen.

Meine besten Wünsche,
Ihr Chris Zur Morgenstund

1. März

Lieber Woody Allen,

ich habe in einer Illustrierten eine Besprechung des Buches von Eric Lax über Sie gelesen. Dabei sind mir ein paar Fragen gekommen: Muß man Jude sein, um Phobien zu haben? Und was ist der Unterschied zwischen diesen Phobien und der Angst? Wir haben hier einen jüdischen Arzt in der Stadt, also sollte ich vielleicht ihn fragen. Er scheint sich andauernd vor irgendwas zu fürchten. Kommt das davon, weil er Jude oder weil er Arzt ist? Ärzte kennen schließlich viel mehr, wovor man sich fürchten muß, als normale Menschen.

Wenn ich darüber nachdenke, liegt es vielleicht daran, daß so viele Ärzte Juden sind? Sie haben sowieso Phobien, also können sie ebensogut auch Ärzte werden und alle die Dinge kennenlernen, vor denen man sich wirklich fürchten muß? Ich glaube, daraus könnte man einen guten Film machen, aber das müssen Sie am besten wissen.

Ihr Freund,
Ed Chigliak

2. März

Liebe Tawni,

erst März, und ich könnte schon die Wände hochgehen. In Saskatoon gab es wenigstens noch die Sporthalle, wenn man von dem vielen Schnee die Nase voll hatte. Cicely ist ja eigentlich ganz okay, aber hier ist absolut nichts los. Draußen schieben die Schneepflüge den Schnee auf die Seite, wo er sich so hoch türmt, daß man meint durch einen weißen Tunnel zu laufen, wenn man irgendwohin will. Wenn man sein Ziel dann erreicht, denkt man, es müßte ein Schlachthof oder sowas sein. Andererseits habe ich so viel zu tun, daß ich kaum Zeit habe, mich draußen rumzutreiben.

Holling meint, ich soll mir ein Hobby suchen, Fremdsprachen lernen oder so. Recht hat er! Aber wozu? Alle Leute mit Französischkenntnissen, die ich kenne, sprechen doch auch Englisch. Ich meine, was soll ich denn damit anfangen? Nach Frankreich ziehen?

Ich habe das alles Dr. Fleischman erzählt, diesem Typ aus New York, der vor kaum zwei Jahren hierher gezogen ist. Und der sagte: Versuchen Sie es mit Lesen, das hilft. Na ja, ich lese ganz gern, aber wie wär's mit ein bißchen Vergnügen?

Holling sagt, das ist der Grund, warum so viele in Alaska trinken. Also sagte ich: „Warum versuche ich's dann nicht auch mit dem Trinken?“ Er antwortete: „Du kannst es probieren, aber es ist nicht so toll, wie alle Welt meint.“ Also schlossen wir einen Kompromiß. Ich werde nur Sachen mit fremdsprachigen Etiketten trinken – dickes, süßes Zeug wie Cointreau oder Courvoisier. Bisher schmeckt alles wie Medizin, aber vielleicht gewöhne ich mich daran. Zumindest kann ich diesem Hobby im Hause nachgehen.

Muß weg.

Küßchen,
Shells

P. S. Habe das um 4 Uhr morgens geschrieben. Holling und ich sind die ganze Nacht wach geblieben, schon die zweite hintereinander. Jetzt ist Montag, und wir haben seit Samstag nacht nicht mehr geschlafen! Wir machen unsere Arbeit, und dann sitzen wir herum. Wir schreiben Briefe, sehen fern, Holling schaut sich Fotozeitschriften an, ich lese Mademoiselle usw. Dann stehen wir auf und gehen wieder ins Brick wie üblich! Und allen anderen hier scheint es genauso zu gehen. Es ist wie in „Twilight Zone". S.

2. 3.

Liebe Diane,

ich bin's, Joel Fleischman; ich schreibe aus Alaska. Ganz echt: Joel Fleischman! Ganz recht: Alaska! Du kannst Deinem Schicksal danken, daß wir auf dem College nie etwas miteinander hatten. Denn wenn Du hier leben würdest, wärst Du jetzt längst wieder zu Hause.

Statt dessen wohnst Du klugerweise in Baltimore, wo die Leute nicht damit angeben, daß ihr Haus elektrischen Strom hat. Ich schreibe Dir nicht nur, weil wir in Chemie einen Laborplatz geteilt haben und ein einziges unvergeßliches Rendezvous hatten (das mit der Sojasauce tut mir übrigens immer noch leid), sondern weil Du die einzige promovierte Psychologin bist, die ich kenne, und ich brauche Rat.

Sieh Dir das Datum an! Montag, der 2. März. Tatsächlich ist es schon 2.45 Uhr am Dienstag, dem 3. März, und ich habe seit vorigen Samstag nicht mehr geschlafen. NIEMAND IN DER GANZEN STADT SCHLÄFT MEHR! Das heißt: tatsächlich kein einziger, denn früher oder später taucht jeder Bürger von Cicely (etwa 850 Einwohner) im einzigen Café (mit Barbetrieb!) auf und spricht mit allen anderen (oder hört zumindest zu). Das Umfrageergebnis ist komplett: NIEMAND IN CICELY KANN SCHLAFEN! Und was noch seltsamer ist: KEINER WILL SCHLAFEN. Was heißen soll: NIEMAND IST MÜDE, SCHLÄFRIG, GEREIZT ODER WEIST IN SONST EINER FORM IRGENDWELCHE BESORGNISERREGENDEN SYMPTOME AUF. Die Leute spazieren durch meine Praxis wie durch den Zoll auf dem New Yorker Flughafen. Erzählen mir, daß sie nicht schlafen können, und bitten mich um „ein Mittel“ (gemeint sind Sedativa). Aber wenn ich sie frage, ob sie darunter leiden, dann lachen sie nur! Ich lache auch. Wir sind ununterbrochen wach, lachen, kratzen uns, tun unsere Jobs, und keiner hat die leiseste Erklärung, was das alles bedeuten soll.

Habe ich schon erwähnt, daß ich gestern fast ums Leben gekommen wäre, als eine Berufspilotin namens Maggie O'Connell mich nach Norden zu einer Pipeline-Überwachungsstation flog? Das Merkwürdige war: Sie (die wie alle anderen seit Tagen nicht geschlafen hat) sieht frisch und munter aus wie ich selbst. Wir klettern ins Flugzeug. Wir rollen auf die Startbahn, heben ab – und an dieser Stelle will ich bemerken, daß ich solche kleinen Flüge in die Wildnis des Nordens etwa ebenso schätze wie einen Raubüberfall mit mir als Opfer – wir heben also ab, und nur Augenblicke später bekommt Maggie glasige Augen, schwankt auf ihrem Sitz herum, und ihre Hände fallen vom „Steuerrad“. Sie murmelt: „Oh, Fleischman, ich bin plötzlich sooo müde“ und fällt in sanften Schlummer! Glücklicherweise gelang es mir wachzubleiben, dank meines plötzlichen Bedürfnisses, in äußerster Todesangst zu schreien. Das Flugzeug gerät ins Trudeln, doch sie kann es abfangen und zieht es wieder hoch. Den gesamten Rest des Fluges kämpfen wir gegen den Schlaf an. Nach der Landung trinken wir erst einmal jeder drei Becher mit Schlamm, der entfernt nach Kaffee riecht. Ich tue das, wozu ich gekommen bin: Ich amputiere einen Finger. Probier's mal, wenn Du glaubst, das ist ein Kinderspiel! Dann starten wir wieder. Den Rückflug haben wir nur dadurch überlebt, daß wir alte Bee-Gees-Titel sangen („Stayin' awake . . . Stayin' awake . . .“).

Aber als wir nach Cicely zurückkamen, waren wir plötzlich wieder hellwach und normal. (!!!) Man konnte es schon spüren, als wir landeten. Die Müdigkeit verflog, hob sich von uns wie Salomes Schleier. Wie kann so etwas geschehen? Wieso kommt eine ganze Gemeinde tagelang ohne Schlaf aus? Und spürt dabei keinerlei Wirkungen eines gewaltigen und ständig wachsenden Schlafdefizits? Medizinisch gesehen, ist das unmöglich, und deshalb bitte ich Dich um eine Einschätzung des Phänomens. Ist es psychologischer Natur? Der Zwischenfall im Flugzeug legt den Schluß nahe, daß es sich um eine lokal begrenzte Erscheinung handelt, daß unser Schlafbedürfnis sich sofort meldet, sobald wir die Stadt verlassen.

Ist das eine Art *Massenwahn*? Ein gigantisches Beispiel für Gruppenhypnose?

Das ist kaum wahrscheinlich oder überzeugend. Also erkläre Du es mir. Bitte antworte schnell. Wenn dieser Zustand anhält, wächst hier vielleicht der beste Dünger für meine Karriere. Und mach Dir keine Sorgen, ich lasse Dir genug übrig. (Strengstes Stillschweigen, versteht sich.)

Stayin' alive,
Joel

2. März

Liebe Mutter,

danke für das Angebot, aber ich werde nächsten Monat nicht mit Dir in die Toskana reisen. So gerne ich die Toskana einmal sehen würde, und so gerne ich vielleicht auch Dich wiedersehen will. Aber nicht beides auf einmal. Denn ich kenne Deine Absichten. Erst heißt es: „Ist Siena nicht herrlich?“ und dann: „Wie kannst Du nur in dieses gräßliche Alaska zurückwollen?“ Als ob das eine mit dem anderen etwas zu tun hätte.

Dabei respektiere ich die großen Veränderungen in Deinem Leben ganz und gar. Ich glaube, Du unterschätzt, wie schwer es für Jack und mich ist, damit fertig zu werden, aber vielleicht ist das überhaupt nicht Dein Problem. Gut so. Vielleicht. Es rührt mich sogar, daß Du meinst, mich vor den Fehlern bewahren zu müssen, die Du, Deiner Ansicht nach, gemacht hast. Aber war es wirklich so schlimm, Dads Frau und unsere Mutter zu sein? Oder kommt es Dir jetzt nur so vor, in Deiner neuen Freiheit, die ganze Welt entdecken zu können?

Aber diese Freiheit hattest Du doch immer. Wer hat Dich denn gezwungen, zu diesen entsetzlichen Knigge-Nachmittagen zu gehen und Dir ein ums andere Mal anzuhören, daß die Milch vor dem Tee und dem Zucker in die Tasse gehört? Wobei ich Dir seit mindestens 10 Jahren zu erklären versuche, daß der gesunde Menschenverstand und die elementaren Grundregeln der Chemie das als Unsinn abtun: Wenn Du den Tee zuerst eingießt, hat nämlich der Zucker eine Chance, sich in der heißen Flüssigkeit aufzulösen, bevor alles durch die Milch abgekühlt wird.

„Nein, mein Schatz“, hast Du immer lächelnd erwidert, „man macht es so, wie ich sage.“

Wer sagt das denn? Irgendwelche Anstandsregeln? Geht es darum? Hinter diesen Regeln konntest Du nie erkennen, daß Du immer frei warst, zu tun und zu lassen, was Du wolltest. Oder, schlimmer noch, vielleicht wußtest Du's ja auch und hattest einfach nicht den Mut?

Wie dem auch immer sei, bitte versuche Dich mit dem Gedanken abzufinden, daß ich *gern* hier lebe. Ich fliege *gern* meine eigene Maschine, ich trage *gern* jeden Tag Jeans und eine Daunenweste, ich *mag* das Rauhe und Wilde an diesem Ort. Nicht „ich habe mich daran gewöhnt“ oder „ich habe gelernt, das Beste daraus zu machen“ oder „ich sollte es noch eine Weile probieren“! *Gern* ist das richtige Wort.

Deshalb auch, nehme ich an, traf es mich persönlich so tief, als Du mein Haus niedergebrannt hast. Ist das kleinlich von mir? Gut, ich bin sicher, es war ein Unfall. Obwohl selbst Du in Deinem neuen Zustand geistiger Freiheit zugeben mußt, daß es . . . dubios aussah. Trotzdem gut. Beziehungen zwischen Müttern und Töchtern haben oft etwas Dubioses. In was für einer Welt würden wir leben, wenn eine Mutter nicht unter dubiosen Umständen das Haus ihrer Tochter anzünden könnte?

Darauf kommt es mir an: Du mußtest es nicht tun! Ich *war bereits* aus dem Leben ausgebrochen, aus dem Du gerne ausgebrochen wärst. ICH HABE DEN MUT GEHABT. Deshalb bin ich hier! Wenn Du also hierherkommst und versehentlich mein Haus in einen Haufen Asche verwandelst, dann frage ich mich, was das bedeuten soll.

Ich schreibe dies unmittelbar nach meiner Rückkehr von einem Flug mit Joel Fleischman, meinem berühmten Arzt und Nicht-Freund, zu einem Holzfällercamp. Dort amputierte er den zerquetschten Finger eines Mannes, der versucht hatte, mit einer Axt eine Bierdose zu öffnen. Hat gute Arbeit geleistet. (Fleischman, nicht der Holzfäller.) Ich habe den Patienten gefragt, warum er das getan hat, warum er nicht einfach einen Dosenöffner benutzt hat. „Das wäre zu einfach gewesen", sagte er. Deshalb lebe ich gern hier! Nichts für ungut.

Alles Liebe,
Maggie

MINNIFIELD COMMUNICATIONS
Cicely, Alaska

Datum: 6. März
An: Dr. Robert Barlow
NASA
Houston, Texas

Von: MM
VIA FAX. ANZAHL DER FOLGENDEN SEITEN: 2

Lieber Bob,

meinen Dank für die rasche Detektivarbeit. Ich hoffe, ich habe alles richtig verstanden, und bin übrigens sehr froh über Deine Absicht, damit so schnell wie möglich an die Öffentlichkeit zu gehen; warte aber damit bitte noch ein paar Tage.

Du sagst, das ganze Phänomen hat mit einer seit kurzem

verstärkten Aktivität von Sonnenflecken zu tun. Die Flekken lösen Solarstürme aus, die das Magnetfeld der Sonne beeinflussen, was wiederum Einfluß auf unser irdisches Magnetfeld hat. Das bewirkt eine Strömung in Felsformationen mit hohem Eisenanteil. Dadurch kann ein sekundäres Magnetfeld entstehen, das sich auf die Gehirnströme jedes Menschen – Mann, Frau oder Kind – in der Umgebung von Cicely auswirkt.

Ich nehme Dir das unbesehen ab. Es klingt jedenfalls besser als alles, was mir eingefallen ist. Wenn Du mich fragst, ist es ein zweifelhafter Segen. Es ist zwar angenehm, mehr tun und auch die Nacht produktiv nutzen zu können. Aber wenn Du die ganze Nacht wach bleibst und arbeitest, dann brauchst Du auch mindestens eine, wenn nicht gar zwei Mahlzeiten mehr, und ich fange an zuzunehmen!

Ich melde mich bald wieder. Behalte das alles für Dich, bis Du von mir hörst. Und danke, alter Freund.

Maurice

5. März

Liebe Cynd,

ich hoffe, Du sitzt. Denn Du wirst kaum glauben, was ich Dir zu sagen habe. Erinnerst Du Dich an Deinen letzten Besuch hier? Als Wayne dich abholen kam? Weißt Du noch, wie normal es bei uns zuging? Jetzt ist alles TOTAL SELTSAM. *Niemand schläft mehr.* Seit letzten Samstag bin ich ununterbrochen wach. Und jeder andere Bewohner dieser Stadt auch.

Das Brick hat jetzt rund um die Uhr geöffnet, aber Holling, Dave und ich können es unmöglich allein schaffen. Der einzige Grund, weshalb ich Dir überhaupt schreiben kann, ist, daß Holling Ed Chigliak als Aushilfe eingestellt hat, sonst hätte ich jetzt nicht frei. Und die Leute sitzen nicht nur von Mitternacht bis zum Frühstück rum, essen

Erdnüsse und trinken Bier. Denn wenn man wach ist, dann hat man auch Hunger, stimmt's? Deshalb brauchen wir einen Koch für die Nachtschicht. Dave brät 24 Stunden am Tag Hamburger, und allmählich läßt die Qualität nach.

Meiner Ansicht nach ist das unnatürlich. Aber wenn ich mich frage: „Shelly, fühlst du dich wie ein Mutant oder sowas?“, dann kann ich nur aufrichtig antworten: „Nein, ganz und gar nicht.“ Nicht daß meine Energie grenzenlos wäre. Mein Gehirn hat zwar kein Schlafbedürfnis, aber meine Muskeln werden durchaus müde. Nach einem Arbeitstag will man sich dann einfach ausruhen, aber nicht unbedingt schlafen. So ist es jetzt. Also sitzen wir rum.

Ich habe keine Ahnung, wie lange das noch so weitergeht, aber wenn Du Lust hast, uns zu besuchen, dann komm ruhig. Bring Dir nur was zu tun mit. Oder kannst Du kochen? Schnelle Sachen wie Hamburger, Rühreier und so? Ich mache natürlich nur Spaß, aber in Wirklichkeit ist es mir ernst!

Küßchen,
Shelly

5. März

Lieber Steven Spielberg,

hier im hohen Norden, in Cicely, Alaska, haben die Leute aufgehört zu schlafen. Alle bleiben Tag und Nacht wach, 24 Stunden, und niemand scheint müde zu sein. Unser Arzt, Dr. Fleischman, sagt, wenn wir so weitermachen und keine schlimmen Nebenwirkungen auftreten, dann wäre das, als würden wir unsere „Lebensspanne verdoppeln“.

Wäre das nicht ein großartiger Filmstoff? Vielleicht könnte man einen Dokumentarfilm machen, alle Leute interviewen und sie fragen, wie man sich so fühlt, wenn man immer wach ist. Oder einen Spielfilm, in dem ein Mann und eine Frau sich lieben und das Nicht-Schlafen ihnen in die

Quere kommt. Oder irgendeine böse Macht bedroht die Stadt, weiß aber nicht, daß alle sich zusammentun können, um sie zu besiegen, weil die Leute so viel Zeit übrig haben.

Ist das nicht ein guter Vorschlag?

Ihr Fan,
Ed Chigliak

Anchorage Times
Anzeigen-Annahme
Postfach 44 89
Anchorage, Alaska

6. März

Sehr geehrte Damen und Herren,

bitte bringen Sie die folgende Anzeige sechs Tage lang in Ihrer Rubrik Stellenangebote. Ich lege einen Scheck über 35 Dollar bei, Ihrem üblichen Satz entsprechend.

> KOCH GESUCHT FÜR SCHNELLRESTAURANT. Muß über Grundkenntnisse verfügen: Hamburger, Chili, Frühstück, Sandwiches usw. Für Tagesschicht, 7 Uhr bis 16 Uhr. Lohn: 3 Dollar pro Stunde, Verpflegung frei. Plus grenzenlose Bewußtheit! H. Vincoeur, The Brick, Cicely. Tel.: 555–2910.

Zu Ihrer Information: Der Ausdruck „unbegrenzte Bewußtheit“ wurde mir von einigen meiner Kunden aufgedrängt. Besonders von einem gewissen Chris Stevens, der Diskjokkey und Künstler ist, also vermutlich weiß, wovon er spricht. Ich verstehe es zwar nicht so ganz, aber Chris behauptet, das wäre die annoncenübliche Abkürzung für die Tatsache, daß in unserer Stadt niemand schläft. Ein Angestellter, der tagsüber arbeitet, hat also noch einen Abend und die ganze

Nacht in seinem normalen Wachzustand vor sich, kann dadurch praktisch ein zweites Leben führen. Es sind nur drei Worte. Wenn sie die Aufmerksamkeit eines guten Schnellkochs erregen, dann soll es mir recht sein.

Mit freundlichen Grüßen
Holling Vincoeur
Eigentümer von „The Brick"

8. März

Lieber Jack,

stell Dir vor, Mom will mit mir im April eine Reise durch die Toskana machen. Als ob das so einfach wäre. Die Tinte auf den Scheidungspapieren ist noch nicht trocken – ich bin nicht einmal sicher, ob sie überhaupt schon feucht ist –, und sie versucht bereits, mich auf ihre Seite zu ziehen. Das gefällt mir ganz und gar nicht. Es ist mir gegenüber nicht fair, von Dir mal ganz zu schweigen. Wenn jemand in die Toskana fährt, dann sollten wir alle das sein, wie in einer Familie üblich.

Wäre das nicht ein Alptraum? Noch dazu auf italienisch.

Rede ich zuviel? Das liegt an der Schlaflosigkeit, von der ich Dir letzte Woche geschrieben habe und die noch immer andauert. Glaubst Du, das heißt, daß ich jetzt 24 Stunden täglich habe, um Passagiere und Fracht zu befördern, Flugstunden zu sammeln und das aufzubessern, was Daddy meine „Finanzen" nennen würde? Wie wir in Paris immer sagten: Au contraire! Ich kann überhaupt nicht mehr fliegen. Denn sobald ich den Luftraum über Cicely verlasse, verliere ich praktisch sofort das Bewußtsein. Der versäumte Schlaf stürzt wie eine Lawine auf mich herab. Einmal ist es schon passiert, und nur das hysterische Geschrei meines völlig verängstigten Passagiers hat mich zumindest so weit wachgehalten, daß ich den Flug beenden konnte. Also mache ich Pause, hänge herum und helfe hier und da in der

Stadt aus. Vielleicht ist dieser merkwürdige Zustand bald vorbei, und ich kann mein Geschäft weiterführen.

Übrigens war der verängstigte Passagier unser guter alter Dr. Joel Fleischman, der New-York-Doktor, für den diese Periode konstanten Wachseins eigentlich ein Geschenk Gottes sein müßte. So bleibt ihm mehr Zeit, sich zum gesamten Staat Alaska herabzulassen! Mehr Zeit, seine Eltern mit Briefen zu löchern, sie sollen ihm koschere Wurst schicken, während er darauf wartet, daß sein „wirkliches“ Leben wieder beginnt! Mehr Zeit, die Verfasserin dieser Zeilen zu ärgern, zu nerven und auf die Palme zu bringen!

Aber mitnichten. Die schöne Ironie dabei – d. h., ich finde sie schön, Fleischman natürlich überhaupt nicht – ist, daß er mehr zu tun hat als je zuvor. Patienten marschieren jetzt 24 Stunden am Tag durch seine Praxis. Arme Marilyn . . . Das ist seine Sprechstundenhilfe. Zumindest nehme ich an, daß sie darunter leidet, obwohl immer schwer auszumachen ist, was sie eigentlich fühlt.

Ein Grund für Fleischmans Mehrarbeit ist der deutlich feststellbare Zuwachs an zwischenmenschlichen Konflikten in unserer Stadt. Die Menschen wirken gereizt. Ehepaare dreschen mit Hämmern aufeinander ein, schütten sich „versehentlich“ gegenseitig kochenden Kaffee über die Hände statt in die Tasse usw.

Offensichtlich gehen sich die schlaflosen Ehepartner schon durch ihre bloße ununterbrochene Anwesenheit auf die Nerven. Denk mal darüber nach: Wenn irgendein uraltes Ehepaar im Fernsehen auftritt und stolz verkündet, nunmehr 72 Jahre verheiratet zu sein, dann klatscht jeder Beifall. Aber weist vielleicht irgend jemand darauf hin, wieviel von dieser Zeit der Mann bei der Arbeit war? Oder erwähnt etwa jemand, daß die beiden ein Drittel dieser Zeit, das heißt rund 24 Jahre, bewußtlos im Bett verbrachten?

Oder habe ich nur eine negative Einstellung zur Ehe wegen des Beispiels, das Mom und Dad uns gegeben haben? Das darfst Du entscheiden.

Herzlich,
Mags

Major Maurice Minnifield
c/o Minnifield Communications
124 Main Street
Cicely, Alaska

Betrifft: Meine Tätigkeit als Amtsarzt in Cicely, Alaska.

Cicely, den 9. März 1992

Sehr geehrter Major Minnifield,

gewiß ist Ihnen der anormale Zustand in unserer Stadt bekannt. Alle Bürger und Besucher sind in der Lage, ohne ihren normalen Nachtschlaf auszukommen und dennoch ihr gewohntes Leben zu führen. Jedoch ist Ihnen vielleicht bis heute verborgen geblieben, daß dieses Phänomen zu einem drastischen Anstieg der Patientenzahlen in meiner Praxis geführt hat. Daß zwischen diesen beiden Erscheinungen ein Kausalzusammenhang besteht, kann keinem Zweifel unterliegen.

In Anbetracht des oben erwähnten Sachverhalts beantrage ich, meine Dienstzeit als Amtsarzt in Cicely entsprechend zu verkürzen. Da inzwischen jeder Tag in Cicely, was die Dauer des Wachzustandes und den Arbeitsanfall betrifft, zwei gewöhnlichen Tagen entspricht, halte ich es für angemessen, daß meine Dienstzeit in demselben Verhältnis reduziert wird. Zum Beispiel: Sollte diese Anomalie ein Jahr lang anhalten, dann würde ich, addiert man zu diesem Jahr ein Jahr der „Nachtarbeit“ und die beiden bereits absolvierten Jahre hinzu, meinen Vierjahresvertrag als erfüllt ansehen.

Hochachtungsvoll
Dr. Joel Fleischman

Kopie an Peter Gilliam, Mitglied des Repräsentantenhauses

Dr. Joel Fleischman
RFD 6 c/o O'Connell
Cicely, Alaska

Cicely, 10. März

Hören Sie mir mal gut zu, junger Freund,

ich akzeptiere zwar Ihre Überarbeitung, aber versuchen Sie mal, die Sache auch von unserer Seite aus zu sehen. Wenn Sie unter normalen Umständen einmal einen Tag lang keinen Patienten hätten, was würden Sie dann davon halten, wenn wir Ihre Dienstzeit hier um einen Tag verlängerten? Wäre das fair?

Sie verstehen, was ich meine. Dieses Wachsein-rund-um-die-Uhr ist einfach das Glück, zur rechten Zeit am rechten Ort zu sein, Joel. Ich weiß aus zuverlässiger Quelle, daß dieses Phänomen von Sonnenflecken verursacht wird. Glauben Sie denn, das Volk von Alaska hielte es für einen ausreichenden Gewinn aus seiner Investition in Sie, wenn wir Ihnen Zeit erlassen wegen ein paar Sonnenstürmen, die sich 149,6 Millionen Kilometer von hier entfernt abspielen? Haben Sie je von höherer Gewalt gehört? Oder von Gottes Wirken?

Sie sind überarbeitet, das sehe ich ein. Machen Sie hin und wieder einen Tag Urlaub. Oder besser: Machen Sie's wie Holling und Shelly, arbeiten Sie bei Nacht und gehen Sie tagsüber einem sinnvollen, entspannenden Hobby nach. Da sowieso niemand schläft, ist uns Cicelyanern das völlig egal. Mensch, Junge, Sie sitzen hier in der Mitte des großartigsten Landes, das Gott zusammengezimmert hat. Treiben Sie Sport oder tun Sie sonst was! Es steht Ihnen doch alles offen: Skifahren, Schlittschuhlaufen, Eissegeln, Bogenschießen, Jagen . . . Soll ich noch mehr aufzählen? Das liegt alles vor Ihrer Haustür! Also raus aus Ihrem Büro! Schnappen Sie mal frische Luft! Ihre Patienten werden Verständnis haben.

Antrag abgelehnt.

Mit freundlichem Gruß
Maurice Minnifield

Kopie an Peter Gilliam, Mitglied des Repräsentantenhauses

10. März

Liebe Tante Sylvia,

wie geht es Dir? Ich habe seit elf Tagen nicht geschlafen, bin aber wohlauf. Der ganzen Stadt geht es genauso. Niemand hat eine Erklärung dafür. Und da habe ich mich gefragt: Vielleicht würdest Du Dich besser fühlen, wenn Du uns besuchen kämst. Ma und Pa sagen, das geht in Ordnung. Auch sie sind die ganze Zeit wach, so daß ihr drei euch endlos lang unterhalten könntet. Du mußt allerdings jemand finden, der Dich in die Stadt fährt. Wir können Dich nicht abholen kommen. Wer aus Cicely weggeht, schläft sofort ein.

Herzliche Grüße,
Deine Marilyn

Dr. Bob Barlow
NASA
Houston, Texas

10. März

Lieber Bob,

bitte dränge mich nicht. Wenn dieser anormale Zustand anhält, wirst Du der erste sein, der hier völlig ungehindert forschen kann, das garantiere ich Dir. Wenn er aufhört, nun, dann hast Du was gut bei mir. Aber ich will bei der Ausbeutung dieser Angelegenheit vorsichtig zu Werk gehen, und wenn ich der Stadt die Ankunft eines so prominenten Wissenschaftlers der NASA verkünde, dann wäre die Katze aus dem Sack oder der Geist aus der Flasche. Verlaß Dich auf mich!

Ich kann kaum beschreiben, wie seltsam das ist. Man sagt, der Mensch ist ein Gewohnheitstier: Jeder hier geht seiner gewohnten Arbeit nach, geht dann nach Hause, ißt zu

Abend oder was immer, widmet sich seinen Vorlieben – liest, sieht fern, hört Musik, spielt Karten, macht Besuche, trinkt – und wartet auf die Schlafenszeit . . . Und dann passiert nichts. Du sitzt herum wie ein Idiot und fragst dich, was du als nächstes tun sollst.

Zwangsläufig gehe ich in die Bar, und dort ist es brechend voll wie sonst nur an Silvester. Um 2 Uhr früh! Wobei die Hälfte der Leute, Quatsch, 90 Prozent, am nächsten Morgem um sechs, sieben oder acht arbeiten müssen. Natürlich ist es draußen stockdunkel – das Tageslicht macht sich derzeit noch rar, um 15.30 Uhr ist es bereits finster –, aber wir sitzen alle zusammen, trinken und reden, als wäre es später Nachmittag und Cocktailzeit und wir wollten uns alle für den Abend in Stimmung bringen!

Ich habe den hiesigen Arzt gefragt, einen New Yorker Juden, ob wir mit irgendwelchen Komplikationen rechnen müßten. Seine Antwort war, daß er schlicht keine Ahnung hätte. „Wir befinden uns hier auf unbekanntem Gebiet, Maurice“, sagte er. „Dieses ganze Phänomen ist so außerhalb aller Erfahrung, so total anormal und abnorm, daß sich jeder seinen eigenen Reim drauf machen kann.“ Ich weiß nicht genau, ob das ermutigend ist oder nicht.

Ich kann Dir aber sagen, wessen Geschäft enormen Aufschwung bekommen hat: Ruth-Anne Millers. Sie hat einen Laden hier – das Postamt und die Bücherei. Es hat sich herausgestellt, daß wir uns alle nachts aufs Briefschreiben verlegt haben, wegen der vielen überflüssigen Stunden. Sie sagt, der tägliche Postausgang habe sich vervierfacht. Was ich nur bestätigen kann, denn ich selbst jage Briefe mit Vorschlägen und Ideen in die Welt, was das Zeug hält.

Ich weiß, daß Du es gar nicht erwarten kannst, mit Personal und technischen Geräten hierher zu fliegen. Sobald alles unter Kontrolle ist, gebe ich Dir grünes Licht.

Maurice

Nationalstiftung
für Naturwissenschaften
Washington, D. C.

10/3

Sehr geehrte Damen und Herren,

bitte übersenden Sie mir die passenden Anragsformulare für ein Forschungsstipendium zur Untersuchung der psychologischen und neurologischen Ursachen und Folgen von Schlafstörungen. Die Sache eilt sehr.

Entschuldigen Sie bitte die unpersönliche Natur dieses maschinell vervielfältigten Schreibens, doch ich arbeite gegenwärtig an einem Projekt in Alaska, und mein Computer steht zu Hause in New York. Herzlichen Dank im voraus.

Mit freundlichen Grüßen
Dr. med. Joel Fleischman

An den
Amerikanischen Psychologenverband
New York, NY

10/3

Sehr geehrte Damen und Herren,

bitte übersenden Sie mir die passenden Anragsformulare für ein Forschungsstipendium zur Untersuchung der psychologischen und neurologischen Ursachen und Folgen von Schlafstörungen. Die Sache eilt sehr.

Entschuldigen Sie bitte die unpersönliche Natur dieses maschinell vervielfältigten Schreibens, doch ich arbeite gegenwärtig an einem Projekt in Alaska, und mein Computer steht zu Hause in New York. Herzlichen Dank im voraus.

Mit freundlichen Grüßen
Dr. med. Joel Fleischman

An die
Akademie für Neurologische Studien
New York, NY

10/3

Sehr geehrte Damen und Herren,

bitte übersenden Sie mir die passenden Anragsformulare für ein Forschungsstipendium zur Untersuchung der psychologischen und neurologischen Ursachen und Folgen von Schlafstörungen. Die Sache eilt sehr.

Entschuldigen Sie bitte die unpersönliche Natur dieses maschinell vervielfältigten Schreibens, doch ich arbeite gegenwärtig an einem Projekt in Alaska, und mein Computer steht zu Hause in New York. Herzlichen Dank im voraus.

Mit freundlichen Grüßen
Dr. med. Joel Fleischman

Squibb Pharma
Postfach 4000
Princeton, New Jersey

10/3

Sehr geehrte Damen und Herren,

bitte übersenden Sie mir die passenden Anragsformulare für ein Forschungsstipendium zur Untersuchung der psychologischen und neurologischen Ursachen und Folgen von Schlafstörungen. Die Sache eilt sehr.

Entschuldigen Sie bitte die unpersönliche Natur dieses maschinell vervielfältigten Schreibens, doch ich arbeite gegenwärtig an einem Projekt in Alaska, und mein Computer steht zu Hause in New York. Herzlichen Dank im voraus.

Mit freundlichen Grüßen
Dr. med. Joel Fleischman

Proctor and Gamble, Inc.
1 Proctor and Gamble Plaza
Cincinnati, Ohio

10/3

Sehr geehrte Damen und Herren,

bitte übersenden Sie mir die passenden Anragsformulare für ein Forschungsstipendium zur Untersuchung der psychologischen und neurologischen Ursachen und Folgen von Schlafstörungen. Die Sache eilt sehr.

Entschuldigen Sie bitte die unpersönliche Natur dieses maschinell vervielfältigten Schreibens, doch ich arbeite gegenwärtig an einem Projekt in Alaska, und mein Computer steht zu Hause in New York. Herzlichen Dank im voraus.

Mit freundlichen Grüßen
Dr. med. Joel Fleischman

MINNIFIELD COMMUNICATIONS
Cicely, Alaska

Mr. Steven Jobs
NeXT Corporation
Redwood City, Kalifornien

10. März

Sehr geehrter Mr. Jobs,

ich will mich Ihnen zunächst vorstellen: Major Maurice Minnifield, Präsident und Geschäftsführer von Minnifield Communications. Ehemals Ingenieur im Flugprogramm der NASA, mit anderen Worten Astronaut im Ruhestand. Wichtigste Mission: Project Mercury, Erdumkreisung. Als Pilot im Korea-Krieg ausgezeichnet. Das sind für Sie vielleicht kleine Fische, aber ich erwähne es dennoch, damit Sie sehen, daß ich sowohl über technische wie über praktische Erfahrungen verfüge.

Ich möchte Ihnen einen geschäftlichen Vorschlag unterbreiten. Ich habe unter den Größen der Computer-Branche gerade Sie ausgewählt, weil ich glaube, daß Sie – ebenso wie ich, wenn ich das hinzufügen darf – ein Mann mit Zukunftsvisionen sind. Sie sind der Richtige für dieses Geschäft, bei dem es allein Sie und mich geben wird. Um uns herum nur Zwerge. Schon bei der NASA und auch hier bin ich umgeben von Menschen mit einer zwergenhaften Zukunftsperspektive, wenn Sie verstehen, was ich damit sagen will. Ein Mann hat eine Vision am Horizont; er deutet darauf – etwas Aufregendes, das Zukunft verspricht – und sagt: „Bei Gott, da ist es, holen wir es uns!“ Und alle Welt um ihn herum schaut nur auf den Schmutz und nennt ihn „Realität“. Ich weiß, daß Sie mir da zustimmen werden und komme deshalb zu meinem eigentlichen Anliegen.

Seit Jahren verfolge ich in den Zeitungen Ihre visionären Äußerungen darüber, was der Computer für unsere Gesellschaft sein könnte und sein sollte. Ihr Konzept ist großartig, wenn ich das sagen darf. Ich hoffe, Sie sind nicht brüskiert, wenn ich gerade die Ungenauigkeit daran besonders hervorhebe. Schließlich gewinnt das Außerordentliche erst am verschwommenen Rand des Vertrauten seine Konturen. Das Unbekannte ist definitionsgemäß nur schwer definierbar.

Darf ich mit meinem Vorschlag einen Sprung tief in jenes undefinierte Ungenaue wagen? Ihr Konzept basiert auf dem Gedanken, daß der Computer *die* zentrale Einrichtung des künftigen Haushalts sein wird. Ich erinnere mich schwach an ein Interview, in dem Sie dem Sinn nach gesagt haben, daß wir eines Tages den Computer so selbstverständlich benutzen werden wie heute ein Sechsjähriger mit dem Telefon umgeht. Um dieses Konzept zu erproben, experimentieren Sie wahrscheinlich schon mit hochentwickelten Computern in simulierten Haushalten.

Meine Frage lautet: Warum dort stehenbleiben? Sehen Sie es einmal so: Welchen Sinn hat das Telefon, wenn nur ein Sechsjähriger eins hat? Damit Ihr Gedanke zu seiner vollen Entfaltung kommen kann, wäre eine signifikante Erprobung in einer realen Umgebung von Nutzen. In einer realen Umgebung, die durch ein „Telefonnetz" – in unserem Fall also durch Computer – verbunden ist. Eine Kleinstadt wäre doch das ideale Feld für einen solchen Feldversuch.

Und hier kann ich Ihnen helfen. Ich vertrete die Gemeinde Cicely in Alaska, an der sogenannten „alaskischen Rivera", mit einer überschaubaren Bevölkerungszahl von etwa 850 Einwohnern. Zahl der Haushalte: rund 500 – eine Anzahl, die unter der der Studienanfänger an mancher Hochschule liegt, Mr. Jobs. Und doch handelt es sich hier um ein voll funktionsfähiges Gemeinwesen, mit einer lokalen Wirtschaftsstruktur, einer sozialen Schichtung usw. Mit einem Wort, wir sprechen von einem KOMPLETTEN SOZIALEN UMFELD.

Sie sehen, worauf ich hinauswill: Ich mache Ihnen den Vorschlag, jeden Haushalt in Cicely mit einer Systemeinheit Ihrer allerneuesten Maschine auszurüsten, diese Computer nicht nur mit dem nationalen und internationalen Telefonnetz zu verbinden, sondern auch untereinander. Und dann beobachten Sie. Ich möchte nicht behaupten, daß unsere Stadt hermetisch von der Außenwelt abgeschirmt ist – tatsächlich prophezeie ich das genaue Gegenteil. Für die Zukunft. Aber jetzt könnte ein verkabeltes Cicely, in dem überall NeXT-Computer laufen, uns beiden von größtem Nutzen sein. Sie bekommen ein lebendiges, atmendes Reagenzglas, in dem Sie das Leben Ihrer kybernetischen Vision studieren können. Ich bekomme eine unschlagbare Werbung für meine Stadt. Niemand verliert etwas dabei. Jeder macht Gewinn.

Lassen Sie mich Ihre möglichen Einwände vorwegnehmen. Bürokratie? Existiert nicht. Der (de facto) Bürgermeister ist ein Freund von mir, andere Behörden gibt es kaum. Widerstand der Bevölkerung? Könnte vereinzelt auftreten, aber selbst die störrischsten Cicelyaner kann man um den Finger wickeln, wenn man weiß, wie. Transportprobleme für Sie und Ihre Leute? Können vorkommen, aber denken Sie daran, daß die Abgeschiedenheit unserer Stadt gerade ihr Vorteil ist. Ausreichende Stromversorgung? Ist vorhanden. Unerfahrenheit und Naivität der Einwohner, wenn Sie ihnen den Umgang mit Ihren Produkten erklären wollen? *Unser größtes Plus: Sie finden quasi einen jungfräulichen Boden vor.*

Sehen Sie, junger Freund, jeder kann ein paar IBM PS/2 in irgendeine Reihenhaussiedlung packen, Windows booten und einen Werbegag draus machen. Oder zwei Dutzend Macs in die sterilen Wohnzellen eines Apartmenthauses stellen und das als Experiment in kybernetischer Futurologie ausgeben. Fauler Zauber, wenn Sie mich fragen. Stellen Sie sich statt dessen unsere Stadt mit einer einzigen Ampel vor, mit altmodischen Tante-Emma-Läden, selbstgebauten Häusern, vom offenen Kamin beheizten Blockhütten. Und in jeder dieser anheimelnden Behausungen funkelt eines Ihrer eleganten schwarzen Geräte. Wäre das nicht schön? Mit HDTV-Bildschirmen, einem exquisiten Kochbuch auf CD-ROM in der Küche, mit Modems und Mäusen für alle. Die Schlange der Journalisten wäre kilometerlang, und CNN käme für einen Exklusivbeitrag auf den Knien angerutscht.

Es gibt noch einen anderen Aspekt des Lebens in Cicely, den ich einstweilen noch unerwähnt lassen muß. Ich will nur andeuten, daß Ihre Geräte, wenn unser Projekt zustande käme, besser ausgelastet werden würden, als Sie sich das in Ihren kühnsten Träumen vorstellen könnten. Ich hoffe, ich habe Ihre Neugier auf weitere Einzelheiten geweckt. Diese werde ich liefern, sobald die Situation sich stabilisiert hat.

Ich lege meine Karte bei. Ich weiß, Sie sind ein vielbeschäftigter Mann. Aber was solls, ich bin auch ein vielbeschäftigter Mann. Beschäftigen wir uns also gemeinsam.

Mit freundlichen Grüßen
Maurice Minnifield
Präsident der Minnifield Communications

Mr. Tony Petrillo
Ads Infinitum
1000 Saguaro, Suite 514
Santa Fé, New Mexico

11. März

Lieber Tony!

Mann, bin ich froh, daß wir in Verbindung geblieben sind. Ich wende mich an Dich in Deiner dreifachen Eigenschaft als 1) den Dichter der Wüsten des Südwestens, dessen Werk ich aufrichtig bewundere; 2) den Typen, der mich auf D. H. Lawrence brachte, als ich '86 ziemlich abgerissen aus den Bergen von San Jemez nach Taos kam und Dir anbot, als Zimmermann für Dich zu arbeiten, um an Deiner Schule des kreativen Schreibens teilnehmen zu dürfen; und 3) als einen Meister im Umgang mit den Anforderungen der Wirklichkeit, der seine eigene Werbeagentur gegründet hat und immer noch Zeit zum Schreiben findet.

Mein Leben verläuft noch ungefähr so wie zur Zeit meines letzten Briefes: Ich bin immer noch in Cicely, mache meine Radiosendung, arbeite an meinen Skulpturen und entwickle mich nach den Gesetzen eines Plans, der mir bis heute nicht offenbart worden ist.

Aber jetzt kommt's, Bruder: Meine ganze Stadt schläft nicht mehr. Wir bleiben einfach auf, Tag und Nacht, schon seit dem Ersten dieses Monats. Keine Erschöpfung, keine Halluzinationen, keine roten Augen. Vielleicht eine ganz leichte Gereiztheit im Umgang miteinander, aber ansonsten sind wir 24 Stunden am Tag voll einsatzfähig. Deswegen wende ich mich an Dich. Du kennst Dich in der Literatur aus, bist ein Mann von Welt und ein Homme de lettres. Deshalb meine Frage: Hat es so etwas schon einmal irgendwo gegeben, in Mythen, Märchen, Legenden oder Comics? Und kann das gut ausgehen?

Was das erstere anlangt, da habe ich schlicht keine Ahnung. Was aber letzteres betrifft, da habe ich so meine

Zweifel. Der Grund für das alles scheinen Sonnenflecken zu sein. Sol, unser stellarer Jüngling, leidet unter Akne, und uns sterbliche Idioten hier unten bringt das um den Schlaf. Also ist die „Anomalie“, wie wir das nennen, „natürlich“ – wenn auch rein mechanisch gesehen. Aber das ist die Lepra auch. Und obwohl es amüsant und spannend ist, die ganze Nacht Bridge zu spielen oder tatsächlich einmal eine ganze Partie Monopoly zu Ende zu bringen, ohne vom Tisch aufstehen zu müssen, bleibt doch eine Frage: Was ist mit den Träumen? Können wir ohne sie überleben?

Unter dem Eindruck, daß das unmöglich ist und nun die Zeit für alle guten Djs gekommen ist, etwas für ihre Zuhörer zu tun, habe ich angefangen, Schlaflieder im Radio zu spielen. Ich lese auch Gutenachtgeschichten vor – aber nicht „Wo die Wilden Kerle wohnen“, sondern nur die Schlummerhits wie „Schlafe, mein Prinzchen“, das ich für erwachsene Bewohner Alaskas etwas umgeschrieben habe. Es heißt jetzt „Schlafe, mein Elchlein“, und statt des Bienchens summt der Ölturm.

Ich tue das nicht, weil sich irgend jemand über die Schlaflosigkeit beschwert hätte, sondern weil ich mich des Gefühls nicht erwehren kann, daß wir mit dem Feuer spielen, wenn wir ein so elementares Bedürfnis nicht befriedigen. Das ist ein Dienst an der Gemeinschaft, dem die Gemeinschaft fehlt. Dennoch versuche ich's weiter. Irgendwelche Vorschläge? Schreib oder ruf an, jederzeit. Sei unbesorgt, Du weckst mich schon nicht. Grüße an Frau und Kinder.

Höchst bewußt,
Chris Stevens

12. März

Lieber Jeff,

Du hast mich also ausfindig gemacht. Ich wette, meine Mutter hat Dir am Telefon dasselbe erzählt, was sie allen sagt (mich selbst eingeschlossen), wenn sie meine gegenwärtige Situation beschreibt. Lies Dir den folgenden Satz laut in ihrem patentierten näselnden jüdisch-New Yorker Tonfall vor: „Jo-el verarztet Eskimos am Nohdpool." Das ist eine groteske Verzerrung der Wahrheit, die ohnehin schon schrecklich genug ist. Es sind keine Eskimos. Und wir sind Hunderte von Kilometern vom Nordpol entfernt. Aber es ist *Alaska*.

Erinnerst Du Dich an die Fernsehwerbung? Das elegante, leichte Kreuzschiff, das übers kristallklare Wasser gleitet . . . Dahinter erhebt sich ein riesiger, blendend weißer Gletscher . . . und plötzlich singt so ein Country-Typ, durch gewaltige Halleffekte verstärkt: „A-lass-Kaaahhhhhh . . ." Nun, wenn Du versuchst, Dir meine Umgebung auszumalen, stell sie Dir nicht *so* vor. Denke eher an ein kleines Dorf in den Bergen, riesige Wälder und Wiesen, Elche hinter dem Haus, Bären an der Vordertür, eine eingeborene Bevölkerung von Indianern, eine nicht-eingeborene Bevölkerung von Exzentrikern und Einzelgängern, Propheten und Irren und ungefähr drei Meter Schnee jeden Winter. Und der beginnt im Oktober und dauert bis auf weiteres an.

(Zu Deiner Information: Der Staat Alaska hat mein Medizinstudium bezahlt. Dafür schulde ich ihm vier Jahre Dienst als Arzt in einer gottverlassenen Gegend. Eine Art vertraglich fixierter Sozialismus. Wobei der Vertrag mich an den des alten Dr. Faustus erinnert.)

Das bedeutet, daß ich leider nicht zu Deinem 30. Geburtstag kommen kann. Die Umstände hindern mich . . . Oh Gott, allein der Gedanke, nach New York zurückzukommen, wirklich und wahrhaftig in Posner's House of Seven Bagels zu gehen, dort in diesem entsetzlichen fluoreszierenden Licht zu stehen und auf die Regale mit all dem köstlichen Gebäck in Plastikkörbchen zu starren, in dieser Luft, die so dick ist, daß sie mindestens zwei Zentner pro Kubikmeter wiegt . . . Entschuldige. Ich werde versuchen, mich zu beherrschen.

Du lebst jetzt in dieser Stadt und kannst nach Lust und Laune Bagel-Geschäfte kaufen und verkaufen. Wie läuft es so im Anlagegeschäft? Gibt es noch Geld auf der Welt? Wird noch welches für mich da sein, wenn ich nach N. Y. zurückkomme und endlich anfange, das Leben zu führen, das mir hoffentlich eines Tages selbstverständlich sein wird?

Gerade habe ich aus dem Fenster geschaut und mußte aus irgendeinem Grund plötzlich an das Chemie-Seminar denken, das wir im Sommer vor dem Abitur gemeinsam besuchten. Erinnerst Du Dich? Wir wir uns diesen beiden Mädchen als Brüder vorstellten? Ihnen sagten, wir hießen Florenz und Ehrlenmeyer Flask? Selbst als sie uns auslachten und aufforderten zu verschwinden, wußte ich irgendwie, daß ich Medizin studieren würde, und Du wußtest, daß Du Dich mit den Geheimnissen der Kapitalvermehrung beschäftigen würdest. Und schau uns jetzt an! Für Dich haben sich alle Träume verwirklicht, und ich erlebe einen Alptraum!

Es tut mir also sehr leid, aber ich kann wirklich nicht kommen. Im voraus herzlichen Glückwunsch. Und falls Dich eine tiefe innere Krise befällt, von wegen Ende der Jugend und so, tröste Dich mit der Tatsache, daß Du immer noch nicht alt genug bist, um Präsident zu werden, daß Du gesund bist und nicht in Alaska Biberzähne untersuchen mußt.

Vom Ende der Welt,
Dein Joel F.

DOKTOR Jennifer Kelly
Soziologisches Institut
University of Michigan
Ann Arbor, Michigan

12. März

Liebe Jen, oder besser, liebe FRAU DOKTOR,

herzlichen Glückwunsch zum bestandenen Examen und zum Titel. Ich habe aus einer gewöhnlich gut unterrichteten Quelle davon erfahren – diese will zwar anonym bleiben, ist aber meine Mutter. Was kommt jetzt? Eine Anstellung an der Uni? Ich bin sicher, Du findest einen erstklassigen Job. Wenn Du ein Empfehlungsschreiben brauchst, kannst Du gern das folgende verwenden:

> Jennifer Kelly (oder „Jen“, „Jens“, „Kennifer Jelly“) war stets ein vortrefflicher Mensch und ist eine gute Freundin von mir seit der neunten Klasse des St. Anne's Gymnasiums, wo sie mir half, keinen Ärger mit den Schwestern zu bekommen, und mich im Feldhockey unterwies, in der Harrison-Ford-Verehrung sowie in fortgeschrittener Schminktechnik. Sie bringt die besten Qualifikationen für eine Anstellung an jeder Universität mit, ist wahrscheinlich eine großartige Lehrerin und brillierte als meine Mutter in einer Schüleraufführung von „Die Glasmenagerie“.

Du kannst Dir denken, daß ich mich bei aller Freude über Deinen Erfolg auch insgeheim ein bißchen mies fühle. Alle meine Freundinnen kriegen entweder einen Ehemann oder einen Doktortitel oder ein Kind! Rauscht das Leben an mir vorbei? Normalerweise denke ich nicht so, aber das Leben hier ist zur Zeit alles andere als normal. Ich kann nicht fliegen – den Grund nenne ich Dir ein andermal, er ist sehr seltsam –, deshalb fühle ich mich nutzlos und leer.

Was ganz und gar nicht meine normale Gemütsverfassung ist, das kannst Du mir glauben. Wie ich Dir vor drei Jahren (!!) schrieb, habe ich ein Lufttaxi, das ich selbst fliege. Wenn ich in meinem Flugzeug über Alaska schwebe, dann komme ich mir äußerst privilegiert vor und bin rundum glücklich. *Das* verstehe ich unter „normal“: 3000 Meter über den Köpfen der Menschheit durch die Luft zu segeln, meine Kurven über dieser aufregenden Landschaft zu ziehen – über Bergen, Seen, Gletschern – und mein Schicksal fest in meiner Hand zu wissen, ganz egal, was passiert. Sogar üble, sexistische Machos als Passagiere – übrigens weniger häufig als angenommen – können mich mit ihren Witzen über ihre Joysticks nicht aus der Ruhe bringen. Aber wenn ich am Boden klebe . . .

Na ja, ich versuche es leicht zu nehmen, aber Du kennst mich: die energische, umtriebige Margaret. Es ist schwer. Aber zum Teufel, diese Stimmung vergeht, sobald ich wieder in der Luft bin. Inzwischen warte ich auf Deine Antwort! Und nochmals meine Glückwünsche. Schick mir Deine Dissertation! Ich verspreche auch, sie zu lesen. (Leider kann ich Dir nicht versprechen, sie auch zu verstehen.)

Ich habe etwas vergessen: Bist du noch mit diesem Kevin (hieß er überhaupt so?) zusammen? Oder bin ich hoffnungslos hinter dem Mond? Antworte umfassend, detailliert, und laß mich Deine Arbeit sehen. Dann erzähle ich Dir meine Geschichte. Die ganze. Die, wenn ich's recht überlege, ziemlich haarsträubend ist.

Neugierig? Gut.

Herzlich,
Maggie

12. März

Lieber Francis Coppola,

endlich habe ich den Dokumentarfilm gesehen, den Ihre Frau während der Dreharbeiten zu Apocalypse Now gemacht hat. Am besten gefiel mir die Szene, in der Marlon Brando erst ein paar Sätze spricht, die ich nicht verstanden habe, und dann rülpst und sagt: „Ich habe einen Käfer verschluckt.“ Das war grandios! Haben Sie das geschrieben? Oder hat Marlon improvisiert? Wahrscheinlich haben Sie es sich gemeinsam während des Drehens ausgedacht. Schade, daß Sie die Szene aus der Kinofassung rausschneiden mußten.

Ich hatte keine Ahnung, daß Filmemachen so anstrengend ist. Kein Wunder, daß Sie bei Ihrem nächsten Film – „Einer mit Herz“ – mit der Technik in Ihrem Wohnwagen geblieben sind und sich die Dreharbeiten nur am Videoschirm angesehen haben. Dafür habe ich vollstes Verständnis.

Machen Sie weiter so!

Ihr Fan,
Ed Chigliak

KBHR
Die Stimme des Nordens

Earl David Bentine
Häftling Nr. 28449006
Staatsgefängnis Lompoc
Lompoc, Kalifornien 93436

13. März

Lieber Earl,

schön, daß es Ihnen einigermaßen gut geht. Wie ich schon in meiner Antwort auf Ihren ersten Brief schrieb, ich glaube kaum, daß ich mir das Leben in Ihrem sehr großen Haus auch nur annähernd vorstellen kann. Aber mir scheint, es gibt etwas, das für jedes Leben, innerhalb wie außerhalb von Mauern, zutrifft: Man lebt von einem Tag zum nächsten.

Ich möchte Ihnen zu dem Lernprogramm gratulieren, das Sie sich selbst für den Knast zusammengestellt haben, gleichzeitig aber meinen Anteil daran abstreiten. Ich bin für niemanden ein Vorbild! Ich bin nur ein Mensch, der versucht, auf unserer Reise durch die Zeit die Forderungen von Geist und Körper in Einklang zu bringen. Trotzdem freue ich mich, daß unsere Korrespondenz einen Funken in Ihnen entzündet hat, daß eine Neugier in Ihnen erwacht ist.

Was Ihr Rätsel anbelangt – ich kenne es, und es hat mir bereits zu einigen längeren Diskussionen an der Theke unseres Cafés hier verholfen. Die Frage ist: „Wenn Gott alles kann, kann Er dann auch einen Stein erschaffen, der so schwer ist, daß Er ihn nicht heben kann?" Sie sagen: „Darauf gibt es keine Antwort, das ist ein Paradox." Dem stimme ich zu, doch nur einen Augenblick lang. Im nächsten Moment gefällt mir eine andere Antwort besser, eine, die tiefer in der Zeit verwurzelt ist, nämlich: Er erschafft den Stein und kann ihn nicht heben. „Scheiße, Mann", sagt er, „das Ding ist verflucht schwer." Doch dann vergeht eine Minute, und eine neue Situation ist entstanden. Ich will hier nicht der sogenannten „Kopenhagener Deutung" einer Quantenrealität das Wort reden, die davon ausgeht – ich werde ausführlicher in einem anderen Brief darauf eingehen, das sind ziemlich abgehobene Theorien –, daß eine unendliche Zahl von Universen in jedem Moment konstant erzeugt wird durch den Zerfall subatomarer Partikel im gesamten Universum. Ich will damit nur sagen, daß Gott einen Moment später noch mal darüber nachdenkt und dann sagt: „Hey, verdammt, mal langsam. Ich bin schließlich *Gott*!" Und Er hebt den Stein mit einer Hand. Der linken. Denn meine katholischen Freunde sagten immer: „Jesus wurde gekreuzigt und kam in den Himmel. Dort sitzt er auf der Rechten Gottes." Aua!

Löst das Ihr Paradox? Ich bin gespannt und freue mich schon auf Ihren nächsten Brief. Nehmen Sie's leicht. Denken Sie daran, daß Beharrlichkeit zum Ziel führt.

Ihr
Chris Stevens

An das
Finanzamt von
Anchorage, Alaska

13. März

Sehr geehrte Damen und Herren,

ich habe Ihr Schreiben vom 25. Februar erhalten. Darin bitten Sie um eine genaue Aufstellung, was ich meinen Angestellten in den vergangenen 23 Jahren an Gehalt und Spesen bezahlt habe. Ich würde Ihrem Wunsch nur zu gern nachkommen, doch kann ich es schlicht nicht. Die Leute, die hier gearbeitet haben, kamen und gingen, manche sind auch mehrfach wiedergekommen und wieder gegangen. Ich nehme an, ich habe diesen Leuten im Schnitt zwischen drei und vier Dollar gegeben, aber wahrscheinlich war es in der ersten Zeit weniger, weil alles noch viel billiger war.

Momentan beschäftige ich drei Leute. Einer ist Dave, der Koch, dem ich vier Dollar pro Stunde bezahle. Was die Spesen betrifft, so hat er freie Verpflegung. Ich habe zur Zeit eine Annonce für einen zweiten Koch laufen, weil wir mittlerweile rund um die Uhr geöffnet haben. ich habe darüber hinaus Ed Chigliak eingestellt, zu denselben Bedingungen.

Meine andere Angestellte ist Shelly Tambo, aber da sie und ich auch privat zuammenleben, bekommt sie nicht eigentlich ein Gehalt. Ich gebe ihr einfach Geld.

Ich hoffe, damit sind Ihre Fragen ausreichend beantwortet.

Mit freundlichen Grüßen
Holling Vincoeur
Eigentümer von „The Brick"

Mr. Chuck Williams
c/o Williams-Sonoma
San Francisco, Kalifornien 94120

14. März

Sehr geehrter Mr. Williams,

seit ich 1972 hier in Alaska meine Zelte aufgeschlagen habe, bin ich stets ein zufriedener Kunde Ihres Versandhauses „Alles für die Küche" gewesen. Man brauchte kein Prophet zu sein, um vorauszusehen, daß das Angebot an hochwertigem Kochgeschirr und erstklassigen Zutaten in einem Staat mit weniger Einwohnern als San Francisco gleich Null sein würde. Mehr als einmal habe ich allen möglichen Göttern für Ihr hervorragendes Warenangebot und Ihren prompten Service gedankt. Das alles sage ich, offen gestanden, um Ihnen Honig ums Maul zu schmieren – und ich benutze diesen Ausdruck ganz bewußt – und Ihnen meine zugegebenermaßen kühne Bitte schmackhaft zu machen.

Ich möchte Sie nämlich bitten, mir eine beträchtliche Menge von Kochgeschirr und Zutaten zu schicken – umsonst.

Bevor Sie anfangen zu lachen oder dieses Schreiben dem Papierkorb anvertrauen, lesen Sie bitte erst einmal weiter. Aus Gründen, die Ihnen sicher völlig unglaubhaft vorkommen würden, habe ich plötzlich viel Zeit übrig. Nun ist es als Hobby-Koch immer mein Traum gewesen, einen Kochkurs zu leiten. Keine Haute Cuisine oder irgendwelchen Schnickschnack, sondern nur die Grundlagen guten Kochens, um auch in anderen die Begeisterung für die Freuden der Küche zu wecken. Schuld daran ist vielleicht mein angeborenes, instinktives Bedürfnis, meine Kenntnisse weiterzugeben, vielleicht auch nur meine Egozentrik . . . Schuld war nur der Bossa Nova oder was auch immer: Jedenfalls trage ich diesen Wunsch schon seit Ewigkeiten mit mir herum.

Jetzt stelle ich fest, daß die Gelegenheit dazu gekommen ist. Ich habe ein paar Leute gefunden, die als Klientel in Frage kommen. Menschen, denen die viele übrige Zeit ebenso aufs Gemüt drückt wie mir. Aber ich brauche eine Ausrüstung: Töpfe, Pfannen, Bestecke usw. Eine genaue Aufstellung entnehmen Sie bitte der beigefügten Liste.

Ich bitte Sie, diese Dinge zu spenden, nicht, weil es sich um eine uneigennützige Aktion handelt oder guten Zwecken dient – keines von beidem trifft zu –, sondern weil es ein gutes Geschäft für Sie ist. Wenn diese Leute erst einmal gelernt haben, daß es ebenso leicht ist, ein richtiges Huhn in den Ofen zu stecken, wie eine entsetzliche tiefgefrorene Mahlzeit in die Mikrowelle zu stellen, dann werden sie kochen wollen. Und dann benötigen sie die entsprechende Ausrüstung für ihre Küche. Genau wie ich werden sie aber in den hiesigen Läden nichts Geeignetes finden. Und das bedeutet, daß sie eine leichte Beute meiner Werbung für Ihre Produkte werden. Schicken Sie mir also auch einen Karton Ihrer Kataloge, und Sie werden sehen: Die gehen weg wie warme Semmeln! Mit jeder Klasse, die meinen Kurs absolviert, bekommen Sie garantiert sechs, acht oder zehn Kunden auf Lebenszeit.

Verdammt, allein der erste Kurs wird so viele Startpakete für die Grande Cuisine, kupferne Schneckenpfännchen und italienisches Trüffelöl kaufen, daß Ihre Investition sich amortisiert. Und das ist – verzeihen Sie den Vergleich – nur die Vorspeise.

Wegen der Details, was den Versand betrifft usw., können Sie anrufen oder mir an die beigefügte Adresse schreiben. Wenn Sie aber einmal sehen wollen, was Naturschönheit wirklich ist, wäre es mir eine Ehre, Sie als meinen Gast begrüßen zu dürfen im wunderschönen Cicely an der atemberaubenden alaskischen Riviera. Sie können mich jederzeit anrufen, Tag und Nacht.

Mit freundlichen Grüßen
Maurice Minnifield

Steven Cohen
Rechtsanwalt
Pittsburgh, USA

14/3

Lieber Steve,

netter Brief, aber machst Du Witze? „Wen ich mir als Präsident wünsche“? Ich hätte gern Seve Ballesteros. Er sieht gut aus, ist wohlerzogen, hat Humor, ist Spanier und ein verdammt guter Golfer. Wen ich kriege, steht auf einem anderen Blatt.

Ist das „unreif“? Dann bring mich vor Gericht. Hier oben, im bekloppten Alaska, entdecke ich Teile von mir, deren Existenz ich total vergessen hatte. Erinnerst Du Dich, wie wir uns in der 7. Klasse „entschieden“, welche „Persönlichkeit“ wir einmal sein würden? Hier sagen sich Fuchs und Hase Gute Nacht – oder vielleicht eher Wolf und Elch. So rächen sich alte Sünden.

Du erkennst plötzlich, daß es Eigenschaften an dir gibt, die du geleugnet oder für weniger wichtig gehalten hast, als etwa cool und hip und attraktiv zu sein oder zumindest von Deinesgleichen akzeptiert zu werden. Und diese Eigenschaften beginnen sich hier oben wieder zu regen. Warum sie unterdrücken? Hier oben ist es für jeden schwer, eine irgendwie akzeptable Gruppe von Bezugspersonen zu finden. Alle sind zu beschäftigt oder zu sehr auf sich selbst fixiert, um für einen anderen als sozialer Bezugspunkt in Frage zu kommen. Ist das gut? Ja, ich glaube, das ist sogar gut. Wenn nicht das Ich, auf das man sich fixiert, total verrückt ist.

Das bringt mich auf ein Erlebnis, das ich letzten Monat bei einem Einkaufstrip in Anchorage hatte. Ich beschloß, ein paar Tage blau zu machen. Das war im Februar, als das Leben hier noch in gewohnten Bahnen verlief. Es war tiefster Winter; so ungefähr stelle ich mir einen Sommer auf dem Pluto vor. Also beschließe ich, mir ein wenig Abwechslung zu verschaffen und nach Anchorage zu fliegen, in einem richtigen Restaurant zu schlemmen, ein paar Klamotten, einige Bücher und CDs zu kaufen. Kurz gesagt, mich zu verwöhnen. Denn dieses Bedürfnis hast du in Alaska im Winter, wo du es dir schon als große Leistung anrechnest, überhaupt morgens auf dem Bett zu kriechen. Außerdem fängst du in diesem nebligen, kalten, dunklen Brei allmählich an, dich unglücklich zu fühlen. Du bekommst Depressionen. Tust dir selbst leid und entwickelst einen Lebensekel. Du fragst dich: Wo begann das menschliche Leben? IN AFRIKA! Wo es warm und feucht ist und die Menschen keine Elche essen. Vom Gang der Evolution sind wir hier weit entfernt.

Als Jude verwöhne ich mich natürlich durch ein gutes Abendessen (also Nahrung) und den Kauf einiger Produkte der Unterhaltungsindustrie (Kultur). Will man seine Zeit in Anchorage optimal ausnützen, muß man fliegen. Die Pilotin des einzigen Lufttaxis hier (Habe ich Dir von ihr berichtet? Maggie O'Connell? Aus Grosse Pointe in Michigan? Hübsch, empfindlich, neurotisch . . . Ich will gar nicht erst davon anfangen) sagt, sie kann mich nicht bis Anchorage fliegen, aber mich an der Landebahn einer Kleinstadt namens Good Mule absetzen. Ich nehme das Angebot an. Sie läßt mich also dort raus, und ich erwische tatsächlich einen Flug nach Anchorage, mit einer der wenigen nur in Alaska verkehrenden Fluglinien. (Da der Staat Alaska ungefähr ein Fünftel der Fläche der USA bedeckt, kann ein Flug innerhalb der Staatsgrenzen länger dauern als einer von New York nach Chicago.)

Ich nehme ein Taxi in die Stadt, lege mir ein paar neue Klamotten zu, verwöhne meinen Gaumen und wende mich dann dem heikelsten Punkt meiner Unternehmung zu, dem Gang in den Plattenladen. Natürlich gibt es keine „Platten" mehr, aber Du weißt schon, was ich meine. Nun ist bei meinem begrenzten Einkommen eine CD schon eine größere Investition, doch drei Stück will ich mir gönnen. Das macht dann inklusive Steuern etwa vierzig Dollar. Ich blättere, ich überlege hin und her, ich nehme einige heraus und stelle sie zurück, ich bitte um Erlaubnis, vier oder fünf kaufen zu dürfen, doch wird dies glatt abgelehnt. Schließlich habe ich meine drei und gehe zur Kasse.

Der Typ dort sieht aus, als hätte man ihn aus einer mittelalterlichen Kerkerzelle gezerrt, um hier die Kasse zu bedienen. Total ausgemergelt, hager, strähnige Haare, schmutziges graues Sweatshirt, und er murmelt ständig was vor sich hin. Redet mit sich selbst. „Verfluchter Elliot. Will *mir* sagen, was ich tun soll . . . verdammter Hurensohn . . ." Und so weiter. Ich bleibe natürlich vollkommen unbeeindruckt. In New York wird mir so etwas jeden Tag geboten, Männer in Nadelstreifenanzügen laufen durch die Straßen und reden mit sich selbst. Ich knalle ihm die CDs auf die Theke und zücke meine Brieftasche.

„Verfluchter Elliot", sagt der Typ zu mir. „Greif dir die verdammten Dinger, Mann, und hau damit ab, Mann. Is mir scheißegal, Mann."

„Wer ist dieser Elliot?" frage ich, um mein Mitgefühl zu dokumentieren. „Dein Boß?"

„Ja, Mann, mein Boß! Reicht das? Nun nimm die Dinger schon."

Eine Versuchung? Allerdings! Aber ich bin gefestigt, habe mir selbst die Erlaubnis zu diesem Kauf erteilt, brauche die soziale Befriedigung durch eine von der Gesellschaft abgesegnete geschäftliche Transaktion. Ich WILL zahlen.

„Wenn Elliot das rauskriegt, dann fliegen Sie."

Er aber schreit in völligem Wahnsinn: DAS IST MIR SCHEISSEGAL, MANN. JETZT NIMM SIE UND VERPISS DICH, VERSTANDEN?"

Ich schaue mich um. Kein Mensch im Laden. Niemand kann meinen Irren ablösen oder ihm auf die Schulter klopfen und sagen: „Hey Tim, mußt du nicht deine Medizin einnehmen? Ich erledige das hier." Nein, nur ich und dieser spindeldürre Typ, der immer noch was von Elliot brummt und plötzlich unter dem Ladentisch EINE HALBAUTOMATISCHE HANDFEUERWAFFE rausholt, und vor meinem geistigen Auge rollt bereits das ganze entsetzliche Szenario in Zeitlupe ab: Er schreit, zielt, ich hebe sachte protestierend die Hände, und BLAM, BLAM, BLAM geht der kleine Joel den malerischen Weg alles Irdischen. Was hättest Du gemacht? Ich schnappte mir die Dinger und rannte davon, so schnell ich konnte.

Fünf Blocks entfernt bleibe ich keuchend stehen und überdenke meine Lage. Nun, immerhin habe ich die CDs. Vielleicht hätte ich sie liegenlassen sollen, aber das geschieht Elliot ganz recht, wenn er einen Psychopathen für sich arbeiten läßt, statt ihn in Kur zu schicken. Und ich bin 40 Dollar im Plus. ICH HABE DIR GLEICH GESAGT, DU SOLLTEST MEHR KAUFEN! meldet sich mein habgieriges Ich. Ich stehe vor einer Bar. Ich reiße mich zusammen, gehe rein und wende mich an den Wirt.

„Da ist ein Plattenladen in dieser Straße, wissen Sie, wie der Besitzer heißt?“ frage ich. „Vielleicht Elliot mit Vornamen?“

„Susan Hampton“, sagt der Mann.

„Wer ist Elliot? Ihr Mann etwa oder der Geschäftsführer . . .?“

„Keine Ahnung. Nie von einem Elliot gehört. Susan gehört der Laden schon seit Jahren.“

Das ist eine ganz typische Geschichte für Alaska – die Knarre, der Irre, die Tatsache, daß „Elliot“ wahrscheinlich ein Biber war, dem der Kerl vor Jahren begegnet ist –, mit einer Ausnahme . . . Sie ist noch nicht vorbei. Bei weitem nicht. Das aufregende Ende folgt in meinem nächsten Brief.

Dein längst nicht genug verwöhnter Joel

Liebe Tante Martha! 15. März

Herzlichen Glückwunsch zum Geburtstag.

Alles Liebe,
Marilyn

16. März

Lieber Tyler,

ich habe Deinen Brief erhalten und erfülle gerne Deine Bitte, Dir zu erzählen, was aus Astronauten wird, wenn ihre aktive Zeit vorüber ist. Es ist eine gute Frage, und ich hatte viel Zeit, mir eine Antwort zu überlegen, da mein letzter Flug 1971 stattfand.

Seit dieser Zeit war ich an mehreren Wirtschaftsunternehmen beteiligt, zumeist auf dem Sektor Telekommunikation. 1974 habe ich eine Lizenz zum Betrieb eines Mittelwellensenders erworben, der seither ein tägliches Programm ausstrahlt. Ein Jahr später habe ich dann eine Tageszeitung gegründet, die mittlerweile nur noch wöchentlich erscheint. Ich habe in mehrere Satellitenprojekte zur Datenübermittlung investiert, mit wechselndem Erfolg. Darüber hinaus habe ich ein recht ansehnliches Stück Land gekauft, unberührte Natur mit einer Fläche von etwa 15 000 Morgen. Ich glaube fest, daß dieses Land eines Tages erschlossen wird, für industrielle und touristische Zwecke, als Erholungs- und Wohngebiet.

Meine Erfahrungen als Astronaut brachten mich zu all diesen Unternehmungen. Als ich die Erde umkreiste, da hatte ich, wie andere Astronauten auch, eine Art Offenbarung. Die Schönheit unseres blauen Planten rührte mich fast zu Tränen. Aber während viele Astronauten über einen Eindruck von Zerbrechlichkeit berichten, den der Anblick der Erde bei ihnen hervorrief, hatte ich eine ganz andere Empfindung, als ich auf den warmen, blau und weiß schimmernden Globus hinabsah. Ich fand, diese Welt sah gesund und dynamisch aus, bereit, alles mitzumachen, was der Mensch sich ausdenken könnte. Leute, die noch nie vom Weltall aus die Erde gesehen haben, meinen, sie sieht brüchig aus, gefährdet und überindustrialisiert. Aber zum Teufel – bitte entschuldige den Ausdruck –, ich war dort und stellte fest, daß sie längst noch nicht industrialisiert genug aussah. Gesund und dynamisch, bereit, alles mitzumachen, was der Mensch sich ausdenken könnte.

Es gab da etwas an diesem Anblick der verschwenderischen Schönheit der Erde, was mich im Tiefsten erschütterte. Ich hatte mein Medium und meine Berufung gefunden: die Größe! Und ich wußte, wenn ich eines Tages meinen Dienst bei der NASA quittieren würde, dann würde ich ebensowenig einen Bürojob bei einer Behörde annehmen oder als händeschüttelnde Galionsfigur für irgendein Unternehmen arbeiten können, wie beispielsweise ein Löwenbändiger ausgestopfte Spielzeugtiere verkaufen könnte. Ich stieg aus dieser Mercury-Kapsel in dem Bewußtsein, daß ich große Dinge auf einem großen Gebiet in großem Maßstab unternehmen muß.

Also zog ich nach Alaska. Denn mir war klar, daß ich hier eine Landschaft und ein Potential finden würde, die mit meinen Wünschen und Zielen vereinbar wären. Jetzt lebe ich schon zwanzig Jahre hier und fühle keinerlei Veranlassung, meine ursprünglichen Pläne aufzugeben oder sie zu ändern.

Zum Schluß will ich Dir noch einmal für Dein Interesse danken, und ich hoffe, daß Du mit meiner Antwort zufrieden bist, wie natürlich auch Deine Mitschüler der zweiten Klasse und Eure Lehrerin, Mrs. Flimner.

Mit besten Grüßen,
Maurice Minnifield

17. März

Lieber Tony,

vielen Dank für Deinen Brief vom 14. Natürlich hast Du recht: Was immer die neurologische Funktion des Schlafes sein mag, sie manifestiert sich jedenfalls in unseren Träumen. Abgesehen von der physischen Erholung bietet der Schlaf uns vor allem einen Zugang zu unserem Unterbewußtsein.

Also habe ich meine Strategie geändert. Statt die Stadt

einzuschläfern – ein bemerkenswerter Mißerfolg übrigens –, versuche ich jetzt, sie durch Langeweile lahmzulegen. Ich lese im Radio – ich bin nun fast rund um die Uhr auf Sendung, abgesehen von kurzen Pausen, in denen ich etwas esse und ein oder zwei Bier trinke – absolut geisttötende Sachen vor, das langweiligste Zeug, das ich kriegen kann: unverständliche soziologische Texte, hirnerweichende Artikel aus Illustrierten, Parlamentsprotokolle . . . Um nicht selbst verrückt zu werden, skandiere ich manchmal minutenlang die heilige Silbe *Om* oder spreche die Grundformeln des Autogenen Trainings: „Ich bin vollkommen ruhig . . . Mein rechter Arm ist ganz schwer . . ." Das habe ich aus einem völlig bescheuerten Buch über Hypnose in Freizeit und Beruf.

Wenn ich dann merke, daß meine Stimmbänder nicht mehr mitmachen, verstumme ich ganz und gar und beglücke die Stadt mit einem Marathon-Festival von New-Age-Meditationsmusik: zäher Klavierbrei, märchenhaftes Harfengezirpe, gedämpfter Pseudo-Jazz wie aus der Zahnarztpraxis . . . Nach spätestens zwanzig Minuten schreist du danach, die Zähne gezogen zu kriegen, damit du wenigstens wieder ein bißchen Leben spürst.

Natürlich funktioniert nichts davon. Die Leute machen mich statt dessen auf der Straße an und verlangen, daß ich ein abwechslungsreicheres Musikprogramm biete. Und mein Boß, ein energischer Ex-Astronaut, ist brasig und macht mich gelegentlich zur Sau. Lange halte ich das nicht mehr durch.

Ich habe Dir noch für Dein Interesse an »Schlafe, mein Elchlein« zu danken. Eine Kopie liegt bei. Bitte schreibe mir auch weiterhin, was Du über unseren Zustand hier denkst. Ich kann jede Menge Hilfe brauchen.

Herzlich,
Chris

SCHLAFE, MEIN ELCHLEIN
Ein Schlaflied für schlaflose Cicelyaner

Schlafe, mein Elchlein, es ruhn
Grizzly und Holzfäller nun,
Das Geschrei in der Bar ist verstummt,
Nur der Ölturm noch brummt.
Autos mit halogengelbem Schein
Fahren in den Wald hinein.
Schlafe trotz ihrem Schein,
Schlafe, mein Elchlein, schlaf ein.
Schlaf ein, schlaf ein . . .

Alles in Cicely nun liegt
Vom Suff in den Schlummer gewiegt,
Kühlschrank und Bierfaß sind leer,
Mancher gar schnarcht wie ein Bär.
Nur noch in einem Gemach
tobt ein gar furchtbarer Krach.
Was für ein Krach mag das sein?
Schlafe, mein Elchlein, schlaf ein.
Schlaf ein, schlaf ein . . .

Wer ist beglückter als du?
Ein dickes Fell und 'ne Kuh,
Eis- und Tannzapfen vollauf
Und 'n paar Bierbüchsen drauf:
Leider sind sie schon leer,
Vieles im Leben ist schwer.
Wie wird es künftig erst sein?
Schlafe, mein Elchlein, schlaf ein.
Schlaf ein, schlaf ein . . .

17. März

Lieber Jack,

ich weiß, daß ich demnächst nach Grosse Pointe kommen muß, damit wir (leider!) über die Aufteilung von Moms und Dads Sachen reden können, wenn das Haus erst einmal verkauft ist. Aber hat das nicht noch Zeit? Diese ganze Scheidungsgeschichte ist mir zu frisch. Ich kann jetzt noch nicht über die *Güteraufteilung* reden. Bestimmt verkauft sich das Haus nicht *so* schnell. Wenn doch, ruf mich an, und ich komme.

Sollte das bald der Fall sein, so wirst Du mich aus dem Flugzeug tragen müssen. Wenn ich Cicely verlasse, liege ich sicher tagelang flach. Das ist noch ein Grund, die Sache zu verschieben, bis ich meinen normalen Schlafrhythmus wiedergefunden habe.

Hier scheint nach wie vor keiner auch nur ein Auge zuzumachen. Das ist äußerst bizarr, weil man ohne ein Gefühl für den Übergang von einer Sache zur nächsten geht, ohne diesen Rhythmus, der sich normalerweise aus dem Ende des einen und dem Beginn des nächsten Tages bildet.

Noch eine weitere bizarre Entwicklung: Ich arbeite hinter einer Bar! Ich brauchte einen Job, und da ich nicht fliegen kann und die ganze Stadt nun Tag und Nacht im einzigen Café herumhängt – weshalb der Besitzer dringend Hilfe brauchte –, zapft Deine Schwester jetzt Moosehead und Prinz Brau und mixt ab und zu einen Boilermaker (das ist Bier mit Whiskey, gräßliches Zeug!). Es gefällt mir sogar. Obwohl ich manchmal ziemlich genervt bin. Zum Beispiel gestern abend, als Dr. Joel Fleischman (Ich habe ihn vielleicht schon mal erwähnt. Aus New York? Ausgestattet mit einer angeborenen Überheblichkeit *und* unglaublicher Arroganz?) reinkam und anfing, mich auf seine witzige – glaubt er jedenfalls – Tour anzumachen. Hier ein repräsentativer Auszug aus unserem Dialog:

JF: Ach, Maggie . . . Sie erweitern Ihr berufliches Spektrum? Ich bin beeindruckt.

ICH: Was darf es sein, Dr. Fleischman?

JF: So kurz angebunden, so unterkühlt? Ich werde Mr. Vincoeur darüber ins Bild setzen müssen, daß seine neue Aushilfe es an Fingerspitzengefühl im Umgang mit der Kundschaft mangeln läßt.

ICH: Fleischman, Sie brauchen sich gar nicht so viel Mühe zu geben, mich mit Ihrer geschraubten Sprache zu beeindrucken. Ich weiß bereits, daß Sie in sprachlichem Ausdruck stets eine Eins hatten.

JF: Woher wissen Sie das? Wer hat es Ihnen erzählt? Elaine vielleicht?

ICH: Sie selbst, Fleischman. Schon bei unserer allerersten Begegnung haben Sie mir das erzählt. Und wollen Sie wissen, was ich dabei gedacht habe?

JF: Was . . .

ICH: Wie erfrischend, einen so großen Wortschatz im Besitz eines solchen Angebers zu sehen. Und Sie werden sich freuen zu erfahren, daß ich in den zwei Jahren, die Sie nun hier sind, keinen Anlaß gefunden habe, diese Einschätzung zu revidieren. Sie haben einen großen Wortschatz, und Sie sind ein fürchterlicher Angeber.

JF: Oh, ja? Und was hatten Sie, Maggie?

ICH: Eins Minus.

JF: Ich gebe auf.

ICH: Ich auch. Was darf es sein?

JF: Bier.

Und so weiter. Natürlich ist das alles für den Moment recht amüsant. Aber was ist, wenn dieser Zustand anhält und ich wirklich nicht fliegen kann . . . was zum Teufel soll ich dann tun? Eine Alternative wäre, von Cicely wegzuziehen, irgendwohin, wo alles normal ist. Das werde ich wohl müssen, wenn ich weiter fliegen will. Wenn ich aber bleibe, dann muß ich mir einen Job am Boden suchen. Das Gute ist, daß mir die doppelte Arbeitszeit zur Verfügung steht. Im Moment nutze ich sie, um Briefe zu schreiben. Man sagt, das hätte einen therapeutischen Effekt.

Küßchen,
Mags

Dr. Michael Robertson
Wilson-Institut für neurologische Forschung
Philadelphia, Pennsylvania

17. März

Sehr geehrter Dr. Robertson,

ich bekam Ihren Namen von Dr. Howard Bateman, einem meiner Kommilitonen an der medizinischen Fakultät der Columbia-Universität. Sein Vater spielt offenbar häufig Golf mit Ihrem Onkel. Das klingt jetzt nach einer Verschwörung, aber aus solch labyrinthartigen Verbindungen wird oft Geschichte gemacht. Als Howard erwähnte, daß Sie eine der Koryphäen auf dem Gebiet der Neuropsychiatrie sind, konnte ich dem sofort zustimmen, da ich mehrere Aufsätze von Ihnen in Fachzeitschriften gelesen habe.

Howard sagte, er habe Ihnen einen kurzen Überblick über die Situation hier gegeben, also muß ich das nicht wiederholen. Es genügt festzustellen, daß sich nichts geändert hat. Cicelys längster Tag dauert nun schon 17 Tage, und ein Ende ist nicht in Sicht. Während dieser Zeit hat sich ein ständiger Strom von Patienten, der manchmal schon dem Mississippi ähnelte, durch jenen Raum gewälzt, den wir hier scherzhaft meine „Praxis" nennen. Es gab die verschiedensten Fälle zu behandeln, vordringlich aber Stichwunden. Messerstechereien erfreuen sich hier größter Beliebtheit. Viruserkrankungen sind dagegen selten. Es sei denn, Sie halten den Hüttenkoller, verschärft durch konstantes Wachbleiben, für eine Infektionskrankheit. Streß, ja! Aber wo bleibt die Müdigkeit? Wo die Erschöpfung?

Das Phänomen muß sorgfältig studiert werden. Und ich befinde mich in der idealen Position, dies zu tun. Howard hat Ihnen meine wissenschaftliche Ausbildung geschildert, also lassen Sie mich nur hinzufügen, daß ich seit nunmehr zwei Jahren die Ehre habe, als Amtsarzt in Cicely zu fungieren. In dieser Zeit konnte ich ein ausgezeichnetes Verhältnis zu meinem Patientenstamm aufbauen. Was mir fehlt, ist eine

Kontrollgruppe, denn es scheint niemanden in der Stadt zu geben, der von diesem Phänomen verschont wäre; allerdings habe ich auch noch nicht sorgfältig gesucht. (Habe ich übrigens erwähnt, daß ich selbst gleichfalls betroffen bin?)

Ich bin bereit, eine systematische Untersuchung dieses ungewöhnlichen Phänomens in Angriff zu nehmen. Doch müssen dazu zwei Voraussetzungen erfüllt sein: Erstens brauche ich Forschungsmittel, um Personal und Material finanzieren zu können. Im Augenblick habe ich nur eine Assistentin, der allmählich die Arbeit über den Kopf wächst. Ich habe erwogen, eine zweite einzustellen, doch mangelt es mir an den dazu notwendigen Mitteln. Und zweitens benötige ich die ausdrückliche Unterstützung einer Autorität auf diesem Gebiet, deren öffentliche Bestätigung der hier herrschenden Situation Glaubwürdigkeit verleihen würde. Ohne eine solche Bestätigung, dessen können Sie sicher sein, müßten alle Verlautbarungen über das, was hier bei uns geschieht, völlig unglaubhaft wirken.

Darum wende ich mich an Sie, Dr. Robertson. Die wissenschaftlichen Konsequenzen, die aus den Ereignissen hier in Cicely gezogen werden könnten, sind überwältigend. Die Situation verlangt nach einer eingehenden Untersuchung. Doch diese wiederum erfordert Geld und Unterstützung.

Finde ich bei Ihnen eines von beiden oder gar beides? In diesem Fall wäre Ihnen mein tiefster Dank gewiß.

Mit freundlichem Gruß
Dr. med. Joel Fleischman

WISSEN IST MACHT, UND BÜCHER SIND DER SCHLÜSSEL DAZU!

Liebe FreundInnen!

Dieser Brief ist neunmal um die Welt gegangen. Er handelt nicht von Geld oder religiösen Dingen. Er handelt vom Wissen, das der einzige Weg zur Selbsterkenntnis und zum Frieden ist. Auf die Reise geschickt wurde dieser Brief von Prof. Fleynn Stodterflygnniak aus Finnland im Jahr 1985. Seit dieser Zeit ist er in zahllosen Ländern gewesen, und alle, die ihn gelesen und befolgt haben, konnten davon profitieren.

Um dem Wissen zu dienen und das allgemeine Verständnis zu erweitern, schickt bitte ein Buch an die erste Adresse auf der beiliegenden Liste! Bitte keine Pornographie! Dann streicht Ihr diese erste Adresse aus, setzt Eure eigene ans Ende der Liste und verschickt eine Kopie dieses Briefes an sieben Freunde.

DER BRIEF FUNKTIONIERT. TUT GENAU, WAS DRINSTEHT. IN EIN PAAR WOCHEN ERHALTET IHR SELBST VIELE BÜCHER. LASST DIE KETTE NICHT ABREISSEN.

Denkt bitte daran, daß Pedro Arganaraz aus Uruguay die Kette abreißen ließ und wenige Tage später tot war. Mirelle Chandon aus Marseille warf den Brief weg und hatte anschließend schreckliches Pech. Daraufhin holte sie ihn wieder aus dem Papierkorb, schickte ihn den Anweisungen gemäß ab und erhielt schon wenige Wochen darauf viele faszinierende und wertvolle Bücher.

ANDERE HÄNGEN VON DIR AB. LASS DIE KETTE NICHT ABREISSEN.

18. März

Liebe Tawni,

das habe ich heute bekommen. Keine Ahnung, von wem. Es war kein Absender drauf, aber abgestempelt war der Brief in Saskatoon, deshalb glaube ich, daß es Cyndy war oder sogar Wayne. Obwohl – Wayne und Bücher? Klingt nicht sehr wahrscheinlich! Ich weiß, diese Sachen sind idiotisch, aber mein Vetter hat einmal zehn Dollar weggeschickt und ein paar Wochen später 40 bekommen. Ich glaube, es ist ungesetzlich, aber was soll's.

Hier geht's aber nur um Bücher, und das kann ja wohl nicht verboten sein. Und es trifft sich gut, weil ich wegen der vielen freien Zeit sowieso vorhabe, mehr zu lesen. Als ich Holling fragte, wo die Leihbücherei ist, schickte er mich in Ruth-Annes Laden. Aber als ich Ruth-Anne dann nach etwas zu lesen gefragt habe, hat sie nur traurig den Kopf geschüttelt und gesagt: „Shelly, ich habe nur noch Henry Kissingers Memoiren da. Entweder das oder den Weltalmanach von 1977." Natürlich habe ich den Almanach genommen.

Es hat sich herausgestellt, daß diese Schlaflosigkeit eine Menge Leute zu richtigen Leseratten gemacht hat, so daß Ruth-Annes gesamter Vorrat an Büchern verliehen ist. Übrigens hat sie auch keine Glühbirnen mehr! Also bleibt mir nur dieser Almanach, den ich ja verschicken würde, aber ich will ihn erst auslesen. Ich erzählte Holling, daß ich mich an dem Kettenbrief beteiligen will, aber nichts zu schicken habe. Er kramte in der Abstellkammer und fand sogar etwas. Ich weiß, in dem Brief steht, man kann schicken, was man will, solange es nur keine Pornographie ist. Aber meinst Du, es ist in Ordnung, wenn wir die Gebrauchsanweisung für den Mixer schicken?

Hier ist also der Brief. Ich habe Verständnis, wenn Du ihn wegwirfst. Ich habe ihn unserem Arzt gezeigt, und der hat mich nur ausgelacht!

„Hör mal, Shelly", sagte er. „Du glaubst doch nicht tatsächlich, daß das funktioniert, oder?" Als ich ihm das von meinem Vetter erzählte, sagte er: „Das war reiner Zufall. Das Geheimnis bei diesen Sachen ist, daß sie auf einer konstanten geometrischen Zunahme der Basispopulation beruhen. Hier drauf stehen wie viele Namen? Sieben?“ Er fing an, irgendwas auf eine Papierserviette zu kritzeln. „Sieben hoch . . . zwölf, dreizehn . . .“ Dann lachte er und hielt mir die Serviette unter die Nase. Als würde er annehmen, daß ich etwas von Mathematik verstehe!

„Shelly, wenn jeder mitmachen würde, jeder ein Buch und sieben Briefe weiterschickt, dann wäre nach nur zwölf oder dreizehn Runden die gesamte Bevölkerung aufgebraucht.“

„Von Alaska?“ fragte ich.

„Alaska? Die Weltbevölkerung! Der gesamte Planet!“

Ich riß die Augen auf: „Wäre das nicht toll?“

„Toller Mist! Es wäre schlicht unmöglich! Sie schicken etwas Wertvolles weg und haben kaum eine Aussicht, je etwas dafür zurückzubekommen! Das ist der reinste Betrug!“

Tja, das ist seine Meinung. Und er hat leicht reden. Schließlich hat er seine ganzen Medizinbücher zum Lesen. Was sollen wir andern aber machen? Also schick irgend jemandem ein Buch, Du kannst es ruhig schon gelesen haben, und wer weiß? Vielleicht bekommst Du etwas Schönes zurück.

Alles Liebe,
Shelly

Mr. Benton T. Culpepper, Rechtsanwalt
1455 Ninth Avenue, Suite 3A
Anchorage, Alaska

18. März

Sehr geehrter Mr. Culpepper,

ich habe Ihren Brief vom 14. März dieses Jahres erhalten, muß Ihnen aber offen gestehen, daß ich nichts damit anzufangen weiß. Sie sagen, sie vertreten Mr. Arthur B. Marone, der etwa am 27. Februar in meinem Restaurant „The Brick" gewesen ist. Offenbar wurde Mr. Marone von meinem Personal schlecht behandelt, mit dem Ergebnis, daß „Mr. Marone schweren körperlichen und seelischen Schaden davontrug, der ihn an der Ausübung seiner beruflichen Pflichten hindert, was eine gravierende Einschränkung, seinen Lebensunterhalt zu verdienen, zur Folge hat". Weiter schreiben Sie, daß Mr. Marone mich auf Schadensersatz verklagt.

Ich muß Ihnen mitteilen, Mr. Culpepper, daß ich mich beim besten Willen an einen Mr. Marone nicht erinnern kann, geschweige denn an irgend etwas, das ihm bei uns zugestoßen sein könnte. Wir haben sehr viele Kunden im Brick, und nicht wenige davon verlassen das Lokal in einem Zustand, in dem sie weder ihren beruflichen Pflichten nachkommen noch ihren Lebensunterhalt verdienen könnten. Aber am nächsten Tag sind sie dann wieder nüchtern, und die Sache ist erledigt.

Sollten Sie meinem Gedächtnis nicht irgendwie auf die Sprünge helfen können, damit ich mich an den Vorfall erinnere, so glaube ich, daß Sie und Mr. Marone vielleicht das falsche Lokal verklagen.

Mit bestem Dank.

Hochachtungsvoll
Holling Vincoeur

Die Gute Küche
2399 Gastineau Avenue
Juneau, Alaska

18. März

Sehr geehrte Damen und Herren,

bitte liefern Sie das in beiliegender Liste Bestellte per Paketdienst an die unten angegebene Adresse. Der Grund ist, daß ich einen Kochkurs abhalte, zu dem sich bislang 27 Personen angemeldet haben. Wenn Sie mit meiner potentiellen Klientel hier in Cicely vertraut wären – sowohl was die begrenzte Quantität angeht als auch die sogar noch begrenztere Qualität ihrer Vorbildung –, so wären Sie ebenso von den Socken wie ich. Ich erwähne dies nur für den Fall, daß der knospende Enthusiasmus sich voll entfaltet und ich mit Ihnen über Mengenrabatt verhandeln müßte. Einige Anmerkungen:

1) Das Olivenöl sollte nicht Extra Vergine sein, doch aus Italien stammen, nicht aus Spanien. Mein Ziel ist, diesen Leuten solide Geschmacksgrundlagen zu vermitteln, ohne gleich überfeinerte Gourmets aus ihnen zu machen.

2) Wenn Sie die Frühlingszwiebeln nicht in der gewünschten Menge liefern können, dann sagen Sie das um Gottes willen. Halten Sie mich nicht hin.

3) Die Petersilie sollte glatte italienische sein. Krause bitte nur im äußersten Notfall.

4) Das Pfeilwurzmehl können Sie ohne weiteres durch Maisstärke ersetzen.

5) Geruchloser Zimt, bittere Mandeln, vertrockneter Knoblauch, weiche Kartoffeln und matschige Zwiebeln gehen unverzüglich auf Ihre Kosten an Sie zurück. Ich bin zwar kein Drei-Sterne-Koch, aber seien Sie versichert, ich weiß, daß eine Springform kein Büstenhalter ist.

Besten Dank im voraus. Ich hoffe, Sie freuen sich ebenso auf eine dauerhafte, für beide Seiten profitable Partnerschaft wie ich.

Mit freundlichen Grüßen
Maurice Minnifield

18. März

Liebe Peggy,

HERZLICHEN GLÜCKWUNSCH! Wurde ja auch Zeit. Wir alle wußten längst, daß Du und Phil den Bund fürs Leben geschlossen habt, warum hat es eigentlich sechs Jahre gedauert, bis Ihr Euch auf ein offizielles Datum einigen konntet? Aber das ist jetzt egal, ich ziehe die Frage zurück. (Bei meiner bisherigen Bilanz in diesen Dingen habe ich wahrscheinlich sowieso kein Recht, solche Fragen zu stellen.) Vielleicht könnte man auch fragen, warum jetzt überhaupt noch? Aber warte, Du brauchst es mir nicht zu erklären, ich habe ganz vergessen: Ihr wollt ja Nachwuchs. (Zu Eurer Kenntnisnahme: Ich will auch welchen, aber im Moment ist da niemand . . .) Jedenfalls freue ich mich riesig für Euch!

Obwohl ich Dich auch hasse – Du kommst im Leben weiter, erklimmst immer höhere Sprossen, und ich komme einfach nicht vom Fleck. Und das ganz wörtlich: Seit über zwei Wochen bin ich nicht geflogen! Es ist wie beim Schwimmen: Wenn du es regelmäßig machst und dann über Nacht plötzlich damit aufhörst, fühlst du dich steif und unwohl in deiner Haut. Daß ich nicht fliegen kann, liegt an „atmosphärischen Störungen“. Das mag für den Moment genügen.

Um mich über Wasser zu halten, habe ich ein paar Teilzeit-Jobs angenommen. Manchmal arbeite ich hinter der Theke in einer Bar, manchmal helfe ich in einem Laden, MANCHMAL MODERIERE ICH IM RADIO UND LEGE PLATTEN AUF! Nichts davon ist die richtige Arbeit für mich, aber zur Überbrückung gut genug. Was soll's also. Im Grunde fühle ich mich entwurzelt und fahrig. MIR FEHLT MEIN FLUGZEUG!

Ich habe mir Euer Hochzeitsdatum im Kalender rot angestrichen und kann es kaum erwarten, Euch beide zu sehen. Gib Phil einen Kuß von mir. Und zum Teufel mit den sechs Jahren Zusammenleben!

TRAG WEISS!

Alles Liebe,
Maggie

PS: Weil Du so lange mit Deinem langweiligen alten neuen Ehemann zusammengelebt hast, solltest Du nicht auch noch die Hochzeitsnacht allein mit ihm verbringen. Laß uns statt dessen eine unserer Pyjama-Partys veranstalten wie früher! Das volle Programm: Kissenschlachten, Blindekuh – und Pfänderspiele, Musik von Crosby, Stills & Nash (& Young!!) . . . Jedenfalls die ganze Nacht aufbleiben (darin habe ich mittlerweile einige Übung). Okay, meinetwegen kannst Du sogar Phil mitbringen. Einverstanden? M.

Steven Cohen
Rechtsanwalt
Pittsburgh, Pennsylvania

18/3

Lieber Steve,

Mann, ist das kalt hier! Ich weiß natürlich, daß es auch in New York ganz schön kalt sein kann, und ich weiß ebenfalls, daß der Wind sich zwischen den Hochhäusern Manhattans fängt und zum Sturm verstärkt, der dann wiederum den Kältegrad erhöht usw., aber das hier, Alter, ist Alaska, und es ist SAUKALT. Ich wünschte mir fast, ich würde rauchen.

Ich erinnere mich, wie ich an eiskalten Sonntagen mit meinem Vater zu den New York Jets ging, und wir saßen da – rannten nicht etwa rum und spielten selbst Football, sondern saßen einfach nur da, und das ist *das Kälteste, was man überhaupt tun kann* –, und er zündete sich einen seiner Zigarillos an. Ich starrte in die Flamme des Feuerzeugs und auf die Glut vor seinem Mund und fragte ihn jedes Mal: „Dad, wird dir vom Rauchen wärmer?“ Das mußte es doch, stimmt’s? Denn man hat eine offene Flamme in der Hand und saugt das Produkt des Verbrennungsvorgangs in sich hinein. Aber er antwortete unweigerlich: „Nein“. Ich habe ihm das nie wirklich geglaubt.

Jetzt aber zurück zu meiner Einkaufsgeschichte, die ich mit dem größten Vergnügen weiterspinne, nicht zuletzt deshalb, weil ich derzeit ziemlich viel freie Zeit habe. Und Du kennst mich: Ich höre mich selbst gern schreiben. Also: Du erinnerst Dich an den Irren, sein Gefasel von „Elliot", die Knarre, meinen Wettlauf mit dem Tod, drei neue CDs in der Hand? Mit einem geschätzten Kaufpreis von vierzig Dollar?

Ich bin in Anchorage, und es wird Zeit, nach Good Mule zurückzufliegen, wo Maggie O'Connell mich abholen soll. Eine der wichtigen Erkenntnisse über den Winter in Alaska ist: Er besteht nicht nur aus Schnee. Es gibt auch noch einen Eisnebel, der sich wie ein gigantischer steriler Wattebausch aus Kälte herabsenkt. Als ich ins Flugzeug steige und höre, daß einige Passagiere etwas von „dem Nebel" murmeln, keimt ein schlimmer Verdacht in mir auf. Dieser Verdacht erhärtet sich schlagartig, als wir über Good Mule ankommen und erfahren müssen, daß wir wegen Nebels nicht landen können. Vielleicht erinnerst Du Dich auch, daß diese Flüge innerhalb Alaskas ungefähr so funktionieren wie ein Bummelzug: Sie machen in jedem Dorf halt. Man ist mehr mit Starten, Landen usw. beschäftigt, als daß man tatsächlich fliegt. Was sollen wir also tun? Natürlich versuchen wir es beim nächsten vorgesehenen Stopp.

Ärgerlich zwar, aber keine Katastrophe, denke ich. Ich muß nur O'Connell anrufen und ihr sagen, daß unser Flug ausfällt. Ich werde sie also vom nächsten Flughafen aus anrufen, sobald ich weiß, wann mein Rückflug starten kann.

War das naiv? Überzeuge Dich selbst: nächster Halt, Yakutat. Eine Kleinstadt mit einer Startbahn, die im Nebel total verschwunden ist. Tut uns leid, wir müssen bis nach . . . Juneau, die Hauptstadt. Wichtige Metropole, die zweitgrößte Stadt der – höre und staune – *Welt*. Ich will mir da kein Urteil anmaßen . . . Der Flughafen ist jedenfalls geschlossen, die Stadt ist geschlossen, die Welt ist geschlossen. Was tun? Du hast es erraten: Wir können den Staat verlassen und Zuflucht suchen im wunderbaren . . .

Seattle. In der Tat eine sehr schöne Stadt. Zwar hatte Joel auf dieser Reise nicht unbedingt die Absicht, Seattle zu besuchen, und ermangelt seines Rasierzeugs, um mindestens den elementaren Bedürfnissen der Hygiene und Ästhetik zu genügen . . . aber gut. Ich komme nach Seattle, suche mir ein Hotel, genieße das Leben. Hey, ich kann die gesparten 40 Dollar ausgeben und mich richtig verwöhnen! In einer Stadt, in der die Hamburger aus Rindfleisch sind und nicht vom Karibu! Der reinste Luxus, oder nicht?

Leider ist die Antwort nein. Seattle ist vollständig und ganz und gar vernebelt. Niemand kann in die Stadt, niemand heraus. Wir fliegen noch immer, und mittlerweile weckt die Frage nach dem Treibstoff zumindest ein vorübergehendes theoretisches Interesse. Wenigstens nehme ich das an. Was wollen die Piloten machen? Uns in der Luft auftanken lassen wie eine B-52?

„Sieht nicht gerade prächtig aus dort unten", sagt der Kapitän in diesem gelangweilten Ton absoluter Kompetenz. „Wollen sehen, ob wir in Portland runterkönnen."

In Oregon, heißt das, nicht Portland in Maine. Zumindest noch nicht. Wir fliegen weiter. Zu essen und zu trinken gibt es nichts mehr. Alles weggeputzt! Der Typ neben mir hat seine sechs Smirnoff-Fläschchen ordentlich in Reih und Glied aufgestellt. Alle reagieren auf jeden neuen gescheiterten Landeversuch mit herzlichem, gutgelauntem Gelächter . . . Ich will diese Leute fragen: „Hat hier schon mal jemand was von Schwerkraft gehört?" Wir können schließlich nicht ewig so weitermachen.

Zwanzig Minuten später sind wir über Portland. Wußtest Du, daß es dort etwa eine Million Tage im Jahr regnet? Die Region um Portland ist äußerst fruchtbar, dort wächst fast alles. In Kombination mit der gegenwärtigen Kälte und Luftfeuchtigkeit: Auch Portland ist geschlossen!

Schließlich landeten wir, drei Stunden nach dem Start, in Las Vegas.

Stelle Dir also folgendes vor: Ich bin an diesem Morgen abgeflogen, um in Anchorage Einkäufe zu machen, und zwar mit der festen Absicht, am selben Abend wieder in Cicely zu sein. Dort wollte ich noch einen Drink im Brick nehmen, das um Mitternacht schließt. Jetzt aber sitze ich in der Wüste Nevadas. Und alle meine Mitreisenden samt der Crew lachen und freuen sich, als wäre es nur mal wieder eine amüsante, liebenswerte Verschrobenheit des verrückten, unkonventionellen Lebens in Alaska! Ich habe also meine Reisetasche, vollgestopft mit den neuen Kleidern, Büchern und CDs; ich habe meine wärmste Unterwäsche an, schichtweise Peach-Skin und Goretex, darüber ein Flanellhemd und einen Wollpullover *plus* meinem polarexpeditionsgetesteten, daunengefüllten, seehundfellgefütterten, elchlederverbrämten, pelzbesetzten, höllisch warmen Eisstation-Zebra-Parka . . . Was mache ich in diesem Aufzug in Las Vegas?

Ich wende mich an die Information und erfahre, daß der nächste Flug zurück – nach Juneau – erst am folgenden Morgen geht. Nun gut, es wird ja ohnehin dauern, bis der Nebel sich verzieht. Soll ich ein Taxi in die Stadt nehmen? Ich kann mich nicht dazu durchringen. Wozu auch? Um wie ein Zombie durch diesen riesigen Zirkus zu spazieren und Großmüttern in knalligen Trainingsanzügen zuzuschauen, wie sie massenweise Münzen in Spielautomaten stecken? Klar habe auch ich ab und zu mal eine Sportwette abgeschlossen, hie und da ein bißchen gepokert . . . Aber nicht heute nacht. Ich bin nicht in Stimmung. Und nach Las Vegas geht man nur zu einem Kongreß oder um zu spielen. Daher beschließe ich, die Sache auszusitzen. Ich werde lesen. Etwas essen. Vielleicht noch ein paar Leute anrufen. Das alles tue ich dann auch, und als ich hinterher auf die Uhr sehe, ist es erst 22.20 Uhr. Was jetzt?

In der Abflughalle des Flughafens stehen Spielautomaten. Nur zur Entspannung lasse ich einen Dollar in 25-Cent-Münzen wechseln und riskiere eine. Das Rad dreht sich, ich hab' zwei Kirschen und damit einen Dollar gewonnen! Jetzt bin ich heiß! Also stecke ich noch eine Münze in die Maschine und verliere. Aber das Gefühl, zu gewinnen, ist noch frisch in mir, ich bin noch ganz davon erfüllt, also opfere ich einen weiteren Vierteldollar und ziehe den Griff herunter. Verloren! Mit einem Mal spüre ich die Herausforderung, verstehst Du? Ich muß den Göttern beweisen, daß nicht alles an diesem mißglückten Rückflug notwendig schlecht ist. Allerdings hab' ich nicht daran gedacht, daß man den Göttern nichts „beweisen“ kann. Sie sind die Götter, Du bist das Würstchen.

Ich stehe also an diesem Automaten und gebe ihm systematisch mein Geld, Vierteldollar auf Vierteldollar, als würde ich ein krankes Tier füttern. Und während ich das tue, schaue ich mal kurz nach links und sehe . . . Jawohl, eine Großmutter im knalligen Trainingsanzug mit einem Plastikbecher von Burger King in der Hand, prall voll mit Münzen, mit denen sie ihre Maschine füttert. Und jedesmal wenn sie verliert, sagt sie: „Ach du heilige Scheiße.“ Das heißt also jedes Mal.

Das ging so weiter, bis ich nicht nur die gesamten im Plattenladen gesparten 40 Dollar verloren hatte (Ach du heilige Scheiße), sondern noch zehn Dollar dazu. Fünfzig Dollar . . . Und wofür? Für Frustration, Ärger und dieses Gefühl von Schmutz, das man unweigerlich bekommt, wenn man zu lange in solchen öffentlichen Gebäuden rumhängt? GOTTVERDAMMTER ELLIOT!

Etwa um halb zwei gab ich endgültig auf. Ich legte mich zum Schlafen auf eine Bank, was geradezu eine formelle Einladung dargestellt hätte, mich abzuschlachten und auszurauben, wären nicht alle anderen Passagiere meines Fluges auch dagewesen. Und glaube mir, niemand in Las Vegas würde es wagen, sich mit unserer Gruppe von grobschlächtigen, wettergegerbten Alaskern anzulegen. Sie sahen in der Mehrzahl aus wie menschenfressende Zombies auf einer Polarexpedition. Schon vor einiger Zeit hatten sie ein zweites Basislager an der Cocktail-Bar aufgeschlagen, was nicht wenig dazu beigetragen haben mag, daß inzwischen alle todmüde waren.

Am nächsten Morgen flogen wir endlich zurück. Maggie O'Connell holte mich in Good Mule ab und sprühte dabei wie gewöhnlich vor Charme: „Mein Gott, Fleischman, Sie sehen ja entsetzlich aus.“ Trotzdem war mir ihr Anblick nicht gerade unwillkommen. Sie flog mich nach Cicely zurück, und wir landeten ohne weitere Zwischenfälle.

Und die Moral von der Geschicht'? Auf der einen Seite kostenlose CDs, auf der anderen so mieses Wetter, daß du nach Las Vegas fliegen mußt, um dein ganzes Geld zu verlieren, bevor du zurück kannst. Alaska gibt mit der einen Hand und nimmt mit der anderen und prügelt dich mit der anderen anderen.

Aber vergiß das alles. Wie geht „Twin Peaks" weiter?

Dein noch immer schlafloser Joel

Mr. Benton T. Culpepper, Rechtsanwalt
1455 Ninth Avenue, Suite 3A
Anchorage, Alaska

22. März

Sehr geehrter Mr. Culpepper,

besten Dank für Ihren äußerst nützlichen Brief vom 20. d. M. Jetzt können wir, meine Geschäftspartnerin Miss Shelly Tambo und ich, uns wieder an Ihren Mandanten, Mr. Arthur Marone, erinnern. Ebenso an den sogenannten „Zwischenfall", bei dem er physischen und psychischen Schaden erlitt. Soweit ich mich erinnere, betrat er das Brick in äußerst gereizter Stimmung, ausgesprochen streitsüchtig. Vielleicht ist das ja seine gewöhnliche Gemütsverfassung, ich will mir da kein Urteil anmaßen. Ich kann allerdings mit Sicherheit sagen, daß er eine heiße Schokolade bestellte, Shelly bediente ihn nämlich selbst und erinnerte sich daran. Sie brachte ihm die heiße Schokolade, und nach dem ersten Schluck beschwerte er sich sofort, daß sie nicht heiß genug und nicht süß genug wäre (die Schokolade natürlich). Außerdem schmeckte sie ihm nicht genügend nach Schokolade. Shelly machte also eine neue Tasse, brachte sie ihm und mußte sich die Schimpfkanonade nochmal von vorn anhören.

Shelly erklärte nun Mr. Marone, daß es dieselbe

Mischung sei, die wir immer nehmen, versprach ihm jedoch, sie zu verfeinern. Er . . .

HIER TIPPT JETZT SHELLY TAMBO AUF HOLLINGS MASCHINE WEITER. DIESER ARTHUR MARONE IST EIN WIDERLICHER KERL. ICH HABE SCHON MINDESTENS EINER MILLION MENSCHEN HEISSE SCHOCKOLADE SERVIERT UND ALLE WAREN BEGEISTERT. SIE STAMMT DIREKT AUS DER SCHWEIZ! DORT WEISS MAN, WIE HEISSE SCHOCKOLADE SCHMECKEN MUSS!

DIESER TYP SAGT, SIE WÄRE NICHT GUT. ICH SAGE, IN ORDNUNG. ICH NEHME SIE ZURÜCK UND FÜGE NOCH ETWAS SCHOCKOLADENSIRUP VON HERSHEYS DAZU. WAS KANN MAN DENN NOCH MEHR TUN!!! UND ICH WÄRME SIE NOCHMAL AUF, BIS SIE *KOCHT*! HEISSER ALS KOCHEND GEHT'S JA DOCH WOHL NICHT.

ICH TRAGE SIE ZU IHM RÜBER, ER SITZT STUMM DA UND GUCKT SAUER UND STREITLUSTIG VOR SICH HIN. ICH GEBE SIE IHM, ER PROBIERT, MACHT DIESES TOTAL ANGEWIEDERTE GESICHT UND SAGT: „SIE IST SCHLECHT!" ICH SAGE: „HÖREN SIE, VIELLEICHT HABEN SIE EINFACH KEINE LUST AUF SCHOCKOLADE? WIE WÄRS MIT EINER TASSE TEE?" ER SAGT: „NEIN, ICH WILL SCHOCKOLADE . . ."

Bitte entschuldigen Sie Miss Tambo, doch Sie müssen verstehen, daß der Zwischenfall sie sehr aufgebracht hat, nicht nur, weil Mr. Marone ihre Fähigkeiten in der Zubereitung von heißer Schokolade kritisierte, sondern darüber hinaus hatte auch noch ein Bus voll französischer Journalisten in Cicely Station gemacht, und alle bestellten ihr Mittagessen in F . . .

ALSO SAGE ICH OKAY, ICH NEHME SIE ZURÜCK. ALS ICH MICH GERADE DAMIT UMDREHE, UM SIE WEGZUBRINGEN UND GOTT WEISS WAS DAMIT ZU MACHEN, STEHT ER GANZ PLÖTZLICH AUF! UND RATEN SIE MAL, WAS PASSIERT? ER STÖSST GEGEN MEIN

TABLETT, UND DIE HEISSE SCHOCKOLADE LÄUFT AN IHM RUNTER! WAS HATTE ER DENN ANDERES ERWARTET? DA FÄNGT ER PLÖTZLICH AN ZU BRÜLLEN: „OH, MEIN GOTT, ICH BRENNE, ICH BIN ENTSTELLT, ICH HABE VERBRENNUNGEN DRITTEN GRADES AUF MEINER EPIDERMISS!“

HÖREN SIE MIR GUT ZU: ER IST MIT VOLLER ABSICHT AUFGESTANDEN. HOCHACHTUNGSVOLL, IHRE SHELLY TAMBO! PUNKT!

Zumindest ist das unsere Erinnerung an den Zwischenfall. Wir haben ihm ein feuchtes Handtuch gegeben, damit er sich säubern konnte, und ich habe ihm außerdem noch angeboten, seine Reinigungskosten in voller Höhe zu übernehmen. Ohne sichtbare Schwierigkeiten stieg Mr. Marone daraufhin in seinen Wagen und fuhr weg. Also nahm ich an, ihm wäre nichts weiter passiert. Sie sehen, es war ein ganz gewöhnliches Mißgeschick und beileibe kein Anlaß für ein Gerichtsverfahren.

Mit freundlichen Grüßen
Holling Vincoeur

24. März

Liebe Phyl,

zuallererst: Ja, ich stimme Dir absolut zu. Stärke die Avocado, mach aus sämtlichen Sweatshirts Karamelbonbons und sag' Raoul, wenn er nicht „April in Paris“ singt, nimmst Du ihm seine Haare wieder weg.

Dann: Ich hab's getan. Was ich wohl schon angekündigt hatte; oder? Der New Yorker Arzt? Der Ehrenwerte Abscheuliche Doktor Joel Fleischman? Klar, er hat eine festangestellte Krankenschwester, aber seit drei Wochen ist seine Praxis total überlaufen, und ich wußte, daß sie Hilfe braucht. Und da ich, wie Du weißt, nicht fliege . . .

Jedenfalls dieses kurze, trockene Bellen, das Du heute so gegen 10.30 gehört hast? Das war das Geräusch eines lachenden Fleischman. *Nie wieder* werde ich irgend etwas Nettes für diesen *Kindskopf* tun! Hier die Fakten:

Heute früh gegen halb elf steckte ich meinen Kopf in seine Praxis, und natürlich ist er wie üblich auf der Hut. „Was wollen Sie, O'Connell?" sagt er mit seinem eigenwilligen Charme. „Ich habe außergewöhnlich viel zu tun und kann es im übrigen kaum erwarten, nach Hause zu kommen, da ich gerade heute einen Brief eines höchst angesehenen Neurologen aus Philadelphia erwarte."

Er wollte mich nur provozieren, und natürlich hatte er Erfolg. „Fleischman", sagte ich in meinem besten Geduldige-Lehrerin-spricht-mit-unreifem-Schüler-Ton, „ich bin sehr beeindruckt, daß Sie einen Neurologen als Brieffreund haben, obwohl ich mich nicht erinnern kann, Sie danach gefragt zu haben. Ich wollte Ihnen eigentlich einen Vorschlag unterbreiten."

„Oh, wie nett. Einen Vorschlag. Stecken Sie ihn doch bitte in den Kasten. Ich fordere meine Patienten immer auf, mir zu sagen, wie ich meine Arbeit machen soll." Er warf seinen Kugelschreiber auf den Tisch. „Wo sind wir hier eigentlich? In einer Automobilfabrik? Was für einen Vorschlag haben Sie denn? Nein, lassen Sie mich raten: vielleicht ein Volleyball-Match zwischen Firmenleitung und Arbeitern?"

„Es geht um Marilyn. Sie ist überlastet."

„Und ich nehme an, Sie haben die passenden Formulare der Gewerkschaft dabei, damit ich sie ausfülle?"

„Fleischman, ich bin hierher gekommen, um Ihnen zu helfen . . ."

„Ich brauche Ihre Hilfe nicht, O'Connell." Er geriet in Rage. „Was ich brauche, ist eine Erklärung dafür, warum seit drei Wochen keiner von uns seine Bettwäsche wechseln muß. Was ich brauche, ist ein Partner, der mit diesem Patientenberg fertig wird, während ich etwas für meine Erholung tue. Was ich brauche, ist etwas Anständiges zu essen und einen Fernseher, in dem ich Twin Peaks sehen kann, damit ich ein bißchen auf andere Gedanken komme während der kurzen Stunden, wenn ich zufällig mal nicht Splitter entfernen und Ehekräche schlichten muß. Und was ich vor allem brauche, ist eine zweite Sprechstundenhilfe, damit Marylin mal frei nehmen kann, um nach Hause zu gehen und sich um ihre Tante Sylvia zu kümmern. Die hat nämlich aus irgendeinem obskuren Grund beschlossen, daß ausgerechnet jetzt der Zeitpunkt gekommen ist, ihre Zelte hier aufzuschlagen."

„Ich weiß. Deshalb bin ich ja hier. Als Vertretung für Marilyn."

Er schüttelte den Kopf, nahm seine Brille ab und rieb sich verwundert die Augen. „Was . . . ich kapiere das nicht. Sie sind hier . . .?

„Um Marilyn zu helfen. Um Ihre . . ." Ich mußte mich unterbrechen, wegschauen, Zeit gewinnen und mit den Achseln zucken. „. . . zweite Sprechstundenhilfe zu werden."

Schweigen. Er kratzte sich am Kopf. „Sie? Ich weiß natürlich, daß Sie nicht fliegen können und wir alle an einer neuen latenten Form der Schizophrenie leiden, für die wir eines Tages werden bezahlen müssen, aber . . . Sie . . . für mich . . . arbeiten?"

Ich wandte mich zum Gehen. „Sie haben recht. Es ist absurd. Vergessen Sie's."

„Nein, nein . . . Warten Sie!" Er wirkte nachdenklich, nickte . . . Du weißt, wie Männer eine Situation ausnützen, die für sie „amüsant" ist? Und sie bis zum Erbrechen in die Länge ziehen? Dieses Zögern . . . bis er endlich sagte, so, als würde er mir damit den größten Gefallen tun: „Hm, O'Connell, ich muß zugeben, Ihre Idee hat etwas für sich . . . Sie sind intelligent . . . durchaus präsentabel . . . gewissenhaft . . . Natürlich werden Sie ernsthafte Anstrengungen unternehmen müssen, die weniger anziehenden – um nicht zu sagen, die äußerst unangenehmen – Seiten Ihrer Persönlichkeit in den Griff zu bekommen, das ist Ihnen hoffentlich klar."

Ich hatte die Nase voll und beugte mich über den Schreibtisch zu ihm hin, daß er zurückzuckte. „Fleischman", sagte ich, „Ruth-Anne braucht Hilfe im Laden. Holling möchte, daß ich die Tagschicht übernehme. Beryl fragte mich sogar, ob ich nachts den Waschsalon führen könnte. Alle brauchen Aushilfen. Ich werde ohne jede Schwierigkeit Arbeit finden, darauf können Sie Gift nehmen. Also denken Sie daran, daß Sie mir keinen Gefallen tun. Und solange Sie mein Angebot nicht mit dem Respekt behandeln, den es verdient, werde ich das Gefühl haben, *ich* tue *Ihnen* einen Gefallen. Und dann beschließen, mein Angebot zurückzuziehen."

Wieder Schweigen. Was mich so an ihm aufregt, ist, daß er haargenau weiß, daß ich recht habe. Natürlich gab er schließlich klein bei. Das tut er am Ende immer, und das macht diese Streitereien und Machtspielchen mit ihm so verdammt ärgerlich und sinnlos.

„Okay, O'Connell. Sie haben recht. Ich bin einfach müde. Nicht schläfrig, nein, das wäre zuviel verlangt. Aber müde. Ich wollte Sie nicht beleidigen. Sie haben den Job, wenn Sie ihn wollen. Handeln Sie mit Maurice Ihr Gehalt und die Spesen aus."

„Angenommen." Ich streckte ihm meine Hand hin. Er blinzelte, schaute darauf wie ein kurzsichtiges Eichhörnchen. Dann schüttelte er sie. Zumindest sein Händedruck war fest.

Hey, ich habe eine neue Stelle.

Bald mehr,
Deine Maggie

Mr. Benton T. Culpepper, Rechtsanwalt
1455 Ninth Avenue, Suite 3A
Anchorage, Alaska

25. März

Sehr geehrter Mr. Culpepper,

ich habe Ihren Brief vom 24. d. M. erhalten. In diesem bieten Sie an, die Klage gegen Zahlung einer Summe von 10 000 Dollar fallenzulassen. Offen gestanden, weiß ich nicht, was ich dazu sagen soll. Es trifft natürlich zu, daß es äußerst unangenehm ist, mit heißer Schokolade übergossen zu werden. Ich würde zwar nur ungern einen Rechtsanwalt nehmen und Mr. Marone vor Gericht gegenübertreten, aber 10 000 Dollar sind ein Haufen Geld, zumindest für mich. Ich fürchte, Sie werden mir ein wenig Zeit geben müssen, um darüber nachzudenken.

Mit freundlichem Gruß
Holling Vincoeur

25. März

Meine liebe Selena,

ich hoffe, Du wohnst noch in Austin unter derselben Adresse und verzeihst mir dieses plötzliche Eindringen in Dein glückliches Familienleben. Aber mir fiel eben ein, daß ich in wenigen Stunden mit beiden Armen in Gnocchi-Teig stecken werde, und natürlich mußte ich da an Dich denken. An Dich und die kurze Zeit, die wir vor vielen Jahren miteinander verbracht haben. Da das Briefeschreiben derzeit eine meiner Hauptbeschäftigungen ist (das gilt übrigens für unsere gesamte Stadt), gab ich der plötzlichen Eingebung nach und nahm den Computer zur Hand.

Nun sind wir in den vergangenen Jahren in losem Kontakt geblieben, und die Freude über Deine alljährliche Weihnachtskarte wird nur von der unweigerlich folgenden Enttäuschung übertroffen, wenn ich die Fotos Deiner Kinder betrachte (hübsche, adrette Geschöpfe), und nicht die geringste Spur ihrer Mutter ist darauf zu erkennen. Das nehme ich als Beweis, daß ein längerer und persönlicher Brief von mir Dir nicht unwillkommen sein wird.

Daß die Inspirationsquelle dafür ausgerechnet Gnocchi sind, wird Dich kaum überraschen. Du hast mir das Kochen beigebracht und, was noch wichtiger ist, meinen Gaumen für die Freuden guter Küche geschult. Bis ich Dir begegnete, war ich ein gastronomischer Kretin, ein Höhlenmensch, für den die gefriergetrocknete Eiskrem und das Gulasch aus der Tube, die wir bei unseren Weltraumflügen bekamen, durchaus den täglichen Nahrungsbedarf deckten. Ich bekam vor jedem Flug ein Steak mit Spiegeleiern und hielt das für den Höhepunkt der Tafelfreuden.

Aber Du hast das alles verändert. Als diese Pressetante vom Fernsehen mir sagte, daß eine Redakteurin von einem Lokalblatt ein Interview mit mir führen wollte, war ich drauf und dran, durch den Lieferanteneingang abzuhauen und in die nächste Bar zu gehen. Doch die Pressefritzen bezahlten mein Hotel, und ich wußte, daß das Raumfahrtprogramm soviel gute Publicity wie nur möglich brauchte. Also bestellte ich meinen Lunch, und unmittelbar danach erschienst Du in Deiner strahlend weißen Bluse und einem hübschen blauen Rock . . .

Du warst damals wie alt? Knapp 25? Es half, daß Du schlank und rank und eine Augenweide warst, denn ganz offen, Lena, Deine Fragen waren fad, Schnee von gestern, zum Gähnen. Dann kam mein Lunch, ein affiger Kellner rollte ihn auf einem Servierwagen rein, nahm die große silberne Glocke ab, und ich bat um Erlaubnis, anfangen zu dürfen. Du gabst sie bereitwillig. Da saß ich also, widmete mich meinem hübsch arrangierten Mahl auf dem eleganten Servierwagen, und diese attraktive Reporterin löcherte mich mit uralten Fragen. Aber ich bemerkte bald, daß Du Dich mehr und mehr für meinen Teller interessiertest, und schließlich zeigtest Du mit dem Finger darauf.

„Bitte verzeihen Sie die Frage“, sagtest Du. „Aber wie nennen sie das hier?“

„Das, werte junge Dame, ist ein Salat mit Meeresfrüchten“, sagte ich, vom Scheitel bis zur Sohle ein aufgeblasener, gönnerhafter Idiot.

„Könnte ich vielleicht einmal probieren?“ fragtest Du. Heute verstehe ich natürlich, daß ein Adept der Kochkunst vielleicht nicht alles essen will, aber er (oder sie) will wenigstens alles *probieren*. Das ist ein Fall von objektiver wissenschaftlicher Neugier. Aber damals wußte ich das noch nicht, sondern dachte, Du wärst hungrig. Und das war mir lästig. Aber ich war so verdattert und belustigt durch Deine Kühnheit – manche würden es offen schlechte Manieren nennen –, daß ich Dir den Teelöffel gab und Dich aufforderte, zuzugreifen. Das tatest Du, schütteltest den Kopf und nagtest als Zeichen äußerster Enttäuschung an Deiner Unterlippe.

Damit hattest Du mein Herz gewonnen.

„Major Minnifield, Sie riskieren Leib und Leben in einer Blechdose, um unserer Nation Ruhm und Ehre zu bringen und die Grenzen menschlichen Wissens zu erweitern“, sagtest Du. „Und dieses angebliche Luxushotel im großen, weltoffenen Houston bekommt keinen besseren Salat von Meeresfrüchten hin als das? Wo wir doch so nah am Golf mit seinen wunderbaren Krabben sind. Das ist ein Skandal. Darf ich?“

Du zeigtest auf das Essen, und ich konnte Dein „darf ich?“ nicht anders interpretieren, als daß Du es zurückschikken oder aus dem Fenster werfen wolltest. Aber bevor ich etwas sagen konnte, nahmst Du die Petersilie (die ich respektlos immer als schlichte Verzierung angesehen hatte, wie eine Schleife auf Geburtstagsgeschenken), zerpflücktest sie mit Deinen herrlich gepflegten Händen und streutest sie über den Salat. Dann stecktest Du Deine Finger in meinen Eistee – unvorstellbar! – und fischtest die Zitrone heraus. Preßtest dieselbe über dem Salat aus, nahmst die winzigen kristallenen Salz- und Pfefferstreuer zur Hand und wirbeltest mit ihnen leichthändig über meinem Teller herum . . . Wie ein Zauberer im Varieté, eine rasende Folge von Bewegungen, die Deine Armbänder klirren ließ und Deinen akkurat geschminkten Mund zu einer schmalen Linie vollster Konzentration einfror.

Ich sage Dir, was ich hätte tun sollen: Ich hätte auf der Stelle auf die Knie fallen müssen und Dich um Deine Hand bitten. Aber statt dessen wurde ich barsch: „Hören Sie, meine Liebe, das reicht jetzt, mir schmeckt es so ganz gut."

„Major, ich glaube, es wird Ihnen nun noch besser schmecken", erwidertest Du und nahmst eine Gabel voll, um mich wie ein Baby zu füttern.

Das war paradiesisch. Natürlich ist mir heute klar, daß durch Petersilie und Zitronensaft selbst eine rostige alte Nockenwelle noch akzeptabel schmeckt. Aber für den 37jährigen Maurice Minnifield war das Musik aus göttlichen Sphären. Dieses bunt zusammengewürfelte, langweilige Konglomerat aus Muscheln, Krabben und Sellerie wurde plötzlich zu einem Kammerkonzert voller Klarheit, Transparenz und geschmacklicher Harmonie.

Erinnerst Du Dich, wer von uns dann was sagte? Ich weiß es noch wie heute. Ich sah Dich mit ganz anderen Augen an und sagte: „Verzeihen Sie die Frage, aber sind Sie verheiratet?"

Und Du antwortetest: „Im Moment nicht."

So begannen die erfülltesten und delikatesten sechs Monate meines Lebens. Aber so gerne ich weiter in Erinnerungen schwelgen würde, ich sehe, daß es Zeit wird zu arbeiten. Meine Schüler werden bald da sein, und ich gedenke, das Licht, das mir damals in Houston durch Dich aufgegangen ist, an sie weiterzugeben. Herzliche Grüße an Deinen Mann. Sage ihm, ich weiß, welch ein glücklicher Mensch er ist.

In Liebe,
Dein Maurice

Mr. Arthur B. Marone
338 McKinley St.
Anchorage, Alaska

25. März

Sehr geehrter Mr. Marone,

bitte verzeihen Sie, wenn ich mich heute direkt an Sie wende. Ich habe Ihren Namen aus dem Telefonbuch von Anchorage, und da Sie darin der einzige Arthur B. Marone sind, nehme ich an, daß Sie der Herr sind, der die unangenehme Begegnung mit heißer Schokolade in meinem Restaurant „The Brick“ in Cicely hatte und beabsichtigt, mich deshalb zu verklagen. Ich weiß, daß es wahrscheinlich unklug oder illegal oder unmoralisch ist, Sie direkt anzusprechen, aber offen gestanden weiß ich mir nicht mehr anders zu helfen. Ich möchte Sie schlicht bitten, die Klage fallenzulassen.

Ich weiß, Sie haben damals eine heiße Schokolade bestellt und waren unzufrieden damit. Dazu kann ich nur sagen, daß mir das leid tut. Ich weiß ebenfalls, daß Sie die heiße Schokolade auf Ihren Anzug und Ihre Epidermis bekamen. Auch hierfür kann ich mich nur in aller Form bei Ihnen entschuldigen. Es tut mir wirklich sehr leid. Dasselbe gilt für Miss Shelly Tambo, die junge Dame, die Sie damals bedient hat.

Ist eine Klage wirklich notwendig? Können wir die Sache nicht unter Männern am Telefon bereden? Meine Nummer ist 907-555-2733. Rufen Sie auf meine Kosten an, zu jeder Tages- oder Nachtzeit, und lassen Sie uns offen über alles reden.

Besten Dank im voraus.

Mit herzlichen Grüßen
Ihr Holling Vincoeur

26. März

Liebe Phyl,

Deine Antwort auf meinen letzten Brief – in dem ich Dir erzählte, daß ich mich im Angesicht fast übermächtiger Widerwärtigkeit angeboten habe, als Dr. Joel Fleischmans zweite Sprechstundenhilfe zu arbeiten – kann zwar noch gar nicht hier sein, doch haben sich die Dinge derart rasant weiterentwickelt, daß ich Dich unbedingt auf dem laufenden halten will.

Ich habe also heute die Arbeit aufgenommen, in der Schicht von 17 Uhr bis Mitternacht. Fleischman führte mich kurz in das Archivsystem ein. Zumindest fing er damit an, doch nach einer halben Minute gaben wir beide auf. Es stellte sich heraus, daß Marilyn die Akten – die Krankengeschichten, die Patientendatei usw. – nach einem verblüffenden System verwaltet, mit kleinen indianischen Symbolen auf den Deckeln, die nur sie versteht. Na gut.

Ich besetze also das Empfangspult, um für den Patientenstrom gewappnet zu sein. Ich weiß, daß Du Dich nach einem kurzen Moment des Nachdenkens wahrscheinlich fragst: „Wie viele Patienten kann ein Arzt in einer kleinen, wirklich mikroskopisch kleinen Stadt um Mitternacht wohl haben?" Das ist eine lange Geschichte. Nimm einfach als Faktum hin, daß niemand in dieser Stadt mehr schläft. Wirklich und wahrhaftig. Also sind Tag und Nacht eins geworden, unterscheidbar nur durch die Anwesenheit oder Abwesenheit des Tageslichts.

Ich lasse den ersten Patienten herein, einen großen, massigen Holzfäller mit einem gewaltigen Bierbauch. Pflichtbewußt folge ich ihm ins Behandlungszimmer. Denn das ist es doch, was ich tun soll, oder? Geschäftig herumwieseln und dem „Herrn Doktor" assistieren?

Fleischman sieht mich mit einer unnachahmlichen Mischung aus Abwehr und Arroganz an. Versuch es mal vor dem Spiegel. Eine echte Kunst. „Was wollen Sie noch?" schnauzt er.

Ich hebe unschuldig die Arme und lächle. „Nichts. Ich bin da."

„Ich kann sehen, daß Sie da sind, O'Connell. Meine Frage ist: Warum?"

Ich war völlig baff. „Um zu . . . helfen. Zu assistieren. Ist das nicht mein Job?"

„Sind Sie vielleicht eine ausgebildete Arzthelferin? Oder Krankenschwester? Nein, ich habe Sie für den *Empfang* eingestellt, O'Connell", sagt er schneidend. „Sie sollen dort draußen sitzen. *Das* ist Ihr Job. Wenn Sie mich jetzt entschuldigen wollen?" Er wendet sich an den Patienten. „Also Roy, wieder das Problem mit der Kniescheibe?"

Nun sind diese Holzfäller ganz unterschiedlich. Manche quasseln dir die Ohren voll, andere kriegen pro Jahr gerade mal zehn Worte raus. Dieser gehörte zur zweiten Kategorie. „Hab' Bauchweh", brummte er vor sich hin.

„Mhmm . . ." Fleischman sieht zu mir, merkt, daß ich noch immer da bin, rollt die Augen. „O'Connell, sollten Sie nicht an Ihrem Schreibtisch sitzen und sich die Nägel feilen oder so etwas?"

Ich wende eine todsichere List an und sage: „Ich möchte einem erstklassigen Arzt bei der Arbeit zusehen." Das funktioniert. Er zuckt die Achseln und wendet sich wieder dem Patienten zu. „Was tut Ihnen weh und wo?"

„Im Magen und tiefer. Stechender Schmerz."

„Wann hat das angefangen?"

„Heute nachmittag."

„Haben Sie eine Ahnung, was der Grund sein könnte? Haben Sie was Falsches gesessen, sich plötzlich aufgeregt . . ."

„Was gegessen."

Schweigen. Schließlich ermuntert ihn Fleischman: „Na, raus damit, was haben Sie gegessen?"

„Monopoly-Figuren."

„Häuser oder Hotels?" rutscht es mir raus.

Roy schaut mich völlig ausdruckslos an. „Beides. Plus ein paar Spielfiguren, Geld und diese Dinger da."

Fleischman sagte: „Die *Würfel*?"

„Ja, genau."

„Sind die aus Plastik?" frage ich.

Roy zuckt die Achseln. „Holz", sagt er in einem abschätzigen Ton, als wäre Holz so weich, daß man es durchaus essen könnte. „Die Häuser und Hotels sind aus Plastik."

Auf Fleischmans verkniffenem Gesicht mischen sich Entsetzen und ungläubiges Staunen. „Wie viele Häuser und Hotels haben Sie denn . . . gegessen?"

Roy schaut zur Seite und kratzt sich hinter dem Ohr. „Fünf oder sechs Häuser, zwei bis drei Hotels."

„Ich will nicht indiskret sein . . . Aber darf ich fragen, warum? Konnten Sie nicht warten, bis das Popcorn fertig war?"

„Meine Frau . . . Sie gewinnt die ganze Zeit. Ich kaufe alles, wo ich draufkomme, und am Schluß hat sie immer alle Bahnhöfe. Ich kauf die Parkstraße, sie kriegt die Turmstraße, und ich denke, sehr gut. Dann, mit einem Schlag, hat sie plötzlich alle grünen Straßen. Und die gelben, die ganze Ecke. Das bricht mir das Genick. Kitty kommt dauernd auf ‚Frei Parken', ich nie. Sie landet dort unweigerlich, als ob es ihr gehört. Da hatte ich endgültig die Schnauze voll."

„Im wahrsten Sinne des Wortes", platze ich heraus.

Peng! Fleischman schlägt mit der Faust auf seinen Schreibtisch, springt auf und läuft wild gestikulierend durchs Zimmer. „Das kann ich nicht!" sagt er zu den Wänden. „Das hat mit MEDIZIN nichts zu tun! Das gehört nicht zum LEHRSTOFF der MEDIZINISCHEN FAKULTÄT DER UNIVERSITÄT VON NEW YORK. Das ist NICHT Medizin. Ich spiele hier den CLOWN für einen Haufen von BAUERNTÖLPELN und den EHEBERATER für den HOMO ERECTUS. Ich mache meine HAUSAUFGABEN. Ich lese die WISSENSCHAFTLICHE LITERATUR. Ich versuche UP TO DATE zu sein. Und WOFÜR? Um Leute zu behandeln, die HÖLZERNE WÜRFEL und PLASTIKHOTELS schlucken?"

„Fleischman . . ."

„Was, bitte schön, soll ich ihm denn verschreiben? Abfluß frei?"

„Es tut mir leid, Fleischman, wenn die Krankheit dieses

Mannes nicht Ihrem Bild von sich selbst als erfolgreicher Arzt erfolgreicher Männer von Welt entspricht. Ist Ihnen je der Gedanke gekommen, daß er wirklich Schmerzen haben könnte, wenn er freiwillig damit zu Ihnen kommt? Daß er zu einem Typus Mensch gehört, der unendlich geduldiger und disziplinierter ist, was Schmerzen angeht, als Ihr eigener?" sage ich.

„Sein Typus, mein Typus, was soll das? Mein Typus . . ."

„Narzißtische Intellektuelle, die alle anderen Menschen nur für Statisten in einem Film halten, in dem sie der absolute Star sind."

„Bitte, O'Connell, ersparen Sie mir den . . ." Da durchzuckt ihn plötzlich eine Erkenntnis. Er wendet sich an Roy: „Ist das zu glauben? *Sie* sagt *mir*, was ich tun soll? Diese Frau ist meine Angestellte. Ich bin ihr *Chef*." Er dreht sich zu mir um. „Das ist der erste Patient. Wird es bei jedem so sein? Wird jeder Patient nur ein willkommener Anlaß für Sie sein, meine beruflichen Fähigkeiten zu kritisieren und mir Schläge unter die Gürtellinie zu verpassen?"

„Das hat nichts mit Ihnen zu tun und nichts mit mir. Es geht um Roy."

„Roy wird schon wieder. Dafür sorge ich. Aber ich sage Ihnen, was das mit Ihnen zu tun hat, O'Connell. Ich werde bald Ihre erste Beurteilung abliefern müssen. Und raten Sie mal, was da drinstehen wird!?"

„Diesen Triumph gönne ich Ihnen nicht. Ich kündige."

„Sie nehmen mir die Worte aus dem Mund: Sie sind gefeuert!"

Ich weiß, ich hätte den Mund halten sollen (das ist Marilyns Erfolgsrezept), aber er hat etwas an sich, das mich provoziert und auf die Palme bringt. Wie mag der arme Roy sich gefühlt haben? Er saß die ganze Zeit nur da wie ein Ölgötze. Vielleicht hat er sich auch gar nichts dabei gedacht.

Aber was soll's. Wer will schon am Schreibtisch sitzen und sich die Nägel feilen? Wer hat überhaupt noch Nägel?

Herzlich,
Deine Maggie

26. März

Lieber Lou,

wie geht es Dir? Wie läuft's in Skagway? Und kommst Du her, damit wir in Katmai Lachse fischen können, oder muß ich sie dieses Jahr allein angeln? Wenn ich genauer drüber nachdenke, ist das vielleicht die bessere Idee. Ich habe noch immer die Narbe von Deinem Haken am Rücken, als Du damals mit der Rute zu nahe bei mir ausgeholt hast. Shelly legt oft die Hand drauf und verzieht das Gesicht. Sie sagt, sie findet die Narbe „sexy", aber ich glaube nicht, daß sie das ernst meint. Zur Zeit ist überhaupt nicht viel los mit ihr. Sie wirkt eher abgetörnt.

Es geht uns zwar wie immer gut hier, aber wir haben ein Problem. Du kennst dieses Geschäft so lange wie ich, vielleicht noch länger, und deshalb würde ich gern Deinen Rat hören.

Vor ein paar Wochen kam ein Kunde rein, bestellte heiße Schokolade und ließ sie ein paarmal zurückgehen. Schließlich stand er auf, schlug dabei Shelly die Tasse aus der Hand, und jetzt behauptet er, er hätte sich dabei verbrannt und einen bleibenden Schaden davongetragen. Er droht mit einer Klage, die er jedoch zurückziehen will, wenn wir ihm 10 000 Dollar Schmerzensgeld zahlen. Ich habe ihm einen persönlichen Brief geschickt und ihn gebeten, die ganze Angelegenheit in Ruhe zu besprechen. Aber er hat nur kurz angerufen (auf meine Rechnung) und gesagt, er hätte ein schweres Trauma und bräuchte psychiatrische Behandlung.

In all den Jahren, in denen Du das Fremont gehabt hast, ist Dir da je etwas Ähnliches passiert? Ich will mir keinen Anwalt nehmen müssen, nur weil so einem Halunken einfällt, wie er leicht zu Geld kommen kann. Aber noch übler fände ich es, wenn ich zehn Riesen rausrücken müßte, um ihn mir vom Hals zu schaffen. Ich wäre Dir sehr dankbar, wenn Du mir Deine Meinung zu dem Fall schreiben würdest. Vielen Dank und herzliche Grüße auch an Helen.

Holling

29. März

Liebe Phyl,

da bin ich wieder. Ich habe Deinen ersten Brief seit diesem Fleischman-Ding bekommen, und natürlich ist er schon wieder restlos überholt. Hier nun die neuesten Entwicklungen. Aber zuerst: Auf gar keinen Fall! Sag Raoul, es ist *sein* Job, die Pfannkuchen zu wenden, und Fensterbretter sind keine Entschuldigung.

Jetzt aber zur Sache: Du erinnerst Dich, daß ich gekündigt habe, Sekunden bevor ich gefeuert wurde? Ich bin also nach Hause gerannt, hab' meinen vorigen Brief an Dich geschrieben und ging dann rüber ins Brick. Ich hatte dort hinter der Theke gearbeitet, und der Besitzer war froh, mich wiederzuhaben. Es ist ein Indiz dafür, wie seltsam es in dieser Stadt zugeht, daß der Besitzer vollkommen unberührt bleibt von meinem Kommen und Gehen und meinem Sinneswandel.

Also arbeitete ich wieder in der Bar, die nun rund um die Uhr gut besucht ist, Tag wie Nacht. Die Leute, die keinen zweiten Job angenommen oder sich mit Haut und Haaren einem Hobby verschrieben haben, nutzen jetzt den vollen 24-Stunden-Tag für ihren einen Job. Das Resultat ist die komplette Zerstörung jeder Art von geordnetem „Tages"ablauf. Das Ganze hat auch etwas Wildes und Unberechenbares, als würden wir alle in einem führerlosen Zug sitzen, der mit hoher Geschwindigkeit auf eine Klippe zurast.

Zumindest alle anderen sind wild und unberechenbar. Ich bin nur stocksauer. Kann nicht fliegen, streite mich ewig mit Fleischman rum, habe keine feste Beziehung . . . Genauer gesagt, ich hab' überhaupt keine. Nicht daß ich unbedingt eine *bräuchte*, aber . . . Hattest Du je das Gefühl, bereit zu sein für etwas ganz . . . *Entsetzliches*? Für alles und jedes, nur um aus dieser furchtbaren Leere herausgerissen zu werden? Nun, genau über dieses Gefühl denke ich eben nach, als rate mal wer von draußen hereingeschlurft kommt? Du weißt schon wer, und er sieht bedröppelt und reuevoll aus wie ein kleiner Hund, so daß man ihn am liebsten streicheln und hinterher versohlen möchte.

„O'Connell, ich habe nachgedacht . . . Nein, nicht nachgedacht, aber Roy sagte etwas . . . Vielleicht hatten Sie ja recht. Vielleicht habe ich es an der ärztlichen Sorgfalt fehlen lassen."

Ich lächelte ihn freundlich an und sagte kein Wort. „Also dachte ich . . . Wenn Sie immer noch einen Job suchen, nun . . ."

„Sehe ich aus, als bräuchte ich einen Job, Fleischman?"

„Hm, nicht eigentlich, nein. Okay. Kann ich ein Bier haben?"

Ich zapfte ihm einen halben Liter und stellte das Glas vor ihn hin. Dann sagte ich: „Dennoch läge es sicher im Interesse der ganzen Stadt, wenn die Arztpraxis ausreichend besetzt wäre."

„Besonders in diesen außergewöhnlichen Zeiten", sagte er.

„Genau", erwiderte ich. „Wegen der Situation, die noch immer andauert."

„Und des großen Drucks, der auf uns allen lastet."

„Genau. Also gut, okay. Ich werde zurückkommen."

„Ja?" Er setzte dieses perfide Lächeln auf, das Männer immer draufhaben, wenn sie eine Wette gewonnen haben oder sowas. „Seehr gut . . ."

Ich habe meine Ankündigung wahrgemacht, auch wenn ich das später sicher mal bereuen werde. Aber ich kann es immer auf die Sonnenflecken schieben.

Fest angestellt,
Maggie

Mr. Benton T. Culpepper, Rechtsanwalt
1455 Ninth Avenue, Suite 3A
Anchorage, Alaska

30. März

Sehr geehrter Mr. Culpepper,

ich bin unlängst auf einen höchst aufschlußreichen Umstand aufmerksam gemacht worden, der mit Ihrem Mandanten, Mr. Arthur B. Marone, zu tun hat. Es hat sich herausgestellt, daß es seine Gewohnheit ist, um nicht zu sagen sein Beruf, in Restaurants Ärger zu machen, um hinterher mit einer Klage zu drohen. Fragen Sie ihn, ob er ein Lokal namens „The Fremont Café" in Yakutat kennt. Wenn er es bestreitet, sagt er Ihnen die Unwahrheit, denn Mr. Lou Carpentier, ein Freund von mir, besitzt und führt das Fremont und nannte mir nur auf eine oberflächliche Beschreibung hin Mr. Marones Namen und Anschrift.

Aus diesem Grund lehne ich Ihr Angebot, die Sache gegen Zahlung von 10 000 Dollar auf sich beruhen zu lassen, ab. Darüber hinaus sagt mir Dr. med. Joel Fleischman, der aus New York stammt, daß ich jederzeit gerichtlich gegen Ihren Mandanten vorgehen kann, falls Sie mich weiter belästigen. Es ist . . .

NICHT NUR GEGEN IHREN MANDANTEN, JACK, SONDERN AUCH GEGEN SIE SELBST. ZUFÄLLIG WAR ICH EINMAL MIT EINER STAATSANWÄLTIN LIIERT UND WEISS, WOVON ICH REDE. Und: Mr. Vincoeur entstammt einer alten, angesehenen Familie aus Yukon. Es ist sehr wahrscheinlich, daß er mit jedem Richter, vor den Sie diese Farce bringen werden, verwandt oder zumindest gut bekannt ist. Weiter: Miss Tambo ist eine sehr attraktive und wortgewandte junge Dame. Richter, Schöffen und Geschworene werden ihr schon aus der Hand fressen, während Sie sich noch verzweifelt abmühen, Ihre Rolex blitzen zu lassen, damit jeder erkennt, wie erfolgreich Sie sind. Drittens: Wir haben einen geheimen Zeugen – gut, nicht geheim, es ist Hollings Freund Lou –, der jederzeit bereit ist, unter Eid auszusagen, daß Ihr Mandant versucht hat, dieselbe Nummer in einer anderen Stadt abzuziehen. Vielleicht haben Sie ihn schon damals vertreten. Schauen Sie mal in Ihre Akten. Und dann tun Sie sich selbst einen Gefallen, Mr. Benton T. Culpepper, wenn das Ihr richtiger Name ist: Atmen Sie tief durch und vergessen Sie das Ganze! Oder Sie sehen sich einer Gegenklage gegenüber, die es Ihnen schwermachen wird, weiterhin Ihren beruflichen Pflichten nachzukommen, d. h., die schlimmstenfalls gar Ihren Ausschluß aus der Anwaltskammer zur Folge haben könnte. Einen schönen Tag noch. Dr. JF.

Danke, Joel. Mr. Culpepper, ich glaube, dem ist nichts hinzuzufügen.

Ihr Holling Vincoeur

31. März

Meine liebe Selena,

vielen Dank für Deine Antwort und das wunderschöne Foto. Glaub mir, Du siehst toll aus, ganz großartig. Einfach bezaubernd. Ich habe Dich sofort erkannt und kann nur sagen, wenn Du glaubst, Du hast zugenommen, dann solltest Du mich erst mal sehen! Was Deine Bitte betrifft, etwas über meinen Kochkurs zu hören, so kann ich Dir die Kurzfassung des gesamten Geschehens in vier Worten liefern: Ich habe es versucht!

Sicher spürst Du den leicht melancholischen Anklang. Schreibe ihn dem Zusammenwirken äußerst verschiedenartiger Faktoren zu, anfangend mit der Frustration meiner Kreativität und endend mit der fast vollständigen Verwüstung meiner Küche und meines Wohnzimmers durch eine Horde verständnisloser und undankbarer Spießer. Ich werde mich wohl noch ein oder zwei Seiten so ergehen, aber keine

Angst: Sofern mein Halteseil nicht reißt und ich mich im dunklen Kosmos des Selbstmitleids verliere, sollte dabei nichts herauskommen, was Du nicht unbesorgt Deinem Mann und Deinen übrigens sehr hübschen Kindern zeigen könntest. Auf der anderen Seite habe ich bereits einen Cognac mehr intus, als mein Körpersystem verträgt, und die Flasche steht in Griffweite, es kann also noch alles mögliche passieren.

Meine Schüler waren etwa zwei Dutzend Bürger von Cicely: Männer und Frauen, Junge und Alte, Bleichgesichter und Indianer. Bevor ich nun in medias res oder sonstwohin gehe, solltest Du Dir im klaren sein, was für ein bemerkenswerter Publikumszuspruch das in einer Stadt mit 850 Einwohnern ist. Die meisten von ihnen sind vollauf damit zufrieden, von morgens bis abends Karibu-Hamburger zu essen, und hatten längst die Schule verlassen, als das Wort Algebra dort zum erstenmal erwähnt wurde.

Aber die Leute haben dieser Tage viel überflüssige Zeit, deshalb war meine Küche prallvoll. Einige waren zum bloßen Zeitvertreib da, andere aus Langeweile. Manche waren da, um sich unterhalten zu lassen, manche auch wegen der kostenlosen Mahlzeit – obwohl das Essen nicht umsonst war: Ich hatte von jedem sechs Dollar genommen, um die Zutaten zu finanzieren. Aber natürlich habe ich keinen Cent daran verdient . . . Nur ganz wenige waren gekommen, um wirklich kochen zu lernen. Auf dem Programm standen Gnocchi und Sauce Bolognese, d. h. Fleisch und Kartoffeln, aber mit Pfiff.

Zum Teufel mit dem Pfiff. Versuche einmal, in einem Raum voller verschüchterter Alasker das Wort „Gnocchi" zu sagen. Die Quittung war Kichern, verständnislose Blicke, betretenes Schweigen. Ich verbesserte mich zu „Italienische Kartoffelklöße", und die Erleichterung im Raum war spürbar. Aber von da an ging es nur noch bergab. Als ich sie aufforderte, die gekochten Kartoffeln auf dem Tisch zu zerstampfen, schauten sie mich an, als wäre ich völlig verrückt geworden. Und als ich ihnen dann zeigte, wie man das Mehl auf dem Kartoffelbrei verteilt, stießen sie sich kichernd in die Seite. Ich gab jedem einen Teller mit Teig und sagte ihnen, sie sollten kleine Gnocchirollen daraus formen, aber sie starrten nur entweder völlig verzweifelt darauf oder rollten kleine Kugeln daraus, um die dann anzustarren. Ein paar von ihnen matschten das ganze Zeug zusammen und fraßen es auf.

Entschuldige mich einen Moment, während ich mein Glas nachfülle.

Nun denn. Als ich das Hackfleisch anbriet und dann Weißwein dazugoß, schrien sie auf, als hätte ich jetzt endgültig den Verstand verloren und wollte absichtlich alles verderben. Natürlich mußten wir die Sauce einkochen lassen, daher war genügend Zeit, durch meine Küche und mein Wohnzimmer zu spazieren, sich auf den Polstermöbeln häuslich niederzulassen, mit meinen Erinnerungsstücken zu spielen und den Fernseher anzumachen und mit dem Satellitenempfangsteil Unfug zu treiben usw. Mir blieb nur ein einziger Schüler übrig: der arme Ed Chigliak, der völlig glücklich ist, wenn er sich bis zum Jüngsten Gericht von Miracoli ernähren kann. Schließlich war die Sauce fertig, ich hatte drei randvolle Schüsseln voll Gnocchi gekocht, während die anderen mein Haus zerstörten. Nun forderte ich meine Schüler auf, sich zu bedienen. Fünf folgten meiner Einladung, zweiundzwanzig lehnten ab und gingen nach Hause. Von den fünf äußerten sich zwei lobend, und einer fragte, ob ich ihm morgen dasselbe kochen würde, wenn er mir noch einmal sechs Dollar bezahlen würde.

Ich vermisse Dich, Lena. Ich vermisse das Kochen mit Dir, die Nächte mit Dir, die Zeit, die wir wortlos in der Küche verbrachten und Langusten ausbeinten. Ich hatte mir hoch und heilig versprochen, das nicht zu schreiben, aber jetzt hat der Cognac mir die Zunge gelöst. Also höre: Als ich in dieser letzten Nacht in Austin sagte, daß ich Dich liebte, da habe ich das so ernst gemeint wie nichts in meinem Leben, weder vorher noch nachher. Und als Du sagtest, Du liebtest mich auch, da hätte ich auf der Stelle tot umfallen können, ohne auch nur eine Sekunde mit meinem Schicksal zu hadern. Aber als Du dann sagtest, Du könntest Dich einfach nicht überwinden, mit mir nach Alaska zu kommen . . .

Ich meine, ich habe das natürlich verstanden: Dieses Land, zum Teufel, schau' es Dir an, und es war vor zwanzig Jahren sogar noch viel rauher, fast wie der Weltraum, genau wie Du sagtest . . .

Schau, die Sache ist, das war *die Sache* . . .

Gut. Man fragt mich, ob ich es bereue? Natürlich bereue ich es! Aber ich *bereue* es nicht. Was . . .

Ich sollte jetzt wohl besser Schluß machen. Das ist ein großes Haus. Ein sehr großes Haus. Und es wird sogar noch größer, wenn ich zuviel trinke. Paß gut auf Dich auf, Lena!

In Liebe,
Dein Maurice

Datum: 31/03
An: Dr. Michael Robertson
Wilson-Institut für Neurologische Forschung
Philadelphia

VON: JOEL FLEISCHMAN
VIA FAX. ANZAHL DER FOLGENDEN SEITEN: 1

Sehr geehrter Dr. Robertson,

ich bin außerordentlich erfreut, daß Sie sich trotz Ihrer großen Beanspruchung die Zeit nehmen wollen, uns hier in Cicely zu besuchen. Bringen Sie Kleidung für einen sehr kühlen Frühling mit. Normalerweise würde unsere „Vogelfrau" (Pilotin) Sie in Juneau abholen und hierher fliegen, aber sie kann derzeit nicht starten. Jeder, der die Stadt verläßt, schläft sofort ein. Nehmen Sie sich also in Juneau ein Lufttaxi. Bringen Sie mir bitte Bagels mit!

JF

2

Bloß keinen Streit vermeiden

President George Bush
The Withe House
1600 Pennsylvania Avenue
Washington, D.C.

1. April

Sehr geehrter Herr Präsident Bush,

wie alle Amerikaner weiß auch ich, daß Sie sich Gedanken machen über die Rolle, die unser Land bei der Erforschung des Weltraums spielt. Da die Russen inzwischen aufgegeben haben, ruht die Last nun fast allein auf unseren Schultern. Es ist eine große Verantwortung, weil der Weltraum das Größte ist, was es überhaupt gibt. Aber ich weiß, wir sind dem gewachsen.

Jedoch müssen wir vorsichtig sein. Denn wenn wir zuviel unternehmen, dann leiden andere Teile unserer Gesellschaft. Wie etwa damals bei der Mondlandung. Das war eine tolle Sache, auch wenn es sogar noch vor meiner Geburt passiert ist. Seit damals benutzen die Leute diesen großen Schritt für die Menschheit, um alles andere in unserer Gesellschaft zu kritisieren. Wenn in Hollings Café, hier in unserer Stadt, das Waffeleisen kaputtgeht, sagen sie: „Wenn sie einen Mann auf den Mond schicken können, warum können sie dann kein Waffeleisen herstellen, das funktioniert?" Ich versuche dann zu erklären, daß diejenigen, die Menschen auf den Mond schicken, keine Waffeleisen machen. Aber niemand hört auf mich.

Ich interessiere mich sehr fürs Kino und will eines Tages selbst einen Film drehen. Ich habe viel darüber nachgedacht: Wäre es nicht eine tolle Idee, auf dem Mars zu drehen? Die Schauspieler und Techniker bräuchten natürlich Raumanzüge, Sauerstoffgeräte usw., aber die Kameras würden sicher funktionieren. Und was für eine hervorragende Kulisse! Ich weiß, das ist ein Traum, aber trotzdem: Wenn wir einen Mann auf den Mond schicken können, warum sollten wir dann nicht auch auf dem Mars einen Film drehen können?

Damit will ich nur sagen, wie wichtig es ist, die NASA zu unterstützen und dafür zu sorgen, daß sie ihren guten Ruf behält. Und darum schreibe ich Ihnen heute. Wir haben hier in Cicely einen ehemaligen Astronauten, Maurice Minnifield, der mit NASA-Aufnähern auf seinen persönlichen Kleidungsstücken herumläuft. Ist das legal? Er war zwar mal bei der NASA, ist es jetzt aber nicht mehr. Das macht mir Sorgen, denn die Leute sehen vielleicht, was er so tut, und das wirft dann ein schlechtes Licht auf die NASA. Zum Beispiel hat er einen Kochkurs abgehalten. Was er gekocht hat, war ziemlich gut, aber er hat dabei die Leute ununterbrochen angeschrien. Alle waren verärgert und sind gegangen. Nur ich bin dageblieben, und ich kann nur hoffen, daß dadurch dem Raumfahrtprogramm kein Schaden entstanden ist.

Lassen Sie mich abschließend noch sagen, daß ich Maurice eigentlich mag und sogar für ihn arbeite. Als Chef ist er okay. Aber in letzter Zeit geht er mir ziemlich auf die Nerven.

Hochachtungsvoll,
Ed Chigliak

1. April

Liebe Cynd,

hier wird alles immer seltsamer.

Ich schlafe immer noch nicht. Das geht nun schon einen vollen Monat so. Jetzt ist irgendein wichtiger Gehirndoktor aus Philadelphia hierher geflogen, um die Sache zu erforschen. Holling sagt, er wird der ganzen Stadt jede Menge Fragen stellen. Aber ich weiß nicht recht, was das soll. Es ist doch schließlich nicht unsere Schuld.

Unser Geschäft, das bisher so gut lief, ist plötzlich drastisch zurückgegangen. Anfangs haben alle diese Schlaflosigkeit als Dauerparty verstanden, und unser Laden war rund um die Uhr voll. Jetzt denken sich die Leute, hey, solange meine Tage doppelt so lang sind, will ich auch was Sinnvolles mit ihnen anfangen. Und statt ins Café zu gehen und dort zu warten, bis die Party vorbei ist, bleiben jetzt alle nachts zu Hause, beschäftigen sich mit irgendwelchen Hobbys oder schreiben Briefe. Denn wenn man sowieso nicht schläft, braucht man auch nicht zu relaxen, oder? Und wenn man nicht relaxt, kann man genausogut was Konstruktives tun.

Mit mir ist es dasselbe. Ich habe den Weltalmanach, von dem ich Dir erzählt habe, fast ausgelesen. Offen gestanden, weiß ich nicht, warum es überhaupt Unis gibt. Alle Fakten dieser Welt stehen in dem Buch. Dafür zahlst Du fünf Dollar. Und die ist es wert! Du mußt es zwar ein paarmal lesen, bis Du alles begreifst, aber dafür brauchst Du bestimmt keine vier Jahre!

Eine komische Stimmung hat sich hier verbreitet. Es gibt da einen Typen, Ed Chigliak, den Du, glaube ich, kennst. Er ist Indianer, so in unserem Alter. Gestern nacht saß Ed an der Bar, als Maurice reinkam. Ed sah ihn und sagte sofort: „Ich bin jung, Maurice. Es gibt immer noch eine Chance, daß ich auf dem Mars meinen Film drehen kann. Also machen Sie mir das bloß nicht kaputt."

Alle sahen sich an, und ich denke: Huch! Schließlich, nach ein paar Sekunden, sagt Maurice: „Ed, wenn das eine indianische Gebetsformel oder so etwas ist, dann hast Du natürlich das Recht, sie zu skandieren, aber ich kann nicht behaupten, daß ich etwas davon verstehe." Ed zog eine Grimasse und wandte sich ab.

Was ist bloß sein Problem? Ich schwöre Dir, manche Leute meinen, sie wären kreativ, bloß weil sie das ganze Jahr über in einer schwarzen Rockermontur rumrennen. Dabei haben sie nicht mal einen *Feuerstuhl*! Das nervt mich total.

Ich hoffe, Du hast den Kettenbrief weitergeschickt. Ich schaue jeden Tag nach meiner Post. Bisher umsonst.

Küßchen,
Shells

1. April

Lieber Bernard,

es ist nicht mehr komisch hier, Bruder. Die Situation hat sich jetzt, nach einem Monat Schlaflosigkeit, zugespitzt. Ich hatte gehofft, daß eine komplette Mondphase unsere Pässe ins Traumland erneuern würde, aber vergebens. Schuld daran ist schließlich nicht der Mond, sondern die Sonne.

Um Dir eine Antwort auf Deine Frage zu geben: Ja, ich verstehe Deine Argumente. Längeres Wachsein bedeutet mehr Leben. Aber was für ein Leben? Wenn eine kurze nächtliche Periode der Bewußtlosigkeit der einzige Preis ist, den wir behaarten Zweibeiner für unsere hochentwickelten Gehirne zahlen müssen, dann sollten wir ihn anstandslos berappen. Ich würde den Tod lieber auf Raten kaufen, als mich plötzlich unvorbereitet einer Zahlung der Gesamtschuld gegenüberzusehen. Mit anderen Worten: Was, wenn das alles nicht ohne drastische Folgen für uns bleibt?

Düstere Gedanken. Und ich bin der einzige hier, der so denkt. Für alle anderen ist es entweder eine Dauerparty oder die Umwandlung des Schlafzimmers in einen Lesesaal. Übrigens bin ich mit Dir einer Meinung: Wenn dieses Phänomen tatsächlich das Resultat von Sonnenflecken ist, dann ist es ebenso natürlich wie ein Gewitter. Aber dasselbe kannst Du auch von einem Erdbeben sagen.

Doch immer, wenn ich gerade kurz vor dem Verzweifeln bin, sehe ich etwas, das man als Zeichen einer Veränderung deuten könnte. Heute früh zum Beispiel. Ich sitze im Fenster, bin auf Sendung und genieße meine gewohnte herrliche Aussicht über Cicely und seine Bürger. Der normale Berufsverkehr bewegt sich an mir vorbei, als ich plötzlich Holling Vincoeur sehe, der beherzten Schrittes aufs Brick zugeht, seine Post unter dem Arm. In diesem Augenblick tritt Marilyn Whirlwind aus Dr. Fleischmans Praxis. Die beiden begegnen sich auf der Straße. Holling grüßt freundlich, und Marilyn bleibt stehen, sieht unbeschreiblich beleidigt aus – sofern man in ihrem unbewegten Gesicht überhaupt Gefühlsregungen lesen kann – und schlägt Holling ins

Gesicht! Später fragte ich Marilyn, womit Holling sie so beleidigt hätte, und sie antwortete: Er sagte „Guten Morgen!“.

Ist es das angespannte Nervenkostüm, der durch Schlafentzug bewirkte Streß, was die rauhere Seite von Miss Whirlwinds Psyche nicht mehr ausreichend bedeckt? Oder war das eine einmalige Entgleisung, die sich nicht wiederholen wird? Ich hoffe, es handelt sich um letzteres. Wir stehen inzwischen alle bereits mit einem Fuß in der Klapsmühle; eine Marilyn, die einen Mann ohne ersichtlichen Grund ohrfeigt, ist nur um eine Ohrfeige weniger verrückt als der Rest von uns.

Brüderliche Grüße,
Dein Chris

1. April

Liebe Tante Louise,

ich habe eine Frage an Dich. Als ich jung war und Du mir das Klavierspielen beigebracht hast, da sprachen wir oft über die Gefühle zwischen zwei Noten. Wenn die beiden dasselbe Gefühl hatten, dann standen sie in Harmonie, und wenn man sie zusammen anschlug, erzeugten sie einen dritten Ton. Hatten sie aber unterschiedliche Gefühle und man schlug sie gemeinsam an, gab es eine Disharmonie und ein häßliches Geräusch. Du hast gesagt, genauso ist es auch bei den Menschen.

Meine Frage ist nun: Kann sich die Note eines Menschen ändern? Ich stehe in letzter Zeit in Disharmonie mit einem Mann, mit dem ich mich früher in Harmonie befand. Es ist Holling Vincoeur. Ihm gehört das Café hier. Plötzlich stört mich alles an ihm. Heute nachmittag ging ich in Ruth-Annes Laden, um Papier zu kaufen, und er war dort. Sie unterhielten sich über Bücher. Holling sagte: „Über Geschmack läßt sich nicht streiten.“ Das machte mich total wütend.

Hast Du eine Erklärung dafür? Hat das etwas mit unserer ungewöhnlichen Situation zu tun? Das muß es wohl. Ich kann mir meine Reaktion anders nicht erklären. Ich habe Holling immer gern gemocht, aber plötzlich erfüllt mich schon der Anblick seines karierten Hemds mit entsetzlicher Wut. Was soll ich nur tun?

Herzliche Grüße,
Deine Marilyn

Prof. Jennifer Kelly
Soziologisches Institut
Universität v. Michigan
Ann Arbor, Michigan

1. April

Liebe Jen,

großartiger Brief! Aber ich stelle mir Dich so vor, wie ich Dich vor elf Jahren zum letzten Mal sah. Also sehe ich Dich immer noch als Teenager in einem karierten Rock und blauen Kniestrümpfen, wie Du älteren Schülerinnen Lektionen erteilst. Erinnerst Du Dich noch an den Tag nach dem Examen? Als wir in Jeans und T-Shirts in die Schule zurückkamen, nur um zu spüren, wie es ist, wenn man ohne Schuluniform dort herumläuft? Die Schule war schon aus, unser Klassenzimmer war leer. Wir bogen um eine Ecke, und da kam gerade Schwester Lucille aus dem Lehrerzimmer und starrte uns an. Ich blieb stehen und wurde rot, und Du sagtest zu mir: „*Im Geist* tragen wir immer noch Röcke und Kniestrümpfe."

Nicht nach vier Jahren im College und sechs Jahren in Alaska, das kannst Du mir glauben. Und da wir gerade davon sprechen: Es gibt interessante Entwicklungen im verschlafenen, schlaflosen Cicely.

Ich habe eine Stelle als Sprechstundenhilfe bei Dr. Joel

Fleischman angenommen, unserem Amtsarzt wider Willen (s. frühere Korrespondenz). Ich war also in seiner Praxis, als er mit unserem neuesten prominenten Besucher eintraf: Dr. Michael Robertson, ein weltberühmter – sagt zumindest Fleischman – Neurologe aus Philadelphia. Er ist dort Chef einer wichtigen Forschungsklinik. Und was noch wichtiger ist: Er ist groß, schlank, elegant, gutaussehend, um die Vierzig. Schwarze Haare mit leicht angegrauten Schläfen. Kleidung von Pierre Cardin.

Mit anderen Worten: wahrscheinlich unerträglich, aber nicht gerade unansehnlich. Für mich spielt das natürlich überhaupt keine Rolle. Aber es war ein Vergnügen, Fleischman, der vom ersten Tag an nur herablassend, arrogant und überheblich war, plötzlich in der Rolle des Unterlegenen zu sehen. Kein großes Vergnügen allerdings. Eher ein bißchen traurig. Aber das hielt nicht lange an, denn Fleischman stellte sofort die neue Hackordnung klar.

„O'Connell, das ist Dr. Robertson. Ich werde mit ihm zusammenarbeiten. Es ist durchaus möglich, daß einige Ihrer Pflichten sich künftig auf unser gemeinsames Forschungsprojekt beziehen." Und dann, ganz nebenher: „Mike, darf ich vorstellen: Margaret O'Connell."

„Es ist mir ein Vergnügen, Margaret", sagte er, und seine braunen Augen vergruben sich in meine.

Wie denkst Du über Kinngrübchen? Ich bin dafür, in Maßen. „Bitte nennen Sie mich Maggie", sagte ich.

„Gut, Maggie."

Ich bot ihm ein Lächeln, ohne jeden Hintergedanken. „Willkommen in Cicely, Dr. Robertson."

„Mike, bitte."

„Uh", mischte Fleischman sich wortgewandt ein. „Ich weiß nicht, ob dieses Maß an, äh, an Vertraulichkeit klug ist. Wir sollten doch einen gewissen, äh, Abstand wahren."

„Ich bitte Sie, Joel", sagte Dr. Märchenprinz, „Alaska ist doch nicht der Ort für solche Förmlichkeiten." Dann, zu mir gewandt: „Besonders wenn man einem so schönen Mädchen gegenübersteht. Oh, Entschuldigung. Dafür dürfen Sie mir den Kopf abreißen. Einer so schönen jungen Frau natürlich. Also Maggie, bleibt's bei Mike?"

„Sie scheinen ein netter Junge zu sein", sagte ich höflich. „Entschuldigung, Mann. Machen wir einen Kompromiß, Michael."

Dr. Robertson sah mich noch immer an und bemerkte: „Die Dame ist gefährlich. Wie können Sie hier nur arbeiten?"

Fleischman antwortete: „Ich verbinde mir die Augen."

Maurice hat für Dr. Robertson . . . okay, für Michael, ein Büro in einem Laden zwei Häuser weiter eingerichtet. Er, Maurice, ist wie erwartet völlig aus dem Häuschen, daß Michael da ist. „Er ganz allein wird Cicely weltweit bekannt machen", erzählt er überall. „Und das nicht nur unter Wissenschaftlern, die sich für seltene Elcharten und das Liebesleben der Lachse interessieren. Nein, er wird Touristen, Kongresse, Gesundheitsapostel und diverse andere lukrative Massenaktivitäten, von denen selbst ich noch nicht geträumt habe, hierher locken."

Michael hat mich gebeten, ihm die Stadt zu zeigen und ihn mit den Bewohnern bekannt zu machen. Er will ein ausführliches Dossier über jeden Bürger von Cicely anlegen. „Es ist eine ideale Situation für einen Forscher", begeisterte er sich, als wir alle bei Holling einen Begrüßungsschluck nahmen. „Eine autarke Gemeinde mit unter 1000 Einwohnern. Ein lebendiges Labor."

Fleischman setzte zu einer Antwort an: „Ja, gut . . ."; aber Michael lächelte mich an und sagte: „Das ist so spannend in Alaska. Diese Schönheit . . ." – ein Blick, der Bände sprach – „. . . und kaum jemand da, der sie bewundert."

Lachst Du Dich tot über mich? Das Schlimmste daran ist, als ich seinen Blick erwiderte – die dumme Parodie eines koketten Augenaufschlags –, da spürte ich ein Prickeln . . .

Fleischman protestierte sofort lauthals: „Nein! Nein, dem stimme ich überhaupt nicht zu! Es gibt eine Menge Leute hier, die einen Sinn für Schönheit haben. Ich selbst bewundere sie jeden Tag wie verrückt. Oder etwa nicht, O'Connell?"

Ich grinste ihn an: „Wie verrückt, Dr. Fleischman."

Dann sagte Michael: „Eines hier macht mir Sorgen, Joel.

Kennen Sie das Rackshaffen-Experiment?“ (Das habe ich ganz bestimmt falsch geschrieben.)

Fleischman wirkte plötzlich beunruhigt. So, wie sie mich in die Konversation einbezogen, hätte ich ebensogut ein dekorativer Salzstreuer auf dem Tisch sein können. „Sie glauben doch nicht, daß das in diesem Fall zutrifft?“

„Was?“ fragte ich. „Was trifft worauf zu?“

BEIDE SAGTEN UNISONO: „Nichts“. Und wechselten das Thema.

Hast Du je davon gehört? Frage Deine Experten. Ich habe auch Experten, aber sie behandeln mich wie einen Salzstreuer.

Zerstreut,
Maggie

Richard Marx
c/o Siegel, Vartorella, Berger, & Knapp
812 East 41st Street
New York, NY

4/2

Lieber Richie,

endlich sind wir in dieser Sache mit der Schlaflosigkeit einen Schritt weiter. Vor ein paar Tagen hat sich ein renommierter Neurologe aus Philadelphia nicht nur bereit erklärt, ein großangelegtes Forschungsprojekt zu finanzieren, sondern, ob Du es glaubst oder nicht: ER HAT SICH HÖCHSTPERSÖNLICH HIERHER BEGEBEN.

Zugegeben, am Anfang hab’ ich das mit gemischten Gefühlen gesehen. Er wird sich in den Vordergrund spielen, das Projekt an sich reißen, seinen Namen unter den Abschlußbericht setzen, die Lorbeeren ernten. Aber ich glaube, ich weiß Mittel und Wege, das zu verhindern und meinen verdienten Anteil am Ruhm zu sichern. Denn er ist ein Fremder hier. Und diese Leute ... Ich bin mittlerweile einer von ihnen. Okay, sagen wir, ich bin einer von ihnen, so gut es ein jüdischer Intellektueller aus New York, der gegen seinen Willen hier festgehalten wird, eben sein kann. Immerhin aber habe ich ihm zwei Jahre voraus! Ich weiß, wie die Leute heißen, kenne den Namen des Ehegatten, den sie mit dem Messer attackiert haben, und die Kosenamen ihrer Haustiere, ihrer Gewehre und Autos.

Ich bin also ein Insider. Und dazu bin ich noch der einzige Arzt am Ort, und mein Patientenaufkommen ist ungewöhnlich hoch. Deshalb werde ich enorm schuften müssen. Viele der Beschwerden meiner Patienten sind auch weiterhin unbedeutend, obwohl mir auffällt, daß die Anzahl der Schlägereien in der Bar dramatisch angewachsen sind, was um so mehr verwundert, als die Besucherzahlen in den letzten Tagen stark zurückgegangen sind. Typen in Holzfällerhemden und mit seit Jahren nicht mehr gewaschenen Bärten, die früher sechs oder sieben Bier am Abend wegsteckten und dabei etwa zwei Meilen um den Billardtisch wanderten, sitzen nun zu Hause und tapezieren oder basteln an ihrer Stereo-Anlage herum. Aber dabei sind sie gereizt und übellaunig, wie überhaupt mehr und mehr Leute permanent ziemlich mies drauf zu sein scheinen. Der einzige Diskjockey hier, ein umgänglicher, sanfter Dichter, fuhr kürzlich aus der Haut und schrie die mit dem Klammerbeutel gepuderte Freundin des Cafébesitzers wegen irgendwelcher Pistazien an: „Unser Leben ist ein höchst zerbrechliches Gut, Shelly!“ brüllte er, nachdem er eine dieser hermetisch verschlossenen Nüsse ohne Sollbruchstelle erwischt hatte. „Da dem so ist, und da wir offenbar derzeit ungestraft der Naturgesetze spotten dürfen, ist es da zuviel verlangt, wenn du diese steinharten Dinger, an denen man sich sämtliche Zähne ausbeißt, aussortierst, bevor du eine Schüssel mit Nüssen auf den Tisch stellst?“

Nein, das macht keinen Sinn, und für einen Rechtsanwalt in Manhattan wie Dich, Richard, riecht das wahrscheinlich nach beginnendem Wahnsinn. Aber ich ertappte mich dabei, daß ich genau dasselbe tat wie alle anderen Zeugen des Vorfalls, d. h., ich nickte empört und schrie: „Ja! Weiter so! Gib's ihr, Chris!“

Ich stelle fest, daß ich dieser Tage schnell die Geduld verliere. Hat das mit dem Schlafentzugs-Syndrom zu tun? Muß wohl. Zweifellos wird es aufgeklärt, quantifiziert und durch ein Theoriegebäude verständlich gemacht von mir selbst und meinem ehrenwerten Kollegen, Dr. Mike Robertson. Da wir gerade von ihm sprechen, fällt mir ein: Ich muß seiner Vermieterin noch klarmachen, daß die Dusche in seinem Zimmer nur für *ihn allein* da ist.

Herzlich,
Joel

Amy Levin Cooper
Chefredakteurin Mademoiselle
350 Madison Avenue
New York, NY 10017

2. April

Liebe Amy,

ich bin eine begeisterte Leserin Ihrer Zeitschrift und verpasse nie eine Nummer. Ich finde, Sie machen die beste Zeitschrift der Welt. Ihr Ratgeber-Teil ist sehr hilfreich und hat mir schon manche Frage beantwortet.

Es ist nur leider so, daß mein Fall ziemlich ungewöhnlich ist. Mein Freund ist um einiges älter als ich. Ich bin 18, und er ist 63. Aber es muß noch andere Paare geben, bei denen es genauso ist. Deswegen habe ich eine Bitte an Sie: Könnten Sie nicht eine Spezialausgabe für Mädchen wie mich machen? Wenn Sie das tun, so hätte ich schon einige Fragen, die Sie im Ratgeber beantworten könnten:

1) Mein Freund erwähnt oft Pearl Harbor. Ist das eine Blues-Sängerin? Und wenn nicht, wer ist sie dann? Muß ich mir wegen ihr Sorgen machen?

2) Manchmal, wenn wir uns geliebt haben, sagt mein Freund hinterher: „Puppe, du bist ein verdammt steiler Zahn." Was bedeutet das? Meine Zähne sind eigentlich ganz normal. Hat das mit Sex zu tun? Oder soll ich meinen Zahnarzt fragen?

3) Gestern nacht stritten mein Schatz und ich über einen Film. Ich wollte „Der Vater der Braut" sehen. Er wollte nicht. Ich sagte: „Willst du nicht wissen, worum es dabei geht?" Er sagte: „Ich weiß schon, worum es geht. Ich habe den Film bereits gesehen." Aber dieser Film läuft erst seit gestern in unserer Stadt, und er kann noch gar nicht drin gewesen sein. Also meine Frage: Werden Leute hellseherisch, wenn sie älter sind? Können sie Gedanken lesen? Muß ich aufpassen, was ich denke und so?

Vielleicht wissen ältere Frauen das alles, aber junge Mädels wie ich nicht. Danke im voraus und machen Sie genauso weiter mit Ihrer Zeitschrift!

Ihre begeisterte Leserin,
Shelly Tambo

2. April

Liebe Anita!

Wie geht es Dir? Mir geht es recht gut, obwohl die seltsame Situation, über die ich Dir geschrieben habe, sich nicht geändert hat. Wenn Ihr in Anchorage noch verschont seid, wie Du sagst, dann glaube ich, daß das alles nur in Cicely passiert.

Wie gesagt, es geht mir gut. Nur um Shelly mache ich mir ein bißchen Sorgen. Und da dachte ich, ich könnte Dich um Rat fragen. Wie ich Dir erzählte, als Du letztes Jahr hier warst, bin ich ganz verrückt nach dem Mädchen. Sie ist bei weitem das Beste, was in meinem Leben überhaupt passiert ist. Damit will ich natürlich nicht die schöne Zeit abwerten, die wir beide miteinander verbracht haben. Und das sage ich ihr auch immer wieder. Ich bin zwar vielleicht nicht so offenherzig wie andere Männer, aber ich lasse auch keinen Zweifel daran, wie sehr ich sie liebe.

In letzter Zeit scheint sie jedoch einem anderen Mann mehr Aufmerksamkeit zu schenken als mir. Er heißt Ed Chigliak und ist ein junger Indianer, in Shellys Alter. Trägt immer eine schwarze Lederjacke. Bis vor kurzem hielt ich ihn noch für den nettesten, bescheidensten jungen Mann, den Du Dir vorstellen kannst. Würde keiner Fliege etwas zuleid tun, ist den ganzen lieben langen Tag – und hier oben ist der Tag ziemlich lang! – freundlich und hilfsbereit usw.

Aber Shelly redet ununterbrochen von ihm. „Holling", sagte sie letzte Nacht plötzlich, als wir im Bett lagen und lasen. „Bringt dich Eds gelangweiltes Gesicht nicht auch total auf die Palme?"

Ich sagte: „Nein, Püppchen, nicht eigentlich. Er sieht nur so gelangweilt aus. Wenn du mit ihm redest, merkst du, daß er im Grunde ganz aufgeweckt ist."

„Ich wußte, daß du das sagen würdest. Du bist eben nett. Vielleicht zu nett."

„Es ist sein Charakter. Ich bin ganz sicher, daß es auch an mir Dinge gibt, die *ihn* auf die Palme bringen."

„Und wie findest du das mit seiner Lederjacke? Ich meine, ist das vielleicht nicht prätentiös?"

Ich sah sie völlig geschockt an. Denn genau so fühlte ich mich. Wie unter Schock. „Shelly", sagte ich, „wo hast du dieses Wort aufgeschnappt? Prätentiös . . .? Stammt es aus dem Almanach, den du andauernd liest?"

„Nein, aus der Mademoiselle. Aber vergiß es. Ed geht mir zur Zeit eben höllisch auf den Keks, das ist alles."

Anita, das ist völlig untypisch für Shelly. Und deshalb frage ich mich: Könnte es sein, daß zwischen ihr und Ed etwas ist? Wie gesagt, er ist in ihrem Alter, und ich bin mir immer des großen Altersunterschieds zwischen ihr und mir bewußt. Ich habe angefangen, ihr Verhalten auf Anzeichen von Unzufriedenheit oder Langeweile oder sonstwas zu beobachten, kann aber, offen gestanden, nichts finden. Warum redet sie dann immer wieder von dem Kerl, der ihr bis vor kurzem noch ziemlich egal war?

Ich würde mich freuen, Deine Meinung dazu zu hören. Ich beabsichtige auch, Dr. Fleischman zu fragen, der als Arzt einige Erfahrung auf diesem Gebiet haben sollte. Und ich würde die Sache gerne mit einem anderen jungen Mann besprechen, mit Chris Stevens, der eine Art Philosoph ist und bei dem Shelly damals ihr Herz augeschüttet hat, als sie süchtig nach Satellitenfernsehen war. Aber aus irgendeinem Grund geht Chris mir zur Zeit dermaßen auf die Nerven, daß ich ihn kaum anschauen kann.

Danke für Deine Hilfe, und ich hoffe, wir sehen uns bald wieder.

Herzliche Grüße,
Dein Holling

MINNIFIELD COMMUNICATIONS
Cicely, Alaska

Mr. Charles Rouse
10275 Little Patuxent Parkway
Columbia, Maryland 21044

2. April

Sehr geehrter Mr. Rouse,

ich bin ein großer Bewunderer Ihrer Immobiliengeschäfte, von der Faneuil Hall in Boston über Harbor Place in Baltimore bis hin zum South Street Seaport in New York. Besonders beeindruckt mich der weltumspannende Maßstab Ihrer Bautätigkeit. Bevor Sie nun Ihre Sekretärin anweisen, den Computer eines Ihrer Standard-Dankschreiben ausspucken zu lassen, will ich kurz bemerken, daß ich vielleicht mehr von weltumspannenden Aktivitäten verstehe als irgend jemand sonst. Als ehemaliger NASA-Astronaut war ich in der glücklichen Lage, den Planeten Erde vom idealen Aussichtspunkt zu betrachten. Daher hoffe ich, Sie verzeihen mir meine Kühnheit, wenn ich eine gewisse Ähnlichkeit oder Verwandtschaft unserer Tätigkeiten behaupte.

Ich erwähne all dies, weil ich Ihnen einen geschäftlichen Vorschlag unterbreiten will – oder nennen Sie es besser die Anregung eines engagierten Bürgers. Mr. Rouse, ich bin Bürger von Cicely in Alaska, einer winzigen Stadt an der Küste, die mittlerweile von vielen als die „alaskische Riviera" bezeichnet wird. Und es ist meine unumstößliche Überzeugung, daß Cicely eines Tages zu einem Mekka für Sportler, Wanderfreunde, Erholungssuchende und Touristen werden wird – eine Mischung aus Aspen (Colorado) und Saint Tropez. Nun hat in letzter Zeit meine Vision einen Quantensprung auf ihre Realisierung hin getan. Der Grund ist eine absolut phantastische Entwicklung: Seit Ende Februar hat niemand in dieser Stadt mehr geschlafen! Und niemand von uns scheint unter unangenehmen Konsequenzen dieser Tatsache zu leiden.

Nun ist mir klar, daß Sie auf diese Information zunächst mit Ungläubigkeit reagieren werden. Ich mache Ihnen deswegen keinen Vorwurf, sondern werde Ihnen sofort zwei Möglichkeiten zeigen, wie Sie sich von der Wahrhaftigkeit meiner Behauptung überzeugen können. Doch zuvor will ich Ihnen noch erklären, was das alles mit Ihnen zu tun hat. Vielleicht ist Ihnen folgendes schon selbst aufgefallen: *Wenn Cicely tatsächlich der Ort ist, an dem niemand schläft noch überhaupt ein Schlafbedürfnis verspürt, dann haben wir es vielleicht hier mit etwas zu tun, was der uralten Idee eines Jungbrunnens sehr nahe kommt.*

Wenn nicht eines Jungbrunnens, so doch einer Energietankstelle sondergleichen. Und wenn nicht einer Energietankstelle – denn die normalen körperlichen Beanspruchungen des Alltags ermüden auch uns immerhin physisch und muskulär –, dann wirken sie doch bewußtseinserweiternd.

Und ich frage Sie, Sir: Ist es nicht sinnvoll, das kommerziell zu nutzen? Oder fehlt mir die Intelligenz, die Gott selbst der Sellerie gab? Sind die Möglichkeiten nicht grenzenlos? Für Kongresse, internationale Konferenzen, Ruhesitze, Tarifverhandlungen, Sanatorien, medizinische Forschungszentren? Muß ich noch mehr aufzählen?

Kommen Sie her, und sehen Sie sich Cicely selbst an. Was immer Sie über Alaska denken mögen, es ist alles andere als eine Eiswüste, und mein Haus – sämtliche 14 Zimmer – stehen ganz zu Ihrer Verfügung. Oder gestatten Sie mir, Ihnen nach Fertigstellung den Untersuchungsbericht von Dr. Michael Robertson zuzusenden. Dr. Robertson vom Wilson-Institut in Philadelphia ist nach Cicely gekommen, um dieses Phänomen zu erforschen, und wird zweifellos bald mit einer glaubhaften und einleuchtenden Erklärung aufwarten können. Er nimmt die Sache sehr ernst. Ebenso übrigens wie unser Arzt, ein junger Mann, jüdischer Herkunft, aus New York. Das sollte zur wissenschaftlichen Legitimation genügen! Es geht hier um mehr als einen Haufen Verrückte in der Wildnis, die so lange wie möglich wachbleiben wollen, um ins Guinness-Buch der Rekorde zu kommen. Nein, es handelt sich tatsächlich um ein neuropsychologisches Mysterium.

Natürlich ist das, was ich als unsere „grenzenlose Bewußtheit“ bezeichne, nicht alles. Das Erlebnis Cicely umfaßt darüber hinaus eine schlicht grandiose Landschaft und eine freundliche, aufgeschlossene Bevölkerung. Natürlich haben auch wir unsere schwarzen Schafe. Es gibt da zum Beispiel eine junge Indianerin, sie arbeitet für den erwähnten Arzt; manche Leute werden ihre lakonische, unverbindliche Art und ihre kryptischen, einsilbigen Äußerungen sicher ebenso nervtötend finden wie ich.

Aber zum Teufel damit, keine Gemeinde ist vollkommen. Sehen Sie über diese paar äußerst untypischen Individuen hinweg, und Sie stehen nicht nur vor einer einmaligen, unverfälschten Naturerfahrung, sondern darüber hinaus werden Sie psychische Welten kennenlernen, für die Sie weder einen Paß noch ausländische Währung noch Sprachkenntnisse oder einen Pyjama brauchen.

Mit einem Wort: *Alaska,* Mr. Rouse. Das Motto unseres Staates sagt alles: Nach Norden in die Zukunft! Ich erwarte gespannt Ihre Antwort. Sollten Sie versucht sein anzurufen, tun Sie sich keinen Zwang an. Sie erreichen mich jederzeit, Tag oder Nacht. Ich bin wach.

Hochachtungsvoll
Maurice Minnifield
Präsident der Minnifield Communications

3. April

Lieber Andrew,

wie schön, von Ihnen zu hören! Natürlich erinnere ich mich an Sie, den Zimmergenossen meines Bruders im College. Wir haben uns bei uns zu Hause kennengelernt, als Jack Sie in den Weihnachtsferien mitbrachte. Haben Sie nicht damals Ihre Feuerzangenbowle über unsere Katze geschüttet? Aber wer erinnert sich schon richtig?!

Ich erinnere mich jedenfalls, daß es eine lustige Zeit war, selbst jetzt, nach zehn Jahren, noch. Und was Jack sagt, ist wahr: Tatsächlich bin ich im Moment „solo". Aber es ist keine gute Idee, mich zur Zeit hier zu besuchen, Andrew. Auch wenn Sie in drei Wochen nach Seattle kommen und in Redmond zu tun haben, bei Microsoft, einer Firma, zu der Sie, wie Sie sagen, eine ganz besondere Beziehung haben.

Sehen Sie, ich leide im Moment unter extremer Schlaflosigkeit. Das heißt, ich bin seit fünf Wochen ununterbrochen wach. Einige Ärzte meinen, das Rockshaffen-Experiment könnte damit zu tun haben. Fragen Sie Jack, was das ist. Und der Grund, weshalb ich im Moment „solo" bin, ist der, daß alle Männer, mit denen ich in den letzten sechs Jahren ein „Duo" bildete, gestorben sind.

War jedenfalls schön, von Ihnen zu hören.

Herzliche Grüße,
Maggie O'Connell

Lieber Jack,

3. April

BITTE tu das nie mehr, d. h., gib nie mehr irgendwelchen alten Kumpels aus dem College meine Adresse oder Telefonnummer. Ich kann Deinen Zimmergenossen von damals NICHT AUSSTEHEN. Das weißt Du doch. Deshalb habe ich ihn abblitzen lassen. Er wollte mich eine Woche lang besuchen und auch noch BEI MIR WOHNEN! Er bat mich, ihm Alaska zu zeigen! Ich hab' ihm geschrieben, daß ich unter permanenter Schlaflosigkeit leide. Was ja schließlich nicht mal gelogen ist.

Falls er Dich fragt, bestätige unbedingt meine Geschichte, oder Du wirst es eines Tages bereuen, wenn es um die Aufteilung der „Güter" geht.

Mittlerweile frage ich mich ernsthaft: Liegt es nur an mir, oder sind tatsächlich alle Ärzte auf die eine oder andere Art unerträglich?

Ich frage das, weil ich in meinem neuen Job Tag für Tag fast rund um die Uhr zwei Ärzten ausgesetzt bin. Der Unterschied zwischen diesem neuen Leben und meinem alten Pilotendasein könnte extremer nicht sein. Als Pilotin war ich der Chef; als Sprechstundenhilfe (für Dr. Joel „Fleischman" Fleischman) und Forschungsassistentin (für Dr. Michael „Michael" Robertson) bin ich im ersten Fall das gutwillige, aber ein bißchen blöde Mädchen für alles, und im zweiten Fall das halb ehrbare Bauernmädchen, dem vom Herrn Grafen eine gewisse Handlungsfreiheit gewährt wird.

Noch etwas zu den Ärzten: Sie denken nicht nur, daß alles, was sie tun, weit schwieriger und wichtiger ist als alles, was du tust (das trifft oft sogar zu), sondern *daß sie auch noch alles, was du tust, selbst besser tun könnten, wenn sie es nur in ihren übervollen Terminplan quetschen könnten.* (Das könnten sie wahrscheinlich nicht.) Ganz egal, was es ist, vom Brotbacken bis zum Hausbau oder zum Fliegen: Sie können es selbst, haben es schon getan oder zumindest daran gedacht, es zu tun. Und das ist für sie dasselbe, wie es bereits einmal getan zu haben. Als ich Michael erzählte, ich sei

Buschpilotin, da nickte er nur wegwerfend und sagte: „Ich wollte den Pilotenschein machen, aber dann kamen andere Verpflichtungen dazwischen."

Kapiert? „Andere" Verpflichtungen? *Wichtigere* ist gemeint. Also nickte ich zurück und sagte: „Ich weiß, was Sie meinen. Ich wollte auch neurologische Forschungen betreiben, aber dann kamen *andere* Verpflichtungen dazwischen." Er lachte immerhin über meinen trockenen Humor, aber ich war *immer noch* verletzt. Denn es war so ein typisches „Ich-weiß-Sie-sind-nicht-auf-den-Mund-gefallen"-Lachen.

Es ist wohl ein seltsames Gefühl, wenn man Arzt ist und sich andauernd auf die Ebene menschlichen Denkens und Handelns hinabbegeben muß. Die Ausnahme von dieser Regel ist Fleischman, der überhaupt keinen Hehl daraus macht, daß er *nichts* von dem kann, was ich für gewöhnlich tue. Ich meine Dinge, die man in Alaska, in der Wildnis im allgemeinen, tun muß, zum Beispiel fliegen, campen, jagen . . . Natürlich macht er seine Unfähigkeit dadurch wett, daß er unterstellt – nein, nicht unterstellt, sondern lauthals herausschreit –, diese Dinge wären sowieso völlig *wertlos,* und der einzige Grund für den Weg des Menschen aus der Ursuppe in die Zivilisation wäre der, *nie mehr einen frisch gefangenen Lachs über dem offenen Feuer braten zu müssen.*

In meinem Flugzeug muß ich mich nicht mit sowas rumschlagen. Unglücklicherweise muß ich das aber in dieser Praxis, denn ich arbeite mit, d. h. *für* beide Herren. Tagsüber bin ich Robertsons Führer und Dolmetscher bei seiner Erforschung von Land und Leuten. Das ist ziemlich lustig. Nur heute nicht, als wir Chris Stevens in seinem Wohnwagen außerhalb der Stadt besuchten. Chris ist Dichter und Bildhauer, und als wir ihn trafen, schweißte er draußen gerade alte Autoteile zusammen. Von Anfang an herrschte eine Spannung. Er warf uns nur einen kurzen Blick zu und runzelte die Stirn.

„Ich liebe dich, Maggie, aber tu' das nicht", rief er, ohne seinen Haufen von Auspuffrohren und Stoßstangen aus den Augen zu lassen.

„Was soll ich nicht tun?"

„Mich einer wissenschaftlichen Befragung unterziehen. Meine subjektiven Erfahrungen quantifizieren und damit notwendig verfälschen."

Ich war sprachlos! Ich hatte gedacht, er würde das interessant finden, da er beinahe genausoviel über Naturwissenschaften redet wie über Mystik, Religion oder Dichtung. Außerdem ist Chris einer der höflichsten, vernünftigsten Menschen der Welt. Robertson ging sofort unerschrocken zum Angriff über. Er ging um die Skulptur, an der Chris arbeitete, herum und betrachtete sie von allen Seiten. Dann blieb er stehen und sagte: „Ich betätige mich manchmal auch als Bildhauer. Kleiderbügel, Zungenspatel . . . Ziemlich ausgefallene Sachen, aber eher etwas für drinnen."

Chris schenkte ihm ein offensichtlich gezwungenes Lächeln und sagte: „Tut Ihnen bestimmt gut, Doktor."

Und es wurde nur noch schlimmer. Robertson bekam seine Antworten, die Chris nur widerwillig gab, und wir gingen, als es dunkel wurde. Die Abschiedsworte unseres Doktors an den DJ und Künstler? „Rufen Sie mich an. Ich kenne einen guten Galeristen an der Ostküste."

Chris winkte und zündete sein Schweißgerät an. Ich brachte es nicht über mich, Michael zu sagen, daß Chris überhaupt nicht beabsichtigt, irgend etwas zu verkaufen, und daß er außerdem nicht einmal ein Telefon hat.

Küßchen,
M.

Mr. Kurt Anderson
Spy Magazine
5 Union Square West
New York, NY 10003

3/4

Sehr geehrter Mr. Anderson,

zuerst das Basiswissen: Ich bin Arzt. So hat man uns beigebracht, uns in der Öffentlichkeit vorzustellen, fragen Sie mich nicht, warum. Vielleicht weil es Doktoren der Soziologie, Philosophie etc. gibt, aber keine Ärzte der Soziologie etc. Andererseits ist aber auch kein Philosophieprofessor je wegen eines Kunstfehlers verurteilt worden. Nicht einmal einer, der Ästhetik lehrt.

Ich bin geboren und aufgewachsen; gebohnert und gewachst, verraten und verkauft . . . in Flushing jedenfalls. New York. Schule: Bronx Science, Columbia, Columbia Medical. Typisch, nicht? Gut.

Die letzten zwei Jahre habe ich hier geschmort – und das nur im übertragenen Sinne, wie Sie verstehen, wenn Sie den Poststempel betrachten –, in Alaska, in einer Stadt mit der Größe von Kew Gardens und weniger Einwohnern als die New Yorker Uni Erstsemesterstudenten hat. Nichts davon ist von Belang, aber das hier schon: Seit Ende Februar hat niemand in dieser Stadt geschlafen. Angeblich sind Sonnenflecken daran schuld, aber das klingt alles sehr technisch. Laienhaft ausgedrückt, kann man sagen, daß ein kürzliches „High" der Sonnenflecken das Magnetfeld der Erde „angetörnt" hat. Das hat die riesigen Eisenerzvorkommen in den Bergen um Cicely ziemlich „angemacht" und zum „totalen Ausflippen" unseres örtlichen Magnetfelds geführt, was wiederum das „Schlafengehen"-Signal in unseren Gehirnen „abgefuckt" hat.

Ich dachte also: Hat Ihre Zeitschrift vielleicht Interesse an einem Artikel mit der Überschrift *„Die Stadt, die wirklich niemals schläft"*, frei nach Frank Sinatras „New York, New York"? Ich denke da an etwas Witziges, lässig Geschriebenes, aber doch mit genügend medizinischem Background, um für Glaubwürdigkeit zu sorgen.

Ich hoffe, diese Anomalie fasziniert Sie so sehr, daß Sie unbedingt eine Story darüber wollen, aber auch wieder nicht zu sehr, daß Sie nicht auf die Idee kommen, einen Ihrer (zugegebenermaßen besser qualifizierten) Redakteure oder einen Freien herzuschicken. Denen würde es hier wohl kaum gefallen, das dürfen Sie mir glauben. Erinnern Sie sich an die Exxon Valdez? Journalisten aus New York zahlten damals den Hausbesitzern in Valdez 300 Dollar pro Tag, *um auf dem Fußboden schlafen zu dürfen.* (Mir fällt gerade ein, daß ich das in „Spy" gelesen habe.) Und Valdez ist größer als Cicely. Kein Vergleich. Hat hier jemand nach einer Unterkunft gefragt? Ich will nicht behaupten, daß Cicely ein rückständiges, mieses Nest ist, in dem gerade noch ein Elch Platz findet, möchte aber zu bedenken geben: Wir haben keine Polizei hier, das ist wahr, aber wir haben einen Tierpräparator. Er ist gleichzeitig der Leichenbestatter, was immerhin ein Trost ist.

Was sagen Sie? Sehen Sie, es ist doch ganz egal, ob ich schreiben kann oder nicht, weil Sie den Text sowieso total umarbeiten werden. Ich akzeptiere das völlig. Aber lassen Sie mich festhalten, daß ich Chefredakteur unserer Schülerzeitung war und in sprachlichem Ausdruck stets eine Eins hatte. Meine Referate an der Uni ernteten immer höchstes Lob für ihre Klarheit und Präzision. Also denke ich, daß ich schreiben kann, wenn ich will. Und dank der vielen Zeit jetzt – trotz der Tatsache, daß in meiner Praxis nie weniger als zwei oder drei Patienten sitzen – will ich.

Schreiben Sie mir, oder rufen Sie mich an. Ich beginne derzeit die Untersuchung des ganzen Phänomens mit Hilfe des höchst angesehenen (glauben Sie mir!) Dr. Michael Robertson vom Wilson-Institut für Neurologie in Philadelphia. Für wissenschaftliche Hieb- und Stichfestigkeit ist also gesorgt. Rufen Sie sein Büro an und recherchieren Sie. Oder kommen Sie her und erleben Sie selbst, wie es ist, wenn man immer wach ist. Ich kann Ihnen sagen, wie das ist. Es ist, als wenn man in die Schule geht und auf den Lehrer wartet und rumhängt und wartet, bis man schließlich rauskriegt, daß er nicht kommt. Sie entdecken, daß Ihnen ein Stück Ihres ureigensten Lebens zurückgegeben wird. Nehmen Sie dieses Gefühl und multiplizieren Sie es mit 24 Stunden am Tag.

Sehen Sie? Ich habe Ihnen doch gesagt, ich kann schreiben.

Mit freundlichen Grüßen
Joel Fleischman

4. April

Liebe Tawni,

ich bin kurz davor, aus der Haut zu fahren. Erinnerst Du Dich aus meinem letzten Brief, daß wir hier alle nicht mehr schlafen? Nun, wir schlafen immer noch nicht! Und ich denke, irgendwie macht mich das cleverer. Oder aufmerksamer . . . sensibler. Dieser Typ zum Beispiel, der hier lebt. Ed Chigliak. Ich hab' Dir oder zumindest Cyndy von ihm erzählt, er ist in unserem Alter, ein Indianer, eigentlich ein netter Kerl . . . Aber jetzt bringt mich schon sein bloßer Anblick auf die Palme. Er geht mit einfach auf die NERVEN, verstehst Du?

Heute früh kam er wie jeden Tag zum Frühstück ins Café. Und das ging so:

„Ich nehme an, du willst Rührei wie immer, Ed, ja?" frage ich.

„Nein", sagt er in diesem dümmlich-gelangweilten Ton, den er immer draufhat. „Heute nehme ich mal Spiegeleier."

Ich möchte losschreien: „VERDAMMT, WAS IST DIR DENN ÜBER DIE LEBER GELAUFEN?"

Außerdem ist ein neuer Doktor in der Stadt, Dr. Robertson aus Philadelphia, der diese Nicht-schlafen-können-Geschichte untersucht. So ein ganz wichtiger Neuro-irgendwas. Süß, wie Tom Selleck ohne Schnäuzer. Er will mit jedem reden, wie man sich fühlt so ohne Schlaf, wann es angefangen hat und so weiter.

Natürlich will er auch mit mir reden. Wir sitzen an einem Tisch im Café, er, ich und Maggie O'Connell, die seine Assistentin geworden ist, und er sagt zu mir: „Shelly, schlafen Sie manchmal nachts kurz ein? Oder schauen Sie aus dem Fenster und haben Tagträume?"

Ich sage: „Wie bitte? Tagträume bei Nacht?"

Er lächelt charmant und sagt: „Phantasien, meine ich natürlich."

Als ob ihn das irgendwas anginge! Ja, natürlich hab' ich Phantasien. Aber was hat das mit Schlafen zu tun? Ich weiß es nicht, Tawni. Es ist, als wäre ich eines Tages aufgewacht – ohne geschlafen zu haben, wenn das Sinn macht, was ich bezweifle, obwohl es irgendwie genau da drauf ankommt . . . Ich wachte also auf und sah Ed, wie er wirklich ist, und jetzt habe ich dieses Bild von MÄNNERN im Kopf. Sie sind kaum zu ertragen. Habe ich nicht recht? Mit ihrem plumpen Gehabe und ihren JACKETTS?

Und wenn Du einmal sowas im Kopf hast, sieht gleich die ganze Welt anders aus. Ich meine, wir FRAUEN, was haben wir nur mit diesen MÄNNERN? Maggie hat mich das mal gefragt, aber da war sie betrunken und sowieso unheimlich hart drauf, und ich dachte, gut, sie hat Depressionen, meint es also nicht wirklich so. Aber jetzt wird mir klar, was sie gemeint hat. Warum müssen wir andauernd versuchen, ihnen zu gefallen? Natürlich geben auch sie sich manchmal Mühe, uns zu gefallen. Manchmal. Aber was sie dann machen, ist so DUMM! Warum gefällt uns das dann bloß? Sind wir vielleicht auch dumm? Das wollen wir aber nicht sein, oder?

Nicht Holling natürlich, der ist wirklich süß. Ich sehe zwar, auch er hat diese ganzen Männersachen drauf, aber ich kenne ihn gut genug, um zu wissen, daß er da irgendwie nicht aus seiner Haut kann, also verzeihe ich es ihm. Wie heute früh, als wir unserer normalen Kundschaft Frühstück servierten und das Radio lief. Der einzige DJ bei unserem Lokalsender heißt Chris Stevens. Er macht die Sendung „Chris zur Morgenstund", in der er redet, Sachen vorliest und Platten auflegt. Das lief also wie immer, und Chris redete über irgendwelches kosmisches Zeug, wie er das immer tut. Ich glaube, er ist wegen irgendwas total sauer auf mich . . . Plötzlich sieht Holling ganz KRANK aus.

„Tut mir leid, Leute“, sagt er laut. „Aber aus irgendeinem Grund kann ich diesen Typen zur Zeit einfach nicht ab.“ Und er geht zum Radio und WECHSELT DEN SENDER.

Natürlich protestieren alle lautstark, aber zumindest hat er diesmal nicht Maurice erwischt, der ununterbrochen nur Musicals spielt. Im letzten Jahr hat Maurice nämlich Chris einmal verprügelt und gefeuert, weil der Walt Disney einen Homosexuellen genannt hatte, und sich dann selbst hinters Mikro geklemmt. Maurice gehört nämlich der Sender.

Als Holling nun einen anderen Sender suchte, konnte er nur National Public Radio reinkriegen. Frag mich nicht warum, denn der Sender sitzt ja in Seattle, aber das hat wohl auch mit diesen Sonnenflecken und dem Magnetfeld usw. zu tun. Da laufen ununterbrochen Nachrichten! Keine Musik! Nicht mal Werbung! Außer für Uhren, denn sie bringen ununterbrochen Zeitansagen und reden dabei immer von der „vollen Stunde“.

Bevor das alles hier losgegangen ist, hätte ich mir das angehört und mir vermutlich nichts dabei gedacht, weil ich geglaubt hätte, was im Radio kommt, wird schon einen Sinn haben. Aber jetzt, mit meiner neuen Einstellung zum Leben, da denke ich: Halt mal, WELCHE STUNDE??? Denn wer hat die Zeitansage gemacht? Richtig: EIN MANN! So wird mir allmählich klar: Wenn du erst mal aufhörst, alles zu glauben, was Männer sagen, und anfängst selbst Fragen zu stellen, wirst du verdammt viel intelligenter.

Küßchen,
Shelly

4. April

Lieber Lou,

noch mal vielen Dank für Deine Hilfe gegen Arthur B. Marone. Wir haben von Culpepper, seinem Anwalt, nichts mehr gehört, gehen also davon aus, daß er die Sache fallengelassen hat.

Zu Deinen anderen Fragen: Ja, wir alle hier in Cicely sind seit Ende Februar ununterbrochen wach. Allmählich hinterläßt das bei einigen deutliche Spuren. Es gibt zum Beispiel einen jungen Mann, Chris Stevens, der sogar einmal mein Partner war bei einem Geschäft, das ich machen wollte, um meine Einkommensteuer bezahlen zu können. Das Geschäft klappte dann allerdings nicht, und wir trennten uns wieder, in aller Freundschaft. Ich habe ihn immer gern gemocht.

Aber in letzter Zeit ist er mir nur noch ein Dorn im Auge. Es gibt Tage, da würde ich ihm am liebsten die Fresse einschlagen.

Und so geht es jedem in Cicely, Lou: Jeder möchte irgendeinem anderen in die Fresse schlagen. Ed Chigliak kam heute nachmittag ins Café und sah aus, als suchte er Streit. Ich fragte ihn, was mit ihm los wäre, und er sagte: „Es ist wegen Maurice.“ (Minnifield natürlich.) „Er geht mir total auf die Nerven. Ich habe meinen Job bei ihm hingeschmissen. Soll jemand anders zu Dr. Fleischman gehen und ihm etwas ausrichten.“ Als ich Ed fragte, was Maurice denn getan hätte, daß er so wütend war, sagte er: „Weiß nicht. Aber etwas muß es sein.“ Bevor ich weiterfragen konnte, fügte er hinzu: „Wissen Sie, wozu ich mich entschlossen habe?“

„Wozu?“

„Ich habe beschlossen, mein Leben zu ändern. Schluß mit den Albernheiten. Ich will nicht mehr der nette Junge sein. Jetzt beginnt der Ernst des Lebens. Jetzt gehe ich meinen Weg, ohne nach links oder rechts zu sehen. Der Zweck heiligt die Mittel. Im Leben zählt nur Erfolg.“

„Ed, das klingt überhaupt nicht nach dir“, sagte ich.

„Ich weiß.“ Er nickte. „Das kommt wohl von dem Ärger mit Maurice.“

Nun, ich war nur allzu bereit zuzugeben, daß Maurice einen ganz schön wütend machen kann. „Aber wenn wir über Leute sprechen, die einen aufregen, denk mal an Chris zum Beispiel . . ."

„Ich habe überhaupt nichts gegen Chris, Holling", unterbrach mich Ed.

Ich erwiderte: „Nun, du hast natürlich ein Recht auf deine Meinung."

Er nickte, lächelte und sagte: „Danke". Dann setzte er ein wenig überrascht hinzu: „Habe ich das wirklich?"

Ich weiß, daß Shelly aus irgendeinem Grund sauer auf Ed ist, aber ich kann mir beim besten Willen nicht vorstellen, warum.

Dein Holling

Ms. Kim Basinger
c/o Weisman, Miller and Davis
1100 Avenue of the Movie Stars
Century City, Kalifornien

4. April

Sehr verehrte Ms. Basinger,

ich hoffe, Sie halten mich nicht für aufdringlich, aber ich habe unlängst in einer Illustrierten den Namen Ihres Anwalts gefunden, und da beschloß ich, mich über ihn an Sie zu wenden. Ich habe gelesen, daß Sie vor etwa einem Jahr eine Stadt gekauft haben. Eine großartige Idee. Jetzt können Sie dorthin gehen, wann immer Sie wollen, und müssen keine Angst haben, daß sie geschlossen ist. Wenn Sie ein Lebensmittelgeschäft oder eine Reinigung aufmachen wollen, können Sie das tun, weil Ihnen ja die Stadt gehört. Sie können sogar einen speziellen Kim-Basinger-Tag einführen und sich selbst den Schlüssel zur Stadt überreichen, obwohl Sie den wahrscheinlich gar nicht brauchen, weil man Ihnen natürlich einen gegeben hat, als Sie die Stadt kauften. Aber es kann nie schaden, einen Ersatzschlüssel zu haben.

Deshalb schreibe ich Ihnen. Ich lebe in Cicely, einer Kleinstadt in Alaska. Es ist eine ganz gewöhnliche Stadt, mit einer Ausnahme: Seit ungefähr einem Monat hat hier niemand mehr geschlafen. Nicht weil die Nachbarn zu laut Musik machen oder weil wir uns um die wirtschaftliche Lage unseres Landes sorgen. Es ist etwas am Magnetfeld der Erde, das unser Schlafbedürfnis einfach abgestellt hat.

Deshalb dachte ich, daß Sie vielleicht daran interessiert wären, Cicely zu kaufen. Es ist der ideale Ort zum Arbeiten. Natürlich haben die meisten von uns nicht viel zu tun. Aber bei Ihnen als Filmstar ist das bestimmt anders.

Ich weiß, das ist kaum zu glauben, aber es ist wahr. Haben Sie Interesse? Ich weiß nicht, was die Stadt kosten wird, bin jedoch sicher, daß wir uns schon einig würden. Sie können mir an die angegebene Adresse schreiben. Keine Sorge, ich meine das ganz ernst, denn ich habe beschlossen, ganz ich selbst zu sein.

Hochachtungsvoll?
Ihr Ed Chigliak

Mr. Jason de Brettville
Genealogische Datenbank
Boulder, Colorado

5. April

Sehr geehrter Mr. de Brettville,

danke für Ihre an mich adressierte Postwurfsendung vom 24. März. Leider haben Sie einen Fehler gemacht. Mein Name ist nicht Whirl, also habe ich auch kein Interesse an einem Computer-Stammbaum, der meine möglichen Ahnen bis nach Wales oder England zurückverfolgt. Mein Ehemann heißt nicht Wind, daher interessiert mich nicht, ob er mit Herbert Warren Wind verwandt ist, der im New Yorker über Football geschrieben hat. Ich bin nicht verheiratet. Mein Name ist Whirlwind, nicht Whirl-Wind.

Mit freundlichen Grüßen,
Marilyn Whirlwind

Lieber Onkel Anku, 5. April

ich hoffe, es geht Dir besser. Eine Woche im Providence-Hospital ist doch nicht so schlimm. Du siehst etwas von Anchorage, wenn auch vermutlich nur durchs Fenster. Ich habe gehört, es gibt dort Kabelfernsehen. Das Essen ist dafür wahrscheinlich entsetzlich. Nichts ist vollkommen.

Hier in Cicely ist alles beim alten. Dieser Dr. Robertson aus Philadelphia, Maggie O'Connell und Dr. Fleischman sind heute nachmittag zu mir gekommen, um mich zu interviewen. Ich war zu Hause, mit Vorarbeiten zu meinem ersten Film beschäftigt. In dieser Produktionsphase bedeutet das hauptsächlich, eine Liste der Dinge aufzustellen, die ich erledigen muß, sobald ich ein Drehbuch und Geld habe. Ich arbeite noch immer gelegentlich für Holling, und Ruth-Anne braucht jede Menge Hilfe im Laden, besonders bei der Post. Jeder hier schreibt ununterbrochen Briefe und läßt sich Kataloge und Zeitschriften schicken. Alle außer Ruth-Anne. Sie sagt, sie hat keine Zeit, irgend etwas zu schreiben neben den Bestellungen für ihren Lebensmittelgroßhändler. Aber das stimmt nicht ganz. Sie hat ein Schild geschrieben, das wir gestern ins Schaufenster gehängt haben. Das steht drauf:

AN ALLE BIBLIOTHEKSBENUTZER
GROSSE AMNESTIE

Alle Bücher sind ausgeliehen. Keines ist je zurückgebracht worden. So geht das nicht! Lest die Bücher aus und bringt sie zurück, damit andere sie auch lesen können! Die normalen Strafgebühren werden von heute an für eine Woche ausgesetzt. Bringt sie einfach rein und legt sie hin. Es werden keine Fragen gestellt.

Nach der Amnestiewoche tritt eine neue Strafgebührenordnung in Kraft. Jeder Tag Überziehung der Leihfrist kostet dann:

Zwei Cents ($ 0,02)

Wer die Strafe nicht bezahlt, wird von der Bibliotheksbenutzung ausgeschlossen.

IHR SEID GEWARNT!

Von Dr. Robertson, Dr. Fleischman und Maggie interviewt zu werden, war sehr interessant. Mike fragte mich, wann ich zum ersten Mal eine Nacht aufgeblieben wäre und wie ich mich dabei gefühlt hätte. Ich antwortete, ich hätte mich wach gefühlt. Dann fragte er, wie ich mich jetzt nachts fühle. Ich sagte, genauso wie tagsüber. Er fragte, ob ich trinke, und ich bejahte natürlich. Er sagte: „Trinken Sie je zuviel?" Ich sagte, eigentlich nicht. Er fragte mich, ob ich vom Trinken je einen Filmriß bekommen hätte. Ich erklärte ihm, daß mein Film erst in der Anfangsphase ist und ich noch gar nicht drehe.

Er lachte und sagte: „Ed, mein Freund, ich meine natürlich *Feuerwasser*."

Da habe ich auch gelacht und gesagt: „Oh, Sie meinen alkoholische Getränke." Ich erklärte ihm, daß ich keinen Alkohol trinke. Nur Bier.

Es folgten noch ein paar Fragen, und Maggie und Dr. Fleischman besprachen irgend etwas. Dann fragte Mike: „Ed, würden Sie sich freiwillig einem EEG unterziehen?“ Ich glaubte, er hätte sich versprochen, und sagte: „Meinen Sie nicht ein EGG?“ Sie lachten, und ich lachte auch, obwohl ich mich fragte, was das wohl heißen sollte, sich freiwillig einem Ei zu unterziehen. Dann wurde mir klar, daß sie vermutlich meine Reflexe testen wollten, indem sie mit einem Ei auf mich warfen, und ich sagte in Ordnung und fragte sie, wann sie das tun wollten. Mike sagte, sobald sie eines aus Anchorage mieten könnten. Ich fragte: „Mieten? Es geht doch dabei kaputt. Können Sie denn nicht eins kaufen?“

Dr. Fleischman lachte und sagte: „Ed, haben Sie denn eine Vorstellung, was so ein Ding kostet? Ich würde schätzen – und korrigieren Sie mich, Mike, wenn ich falsch liege –, so 85 oder 90, in der Größenordnung.“

Ich war völlig verdattert: „85 Cents? Für eins?“

Dr. Fleischman verbesserte mich: „Dollar, Ed. Tausend Dollar. Also 85 000 Dollar.“

Ich fragte: „Aber warum müssen Sie es aus Anchorage holen? Meine Tante Julia züchtet Hühner.“

Einen Moment lang sahen sie sich verdutzt an. Dann fragte Dr. Fleischman: „Was ist das, ein Beispielsatz aus dem Sprachlabor? Meine Tante Julia züchtet Hühner?“

Auch Maggie sah mich so komisch an: „Also Ed . . . was heißt das?“ „Nun“, sagte ich, „sie kann Ihnen ein Dutzend für einen Dollar verkaufen.“

Es stellte sich heraus, daß sie von einem komplizierten wissenschaftlichen Apparat sprachen, während ich gedacht hatte, es ginge um Eier! Wir lachten uns halb tot. Dann stritten sich Maggie und Dr. Fleischman wegen irgendwas, Mike redete über ganz was anderes, und schließlich warfen sich Maggie und Dr. Fleischman Schimpfworte an den Kopf. Es war also alles so wie immer.

Ich hoffe, Du bist bald wieder gesund.

Dein liebender Neffe,
Ed

5. April

Liebe Jen,

nein, nein, *Du* bist diejenige, die sinnvolle Arbeit bei einem wichtigen Institut leistet. Du hast mir gar nicht erzählt, daß Du einen Artikel für National Geographic geschrieben hast! Ich fand ihn zufällig und bin sehr stolz auf Dich.

Was mich betrifft, danke, aber nein, ich bin nicht Fleischmans Assistentin. Die Patienten kommen rein, und ich gebe ihnen Nummern. Ja, manchmal befiehlt mich Fleischman auch ins Allerheiligste mit einem kühlen, geschäftsmäßigen „O'CONNELL!" Normalerweise will er dann, daß ich aufschreibe, was er über den Zustand eines Patienten diktiert. Ein Beispiel:

FLEISCHMAN: Patient ist männlich, kaukasischer Abstammung, 34 Jahre alt. Symptome sind u. a. Kopfschmerzen, Myalgie, Arthralgie, etwas Durchfall. Splenomegalie und Hepatomegalie möglich . . .

ICH: Einen Moment, Fleischman, nicht so schnell.

FLEISCHMAN: Vorwärts, O'Connell, nicht so lahm. Das ist das Tempo des wissenschaftlichen Fortschritts! Puls und Atmung unregelmäßig, Spuren von fleckigem Ausschlag am Oberkörper . . .

ICH: Reden Sie bei Marilyn auch so schnell?

FLEISCHMAN: Marilyn tut das nicht. Sie weigert sich, Diagnosen aufzunehmen.

ICH: Deswegen sprechen Sie mit mir doppelt so schnell, um die verlorene Zeit aufzuholen?

Außerhalb der Praxis sind Fleischman, Michael und ich inzwischen wie . . . Ich weiß nicht . . . Wie eine Kreuzung aus „Die Zeit nach Mitternacht" und „M∗A∗S∗H".

Daraus entstehen dann Szenen wie die mit Ed Chigliak, den wir interviewt haben. Ed ist achtzehn, Indianer, sehr nett und ein bißchen naiv – zumindest glaube ich das. Vielleicht ist es aber auch eine subtile Form höherer Weisheit. Jedenfalls lag er auf seinem Bett und kritzelte irgend etwas. Michael stellte ihm ein paar Standardfragen, wie er diesen anormalen Zustand erleben würde, und Ed gab seine gewöhnlichen oberflächlich-tiefgründigen Antworten. Es entstand ein Mißverständnis über ein EEG, das wahnsinnig komisch war. Zumindest Ed hielt es für wahnsinnig komisch. Und ich auch. Aber während wir uns halb tot lachten, sah Fleischman zu Michael rüber, als wartete er auf ein Stichwort. Als Mike sich also ein höfliches, gezwungenes Lachen abrang, zeigte Fleischman sein übliches falsches Grinsen. Dasselbe Gesicht zieht er, wenn er aufgefordert wird, an einem Stammestanz teilzunehmen. Und dann sagte er: „Hm, können wir jetzt wieder zur Sache kommen?“

Ich sagte: „Was ist los mit Ihnen, Fleischman, haben Sie Angst, ein bißchen Gelächter könnte die wissenschaftliche Exaktheit Ihrer Untersuchungen gefährden?“

„Entschuldigen Sie, O'Connell“, erwiderte er auf seine übliche pedantische Art, „aber wir befinden uns zufällig inmitten der erstaunlichsten medizinischen Anomalie seit der Legionärskrankheit, und ich finde, dieser vor unseren Augen ablaufende Prozeß verdient unsere volle Aufmerksamkeit.“

„Was heißt das, Fleischman? Dieser vor unseren Augen ablaufende Prozeß? Wo um alles in der Welt haben Sie nur so reden gelernt?“

„Speziell jetzt“, fügte er rasch hinzu, „da wir eine weltbekannte Autorität hier haben, einen Wissenschaftler, der den weiten Weg nicht gescheut hat, um uns bei unserer Untersuchung zu helfen, trotz der Tatsache, daß seine wertvolle Zeit knapp bemessen ist. Ich weiß natürlich, Mike, daß Sie für sich selbst sprechen können, aber ich bin sicher, daß Sie nicht hergekommen sind, um sich einen Haufen . . .“

„Einen Haufen was, Fleischman?“ warf ich ein. „Denken Sie sich ja was Gutes aus!“

„. . . einen Haufen von . . . lokalem . . . folkloristischem . . . ethnischem . . . alaskischem Indianerhumor anzuhören, der bestenfalls von rein anthropologischem Interesse ist.“

„Wie können Sie nur!“ Entsetzt wandte ich mich an Ed. „Es tut mir leid, Ed. Fleischman meint das nicht so.“

„Ist okay, Maggie", sagte Ed lächelnd. „Ich habe es sowieso nicht verstanden."

„Ist ja gut", murmelte Michael. „Beide Seiten haben auf ihre Weise recht. Aber können wir jetzt mit den Fragen fortfahren? Ed, ich bin sicher, Sie möchten uns möglichst bald los werden . . ."

„Nein, eigentlich nicht. Es war mir gerade ein bißchen langweilig so ganz allein hier."

„Also machen wir Schluß." Michael unterbrach sich und sagte dann: „Obwohl es bewundernswert war, wie Maggie gerade Ed verteidigt hat."

Fleischman murmelte halblaut: „Ja, sie ist eine Heilige." Und dann: „Hören Sie Mike, zu diesem Reckstoffen-Experiment, ich glaube immer mehr, daß es hier nicht zutrifft."

Ich sagte: „Nicht das schon wieder. Worum geht es da eigentlich?"

„Nichts, O'Connell."

„Nichts, worüber Sie sich Ihr hübsches Köpfchen zerbrechen müßten, Maggie", ergänzte Michael. „Vielleicht haben Sie recht, Joel. Ich möchte mehr von Ihren Theorien hören."

„Freut mich, Mike", meinte Fleischman gebauchpinselt. „Jederzeit."

Ist das nicht erschütternd? Fleischman erleichtert zu sehen, daß der große Neurologe ihn immer noch *mag,* immer noch denkt, er gehört zum Team. Ist das eine typische Männersache, oder ist nur Fleischman so? Obwohl sein Verhalten absolut widerwärtig war, so verächtlich über Ed zu reden, der, wie jedermann hier weiß, ein origineller Typ ist und durchaus seine eigene Meinung hat. Aber natürlich war Fleischman seine Situation peinlich. Er wollte dem großen Kollegen aus der Stadt demonstrieren, daß er zwar im dumpfen, rückständigen Cicely lebt, aber innerlich nichts damit zu tun hat. Und mir fiel es wie Schuppen von den Augen: Fleischman ist ein Snob!

Ich hatte gerade begonnen, diese Erkenntnis zu verdauen, als Michael hinzufügte: „Denn meine Zeit hier wird sehr kurz sein." Dann sah er mich an: „Zu kurz."

Unsere Blicke trafen sich. Fleischman bemerkte das, räusperte sich vernehmlich, stand auf und ging im Raum herum. Schließlich sagte er: „Also Ed, wegen diesem EEG . . .“

Habe ich eigentlich erwähnt, daß er aussieht wie Marcello Mastroianni? Ein bißchen zumindest? Michael natürlich.

Danke übrigens, daß Du mir so lange zuhörst. Es ist schön, eine Freundin zu haben, der man in dieser seltsamen Situation sein Herz ausschütten kann. Und es ist doch seltsam? Oder liegt es vielleicht nur an mir? Du brauchst darauf nicht zu antworten.

Bald mehr,
Maggie

5/4

Lieber Alexander Solschenizyn,

können Sie das fassen? O'Connell arbeitet jetzt für mich. Glauben Sie mir: Das ist mehr als seltsam. O'Connell als meine zweite Sprechstundenhilfe? Ich kann mich nicht entscheiden, ob das eine gute Idee oder ein Alptraum ist. Einerseits ist sie die cleverste Frau in dieser Stadt, und ich muß keine Angst haben, daß meine Ideen bei ihr auf gänzlich unfruchtbaren Boden fallen wie sonst in dieser geistigen Wüste. Meine andere Sprechstundenhilfe versteht es höchstens, aus meinen Einfällen Raben oder Motten zu machen, die sie dann geheimnisvoll an mich zurückschickt.

Andererseits ist O'Connell kolossal reizbar und gleichzeitig *selbstgerecht,* wie das Leute eben so sind, die der (meinetwegen oberen) Mittelschicht entstammen und hierher kommen, um die unbegrenzte Freiheit der Wildnis zu erleben. Sie fliehen vor der erstickenden Enge ihres langweiligen, farb- und emotionslosen Spießerlebens in die klare, saubere Luft und aufrichtige Rückständigkeit dieses paläolithischen Alaska, wo jeder, der ein Buch gelesen hat oder einmal in der Oper war, als todgeweihtes, verkrüppeltes, neurasthenisches Sensibelchen gilt, das in jeder Umgebung, die etwas rauher ist als eine Eisbar in Soho, lebensunfähig ist.

Sie hält mich für arrogant. Sie hält mich für *eingebildet.* Sind wir denn hier im Kindergarten? Wir gehen Ed Chigliak interviewen. Und nach einem amüsanten kleinen Zwischenspiel, bei dem wir alle über ein Mißverständnis von Ed lachen, schlage ich vor, daß wir uns wieder mit den Dingen befassen, die sich da vor unseren Augen abspielen.

Sofort geht sie auf mich los. „Fleischman", sagt sie, „was ist verkehrt an ein bißchen Spaß?"

Das ist genau diese Art von „menschlichen" Fragen, wie sie viele Leute stellen, die sich zutiefst um die Qualität des amerikanischen Gesundheitswesens sorgen und die gleichzeitig Idioten sind. Es kotzt mich an, daß ich darauf reagieren muß.

„Überhaupt nichts, O'Connell", zwinge ich mich zu sagen und bestätige wortreich, daß ich den Humor für eine der wichtigsten Voraussetzungen zu einem erfüllten, glücklichen Leben halte. „Aber wir haben es hier mit keiner unbekannten Krankheit wie der Legionärskrankheit zu tun. Das hier ist eine höchst erstaunliche, verblüffende Anomalie, die sämtlichen Gesetzen der Medizin und Physik widerspricht."

Aber sie hat sich in den Kopf gesetzt, vor Mike aufzutrumpfen, und spielt deshalb die sensible Verkünderin der einfachen Lebenswahrheiten. Ihre nächste Salve gegen mich: „Wo haben Sie gelernt, so zu reden, Fleischman?"

„Im Medizinstudium, O'Connell", entgegne ich – allmählich sind wir ein eingespieltes Komikerduo – und fahre in unserer exzessiven Frotzelei fort, während Mikes kostbare Zeit ungenutzt verrinnt. Ich entschuldige mich bei Ed, daß wir auch seine Zeit verschwenden, aber er amüsiert sich großartig, sitzt mit ausgestreckten Beinen aufrecht auf seinem Bett, lächelt und dreht den Kopf zwischen O'Connell und mir hin und her. Auf seinem Schoß hält er einen Block und einen Bleistift und sieht aus wie ein Tennisschiedsrichter, der den Spielverlauf protokolliert.

Und jetzt sage ich Ihnen etwas, das ich selbst gerade erst erkannt habe: Was O'Connell wirklich ärgert, ist, daß DER

WIND SICH GEDREHT HAT. Natürlich! Als ich hierher kam, war ich ein Fremder in ihrer Welt. Sie kannte das Land, die Leute, die Sitten und Gebräuche. Sie war hier zu Hause. Sie war freiwillig hier, während ich nur unter dem Druck einer drohenden Geld- oder Gefängnisstrafe hergekommen war! Also war ich natürlich ein Schlemihl. Aber jetzt sind wir mitten in dieser medizinischen Forschung, und SIE ist auf fremdem Gebiet. SIE muß mich jetzt fragen, was Fachausdrücke bedeuten! SIE kennt die Regeln und Traditionen nicht!

Kein Wunder deshalb, daß sie sich Mike zuwendet. Nicht, daß er etwa nicht attraktiv wäre! Nein, auf seine Art ist er durchaus ein attraktiver Mann. Das heißt, wenn man diese gehemmte, untergründig schwelende Art mag. Aber das ist schändlich. Ich meine, der Mann ist kaum eine Woche hier, und O'Connell zeigt ihm gegenüber bereits geradezu einen widerwärtigen Tropismus . . . Ohne jedes Gespür für Zurückhaltung oder Takt. Dieses andauernde Schäkern, das vielsagende Lächeln, die aufmerksam aufgerissenen Augen . . . Ich bin tief enttäuscht. Ich denke . . . Ich weiß nicht . . . Jedenfalls hätte ich gedacht, daß sie höhere Ansprüche hat und sich nicht dem erstbesten gutaussehenden, charmanten, weltberühmten Wissenschaftler an den Hals werfen würde.

Ich weiß, was Sie jetzt denken . . . Aber nein, ich bin nicht eifersüchtig. Ich will sie gar nicht. Sie ist zu . . . zu bissig und überheblich, zu streitsüchtig und selbstgerecht. Außerdem hat sie dieses leichte Lispeln, das mich ansteckt, wenn wir streiten, so daß ich dann selbst anfange zu lispeln. Wir sind wie zwei Katzen, die sich anfauchen. Nein, das ist es wirklich nicht . . . Aber ich bin beleidigt. Diese Kampfhaltung, dieses Ich-und-Michael-gegen-Joel, dieses andauernde Sticheln und Verletzen: Muß ich mir das gefallen lassen?

Übrigens kennen Sie mich gar nicht. Ich bin ein dreißigjähriger jüdischer Arzt aus New York, und Sie sind ein ich weiß nicht wie alter weltberühmter nichtjüdischer russischer Exilschriftsteller. Aber jemandem mußte ich schreiben. Und der Gedanke, irgendeinen meiner Freunde über die letzten Entwicklungen hier zu informieren, war zu schmerzhaft. Als ich diesen Brief begann, da schrieb ich einfach „Lieber“, in der Annahme, ich würde schon jemanden finden, dem ich den Brief schicken könnte, wenn er erst einmal geschrieben wäre. Und ich fand Sie. Weil ich weiß, daß Ihnen das alles völlig egal ist. Sie stehen über solchen Dingen. ICH NORMALERWEISE AUCH, ABER MAN HAT MICH HIER IN DIESES GOTTVERDAMMTE ALASKA GESPERRT.

Ich bin also ein Gefangener, wie Sie es auf Ihre Art auch sind. Ich weiß, das klingt komisch. Ich hatte nie gedacht, daß ich etwas mit Alexander Solschenizyn gemeinsam haben könnte, aber hier ist zweifellos eine Parallele zwischen unseren aktuellen Lebensumständen zu erkennen. Oder nicht?

Ich bin Ihnen durchaus nicht böse, wenn Sie diesen Brief einfach wegwerfen. Sie müssen mir auch nicht antworten. Habe ich übrigens Alexander richtig geschrieben? Oder nennen Sie sich Aleksandr oder so ähnlich? Wie lautet die Regel? Amerikanisieren Sie Ihren Namen, solange Sie hier sind, und füllen ihn wieder mit Konsonanten auf, wenn Sie nach Rußland zurückgehen? Gibt es Rußland überhaupt noch?

Wie ich an Ihre Adresse kommen soll, das ist mir egal. Ich schreibe einfach „Alexander Solschenizyn, Vermont“. Und wette hundert Dollar, daß der Brief ankommt. Es sei denn, Sie leben in New Hampshire. Ich weiß, Sie leben in einem der beiden Staaten. Jetzt mache ich besser Schluß. Danke fürs Zuhören. Man braucht kein Maschinenbauingenieur zu sein, um zu begreifen, daß es gut ist, Dampf abzulassen.

Hochachtungsvoll,
Anonymus

7. April

Lieber Stan,

tut mir leid, aber ich werde Sie in zwei Wochen nicht wie vereinbart von Prudhoe nach Anchorage fliegen können. Gezwungenermaßen lege ich derzeit eine Pause ein. Ich würde Ihnen vorschlagen, sich an Lena von Talkeetna Transport oder an Tommy von YakuTaxi zu wenden.

Wegen des nächsten geplanten Flugs melde ich mich rechtzeitig bei Ihnen. Vielleicht fliege ich dann wieder, vielleicht aber auch nicht. Ich weiß es nicht. Es tut mir leid, auch nur diesen einen Trip auszulassen. Es macht mir nämlich großen Spaß, Sie und Ihre Jungs von der Station am Ende der Pipeline abzuholen. Sie sehen immer so schrecklich aus, wenn sie aus diesem entsetzlichen Wohncontainer kommen und sich mühevoll übers Eis schleppen. Ich komme mir dann immer wie eine Heldin vor, die Flüchtlinge ausfliegt.

Aber wen versuche ich da hinters Licht zu führen? Sie wissen ebensogut wie ich, was ich wirklich vermissen werde. Ja, richtig: *den Kuchen.* Die Doughnuts, Eclairs und das Blätterteiggebäck. Noch immer frage ich mich, warum? Kriegen sie so die Leute dazu, dort oben zu arbeiten? Arbeiten Sie an der Pipeline Alaskas und leben wie auf dem Neptun mit einem unbegrenzten Nachschub an Streuselkuchen? Oder ist dieses Gebäck für harte Ölbohrerseelen auf eine Art wichtig, die eine Frau niemals verstehen wird?

Jedenfalls wünsche ich Ihnen schöne Ferien. Sie hören in einem Monat wieder von mir. Entschuldigen Sie die Unannehmlichkeiten.

Beste Grüße,
Maggie O'Connell

An den Postminister
Postministerium
Washington, D.C.

8. April

Sehr geehrter Herr Minister,

ich schreibe Ihnen wegen Ruth-Anne Miller, Postbeamtin von Cicely, Alaska, außerdem noch Ladenbesitzerin und Bibliotheksleiterin. Sie weiß nicht, daß ich Ihnen schreibe, aber zur Zeit ist sie so beschäftigt, daß sie nicht einmal weiß, wo ihr der Kopf steht.

Nun ist es so, daß wir normalerweise hier sehr wenig Post bekommen. Aber seit wir nicht mehr schlafen, schreibt jeder in Cicely einen Haufen Briefe. Und Sie wissen, wie das mit Briefen ist. Ein Mann kann ja wohl kaum Postminister werden, ohne ein Briefexperte zu sein. Was ich meine, ist: Briefe sind wie Samen.

Als ich gerade diesen letzten Satz schrieb, dachte ich nicht wirklich, daß Briefe wie Samen sind. Aber als ich dann länger darüber nachdachte, warum das nicht so ist, da fiel mir nichts ein. Also sind Briefe vielleicht doch wie Samen. Tatsache ist jedenfalls, daß Ruth-Anne jetzt Hilfe beim Erledigen der Post braucht. Sie braucht auch einen Gabelstapler. Könnten Sie ihr einen schicken? Sie braucht weiterhin ein eigenes Gebäude für das Postamt und dann natürlich auch einen Beamten, der das Postamt leitet. Ich kann Ihnen zwar nicht alles genau erklären, aber sicher ist, daß wir vor drei Monaten noch ungefähr 3000 Briefe in der Woche für die ganze Stadt bekamen. Jetzt sind es etwa 15 000.

Und dabei sind die Kataloge, Broschüren, Zeitschriften und Postwurfsendungen noch nicht mal mitgezählt. Vieles davon stecken wir einfach in eine Tonne und lassen die Leute sich selbst bedienen. Das Papier eignet sich gut zum Feueranzünden, aber was sollen wir im Sommer damit machen? Deshalb meine Bitte: Könnten Sie ein Gesetz erlassen, daß es künftig verboten ist, Postwurfsendungen nach Cicely zu schicken? Das würde Ruth-Annes Arbeit sehr erleichtern. Und Sie sind ja schließlich der Minister.

Hochachtungsvoll,
Ed Chigliak

9/4

Lieber Pop,

ich hatte gestern eine Erleuchtung, die ich Dir unbedingt mitteilen will. Ich fuhr nach Hause, und es regnete. Und vor mir, am Rand der beinahe guten Straße, die vom quasi exzellenten Highway zu meinem Haus führt, sah ich zwei Rehe, die an Zweigen knabberten. Ein Gedanke gab den nächsten, bis ich plötzlich eine Offenbarung hatte und ein tiefes Verständnis der Natur: *Tiere leben immer draußen.*

Was ich damit sagen will: Mir wurde klar, daß das Draußen nicht der Ort ist, zu dem das Tier morgens um neun geht, um seinen Beruf auszuüben, wo es den Tag über bleibt, um zum Abendessen dann in sein *Zuhause* zurückzukehren. Draußen ist sein wirkliches Zuhause und sein *Arbeitsplatz,* und seine *Arbeit* ist es, Tier zu sein. Wenn es regnet oder schneit – und das tut es –, sie *bleiben dort.* Sie müssen! Sie sind Tiere!

Verstehst Du, was ich sagen will? Die Rehe wurden im Regen naß, aber das war keine Unannehmlichkeit für sie, bedeutete nicht, daß etwas nicht in Ordnung wäre. Sie sind Rehe, Tiere, also leben sie draußen. Was passiert, wenn Du draußen lebst? Du wirst vom Wetter affiziert. Das ist ein Teil des Draußenseins, das Wetter meine ich.

Auch jetzt sind sie dort! Auf der ganzen Welt sind gerade in diesem Augenblick Tiere draußen. Und hier ist es *kalt.* Es ist Nacht, dunkel, kalt, und dennoch sind alle diese Rehe und Elche und Karibus draußen; selbst wenn sie schlafen, sind sie draußen.

Ich finde das ungemein beeindruckend. Ich glaube, ich habe die Tiere immer unterschätzt.

Ich hoffe, Mom und Dir geht es gut. Ich schreibe bald wieder.

Alles Liebe,
Joel

9. April

Liebe Katherine,

Grüße nach Bryn Mawr aus dem 49. Staat. Ich bin sicher der letzte, von dem Du ein Lebenszeichen erwartetest. Trotz des einen Abends, den wir miteinander verbrachten und der, wie ich schon damals sagte, wohl schwer zu vergessen sein wird. Ich habe ihn nie vergessen.

Du denkst bestimmt, ich spiele damit auf unsere körperliche Vereinigung an, und du hast damit natürlich recht. Aber was Du nicht weißt, ist, wie Du mich später noch beeinflußt hast, als Du schon aus Cicely abgereist warst. Denn ich kehrte danach zu dem Problem zurück, das mich beschäftigt hatte, bis ich Dich an Baker's Point kennenlernte.

Ich war ziellos umhergeirrt, auf der Suche nach einer Inspiration. Die fand ich in Dir verkörpert, wie Du da gegen einen Baumstamm gelehnt saßest, Dein Zelt daneben, ein Bild der ruhigen Vertiefung in das Buch auf Deinem Schoß: „Der Steppenwolf". Wir redeten, ein Stromkreis schloß sich zwischen uns, und ich nahm Dich mit nach Kiniamshet Meadow, damit Du mein gerade entstehendes Werk betrachten konntest: einen kleinen Hügel von alten Autoreifen. Ich hatte ihn im Laufe mehrerer Wochen aufgetürmt, er sollte eine Ansammlung von schwarzen Ösen eines Riesen inmitten einer grünen Wiese darstellen. Das Werk entsprach meinen Absichten, war aber noch unfertig. Ein letztes Element fehlte.

Du sahst wenig begeistert aus, sagtest aber: „Nun, zumindest ist es eine gute Verwendung für alte Reifen. Dafür haben Sie einen Orden verdient."

Ich lächelte, wir gingen zu Deinem Platz zurück und verbrachten einen ekstatischen Abend in Deinem Zelt. Deine Schreie und mein Lachen hielten sicher die Wölfe wach. Am nächsten Morgen küßtest Du mich zum Abschied und verschwandest in meine Erinnerung. Aber der Same, den Du in mir zurückgelassen hattest, trug schon bald Früchte: Ich ging zu der Wiese zurück, dachte tief über Deine Worte nach und entschied, daß ein Orden wohl das letzte wäre, was ich wollte. Also beauftragte ich eine Gruppe von Indianerinnen, einen Flickenteppich von zehn Quadratmeter Größe zu nähen, und drapierte ihn über die Reifen, um sie dem Blick zu entziehen. Damit war das Kunstwerk beendet. Titel: „Keine Orden".

Ich schreibe Dir heute, weil ich kürzlich wieder an Baker's Point war und danach dem Drang nicht widerstehen konnte, sämtlichen ungeschriebenen Gesetzen von Zufall, Karma und Bestimmung zum Trotz – ganz zu schweigen vom strikten Fairplay zwischen Mann und Frau und von der trickreichen Hydrodynamik des Verlangens – Dich zu fragen, ob Du nicht Lust hättest, mich zu besuchen.

Ich kenne die Zwänge, die Deine Freiheit einschränken: der akademische Kalender der Universität von Bryn Mawr, Deine persönlichen Verpflichtungen in den nächsten Wochen, der nicht unbeträchtliche Preis für eine Überquerung des gesamten Kontinents. Als kleinen Anreiz will ich deshalb noch hinzufügen, daß hier bald Frühling sein wird, und wie wir von den alten Kelten und Druiden wissen, ist dies eine Periode dionysischer Freuden und unermeßlicher Leidenschaft. Der Gedanke daran allein erweckt in meinem Bewußtsein eine tiefe Sehnsucht nach Deiner Gegenwart aus ihrem langen Schlummer. Also denk darüber nach. Ruf mich beim Sender an (907-555-8823) und laß mich Deine Stimme hören.

Aber komm schnell. Das Eis schmilzt schon.

Love,
Chris

9. April

Liebe Kay,

Grüße nach Berkeley aus dem 49. Staat. Wenn ich auch der letzte sein mag, von dem Du ein Lebenszeichen erwartet hast, so sei doch für die Nachwelt festgehalten, daß mein erster Gedanke angesichts des bald anbrechenden Frühlings Dir galt. Der See vor meinem Wohnwagen ist noch gefroren, aber Du würdest nicht wagen, das Eis zu betreten. Denn das ständige Knacken und Stöhnen verkündet, ebenso wie die Warnschüsse beim Fällen von Bäumen, daß Tauwetter naht. Inmitten dieses Tohuwabohu des Schmelzens und Sichlösens, bei dem schlummernde Sehnsüchte erwachen und sich regen, tritt vor mein geistiges Auge immer wieder Dein Bild, als wäre es wie die Natur aus einem langen Schlaf aufgeweckt worden. Dein Bild und die Bilder der einen Nacht, die wir miteinander verbrachten.

Ich erinnere mich daran als eine Nacht voller Leidenschaften. Du warst zu Baker's Point der Erholung wegen gekommen, ich, um eine Inspiration zu finden. Wir begegneten uns, sprachen, und eine elektrische Spannung entstand zwischen uns. Als ich das Projekt erwähnte, an dem ich eben arbeitete, da war allein schon Dein Interesse daran eine Bestärkung für mich.

Also nahm ich Dich mit zu meinem Wohnwagen. Draußen, im schwindenden Licht, hing meine Arbeit von einem Gerüst: ein großes, pendelndes Mobile, das aus zusammengeschweißten Teilen von Schneemobilen bestand. Arbeitstitel: „Mobiles Schnee-Mobile". Deine Begeisterung war fast sexuell erfüllend. Und als ich sagte, mein einziges Problem sei, wo ich es hinhängen sollte, wußtest Du sofort Rat. „Hänge es ins Rathaus oder in die Kirche", sagtest Du. „Dorthin, wo viele Leute sind, die es ansehen. Damit die Kunst zu einem vitalen Element des Lebens in dieser Stadt wird."

Dieser Gedanke war atemberaubend, fast berauschend. Wir wurden trunken von der Provokation, die das für die Menschen hier darstellen würde. Diese Nacht in meinem

Wohnwagen hielten meine Schreie und Dein Lachen sicher die Wölfe wach. Am nächsten Tag brachst Du auf und verschwandest aus meinem Wohnwagen in meine Erinnerung. Als Du weg warst, betrachtete ich die Skulptur, und mir wurde klar, was damit zu geschehen hatte. Jeder Idiot, so begriff ich nun, war in der Lage, ein Mobile über dem Boden aufzuhängen, so daß es sich frei bewegen konnte und sich den Blicken aller darbot. Also grub ich ein Loch und „hing" es unter die Erde. Ich begrub das Ding in Kiniamshet Meadow und nannte es „Immobiles Schnee-Mobile".

Dreht sich das Mobile trotzdem, eingegraben und unbeweglich? Ja, weil die Erde sich dreht und wir alle Geschöpfe innerhalb von Kreisläufen sind. Kein Wunder also, daß ich an diesem Punkt im Kreislauf der Jahreszeiten, an dem das Ruhende Platz macht für das sprießende Leben, in mir selbst kein anderes Bedürfnis verspüre, als die Zeit mit Dir zu wiederholen. Nicht um in Erinnerungen und Phantasien zu schwelgen, sondern um das Gegenwärtige zu feiern, wie wir es schon einmal getan haben, und uns einer dionysischen Freude und unermeßlicher Leidenschaft hinzugeben.

Kann ich Dich noch einmal hierher locken? Denk darüber nach, aber nicht zu lange. Dann entreiße Dich den Zwängen des akademischen Kalenders in Berkeley und Deinen persönlichen Verpflichtungen während der nächsten Wochen. Scheue die Reisekosten nicht und komm. Ruf mich im Sender an (907-555-8823) und laß mich Deine Stimme hören.

Aber schnell. Der See wird schon flüssig.

Love,
Chris

9. April

Liebe Kimberlee,

Grüße nach Tacoma aus dem 49. Staat. Und bitte behaupte nicht, der letzte, von dem Du ein Lebenszeichen erwartet hättest, wäre ich. Täglich verkündet der See vor meinem Wohnwagen, gleichzeitig mit den Warnschüssen der Holzfäller, den bevorstehenden Zusammenbruch der Herrschaft des Winters und die Rückkehr der Segnungen des Frühlings. Und diese Geräusche finden ihr Echo im Seufzen und Knistern meines Herzens. Kein Wunder, daß meine Gedanken plötzlich von Dir und bildhaften Erinnerungen an diese einzige schlaflose Nacht, die wir miteinander verbrachten, erfüllt sind.

Schlaflos aus gutem Grund. Wegen meines unglaublichen Glücks, daß Du ausgerechnet mich anhieltst und nach dem Weg zu Baker's Point fragtest. Wegen der besonderen Gunst, die Du mir erwiesen hast, als Du einwilligtest, den Tag mit mir zu verbringen statt dorthin zu fahren. Wegen unserer Umarmungen und wegen Deiner Schreie und Deines Lachens, die Bären und Wölfe wachhielten. Wegen meiner künstlerischen Inspiration, die Du entfacht und zum Lodern gebracht hast, als Du mein neuestes Werk betrachtetest: einen riesigen Schaukelstuhl aus Dachlatten, der einsam und stolz auf der gefrorenen Oberfläche des Kipnuk Lake stand. Du sagtest: „Hey, hübsch. Aber was, wenn das Eis schmilzt?“

Ich erklärte, daß der Stuhl zu einem nicht vorhersagbaren Zeitpunkt durch das dünner werdende Eis brechen und auf den Grund des Sees sinken würde. Da hast Du gegrinst und gesagt: „Wow, cool. Und Leute, die zum Angeln rausfahren, können ihn dann vom Boot aus unter dem Wasser sehen. Wie König Tritons Thron.“

Das war das I-Tüpfelchen auf meiner künstlerischen Vision. Sobald Du am Tag darauf gegangen warst und Dein Jeep über die Hügel in mein Gedächtnis verschwand, kaufte ich vier Eimer grüne und braune Farbe und versah den Stuhl mit einem Tarnanstrich. Als er dann sank, was am Frühlingsanfang geschah, fiel er auf den Grund des Sees und war unsichtbar. Titel: „Getarnte Sicht“.

Jetzt ist wieder Frühling. Inmitten dieses Tohuwabohu des Schmelzens und Sichlösens, wenn das Eis der Sonne nachgibt und die Erde dem sprießenden neuen Grün, muß auch ich mich beugen: Ich breche sämtliche ungeschriebenen Gesetze von Zufall, Karma und Bestimmung – ganz zu schweigen vom strikten Fairplay zwischen Mann und Frau und von der verdammten, gesegneten Hydrodynamik des Verlangens – und frage Dich . . . Nein, ich verlange, bitte, hoffe . . . daß Du mich noch einmal besuchst.

Der See vor meinem Wohnwagen ist noch immer zugefroren. Laß uns aufs Eis gehen und den warmen Hauch des Frühlings spüren, der das Eis bricht und uns in den Tod zu stürzen trachtet. Es wird ihm nicht gelingen. Wir setzen ihm unsere dionysische Freude und unermeßliche Leidenschaft entgegen.

Du sagtest einmal, es ist mir unvergeßlich: „Alles verläuft in Kreisen.“ Gib also diesem nach. Reiße Dich heraus aus den Zwängen des akademischen Kalenders im West Pottsville Community College, entfliehe Deinen persönlichen Verpflichtungen der nächsten Wochen und scheue auch die Reisekosten nicht. Laß das in Dir schlummernde Verlangen frei und in mir seinen Partner finden. Und während wir in Erinnerungen an die vergangenen Zeiten schwelgen, wollen wir die Gegenwart feiern, wie wir es schon einmal getan haben, und sie dadurch, wie ich meine, heiligen.

Denk nicht darüber nach. Ruf mich im Sender an (907-555-8823). Laß mich Deine Stimme hören. Und höre Du die meine.

Aber beeile Dich. Der eiserstarrte See verflüssigt sich.

Love,
Chris

10. April

Lieber Tony,

Gutenachtgeschichten und Schlaflieder haben nicht funktioniert; bereitwillig verabreichte Langeweile auch nicht; und in letzter Zeit las ich sorgfältig ausgewählte Passagen aus Werken von Jung, Freud, Wilhelm Reich (Charakteranalyse) und Shakespeare vor, mit demselben Effekt: nämlich gar keinem. Musik funktionierte ebenfalls nicht, langweilige nicht und schlechte ebensowenig. Fazit?

Nun, das Fazit ist: Wenn ich mich nicht zusammenreiße und meiner Rolle als „selbsternannter Psycho-Guru von Cicely" Lebewohl sage, dann werde ich mich wohl von meinem Arbeitsplatz verabschieden müssen. Das heißt: Ich werde gefeuert. Also mache ich wieder das normale alte Programm – eine gewisse Erleichterung für mich, denn jetzt kann ich wieder spielen, was mir gefällt, und nicht mehr Musik, von der ich hoffe, daß sie den Hörern nicht gefällt. Und im Geiste zeitloser Wahrheiten („Alles fließt") und Voltaires folge ich den Zeichen der Zeit, bevor meine Felle in den Strudel jener Wahrheiten geraten und davonschwimmen.

Wenn ich nun zu den Blitzen und Lavaströmen des Unbewußten nicht unbewußt (d. h. schlafend) vordringen kann, werde ich versuchen, es bewußt zu tun (d. h. im Bett). Damit meine ich Sex. Zu diesem Zweck habe ich ein Quintett von Freundinnen eingeladen. Mit ein bißchen Glück kommt eine davon. Meine Grundannahme dabei ist, daß wir beim Liebesakt eine Probe ursprünglicher Begierden und Seinszustände erhaschen, die unmittelbar aus der Fabrik des Unbewußten stammen.

Wird das funktionieren? Es gibt nur einen Weg, es herauszufinden. Wird diese elektromagnetische Anomalie einen spürbaren Einfluß auf meine Sexualität haben? Wir werden sehen. Ich werde versuchen, alles genau zu notieren, aber versprechen kann ich nichts.

Herzlich,
Chris

Richard Marx
Siegel, Vartorella, Berger & Knapp
812 E. 41st Street
New York City

10/4

Lieber Richie,

die unendliche Geschichte geht weiter. Robertson, O'Connell und ich interviewten einen Stammesältesten – wir haben hier mehrere Indianerstämme, oder besser, sie haben uns; und dazu ein paar Dutzend Älteste. Er sagte, mit Bezug auf unseren kommunalen Schlafmangel: „Das muß aufhören. Mein Volk macht Exxon verantwortlich. Sie werden vor Gericht gehen." Was die Widersprüche des modernen ... – ich wollte sagen „des modernen Alaska", aber sagen wir einfach des MODERNEN AMERIKA – was jedenfalls diese Widersprüche auf den Punkt bringt. Es erinnerte mich auch an unsere erste Begegnung und den peinlichsten Moment meiner gesamten Jugend.

Der Schauplatz: die erste Klasse von Mr. Rosenbergs Hebräischer Schule in Beth Sholom. Die Handlung: Mrs. Rosenberg erklärt gerade, warum wir jeden Sonntag eine Büchse mit einem Schlitz oben herumgehen lassen und Geld hineinwerfen. Das heißt Keh-ren Ah-mee, „das sind die hebräischen Worte für Schatz meines Volkes". (Das Geld geht nach Israel. Was immer DAS bedeutet.) Joel Fleischman nimmt am Unterricht teil, doch Richie Marx liegt zu Hause krank im Bett.

Eine Woche später. Joel und Richie sind beide in der Schule. Die Büchse wird herausgeholt und Münzen, die den Kindern speziell dafür von ihren Eltern gegeben worden sind, fallen klirrend hinein. Mrs. Rosenberg sagt: „Oh, Richard, du warst letzten Sonntag ja nicht da. Kann irgend jemand Richard erklären, was Keh-ren Ah-mee bedeutet?"

Nun lautete das oberste pädagogische Prinzip meiner Mutter bei der Erziehung, damals wie offen gestanden auch letzte Woche noch, folgendermaßen: „Du bist ein Genie. Du erreichst, was du willst. Werde Arzt. Und denke immer daran: Die meisten Menschen sind dumm. Also zeig ihnen, wie klug du bist." Getreu dieser Maxime reckte ich meinen Arm hoch, bis Mrs. R. mich aufrief. „Also, Joel? Was heißt Keh-ren Ah-mee?"

„Es heißt: einen Schatz für mein Volk", sagt Joel. „Das Geld ist dazu da, daß jeder einen Schatz bekommt."

Vielleicht verwenden sie es in Israel wirklich dafür. Du in Manhattan kannst Dir sicher jede Menge Schätzchen zulegen. Ich schreibe das in Alaska. Ohne Geld und ohne Schatz. Aber trotzdem herzliche Grüße,

Dein Joel

MINNIFIELD COMMUNICATIONS
Cicely, Alaska

Ms. Kim Basinger
c/o Weisman, Miller & Davis
1100 Avenue of the Stars
Century City, Kalifornien

12/4

Sehr verehrte Ms. Basinger,

mein Angestellter, Mr. Ed Chigliak, hat Ihren Brief vom 11. April an mich weitergeleitet. Darin äußern Sie ein unverbindliches Interesse am Kauf der Stadt Cicely in Alaska. Gestatten Sie mir, meiner großen Freude über diese Nachricht Ausdruck zu verleihen.

Sie wissen bereits, daß Cicely eine sehr kleine Stadt ist. Deshalb lassen Sie mich auf Ihre Anfrage, mit wem Sie verhandeln sollen, schlicht antworten: Mit mir! Wir haben keine formelle Verwaltung außer einer offiziellen Bürgermeisterin (deren Machtsphäre im wesentlichen auf ihre Einbildung begrenzt ist) und einem inoffiziellen, aber kompetenten Bürgermeister, der zufällig ein guter Freund von mir ist. Als wichtigster Geschäftsmann und größter Grundbesitzer der Stadt verfüge ich über alle Machtbefugnisse, auf die es hier ankommt.

Ich werde deshalb die Beinarbeit machen und die rechtlichen Möglichkeiten erforschen, wie – und ob überhaupt – Cicely verkauft werden kann. Seien Sie versichert, daß jene elektromagnetische Anomalie, die Mr. Chigliak erwähnte, noch immer aktiv ist. Wir sind Tag und Nacht wach, und das ohne negative Nebenwirkungen, von stark gestiegenen Stromrechnungen einmal abgesehen.

Im Gegenzug möchte ich Sie um zwei Dinge bitten. Zum ersten, daß unsere Verhandlungen einstweilen streng vertraulich bleiben. Nicht alle unsere Einwohner sind so weltläufig und gebildet wie Sie, eine international renommierte Filmschauspielerin, oder ich, ein ehemaliger Astronaut. Was ich damit sagen will, ist: Wenn Cicely tatsächlich verkauft werden soll, so muß ich einen Weg finden, meinen Mitbürgern diesen Gedanken schmackhaft zu machen und eine allgemeine Zustimmung unter ihnen zu bewirken. Unter uns ausgeprägten Individualisten kann ich für ein Gelingen nicht garantieren, bin jedoch durchaus optimistisch.

Meine zweite Bitte ist, daß allein ich die Belange Cicelys bei allen Vertragsverhandlungen vertrete und daß der Verkauf mit einer Kommission an mich verbunden ist, über deren Höhe und Bedingungen ich mit den städtischen Behörden verhandeln werde.

Juristenkauderwelsch, aber Ihnen sicher nicht fremd.

Lassen Sie mich abschließend noch einmal betonen, wie sehr ich mich über Ihr Interesse an unserer Stadt freue. Ich bin ganz sicher, daß Sie und Ihre Berater alles andere als enttäuscht sein werden, wenn Sie zur Besichtigung herkommen. Bitte benachrichtigen Sie mich, wann Sie das Gebiet in Augenschein nehmen wollen. Ich werde dann alles arrangieren.

Hochachtungsvoll
Maurice Minnifield

12. April

Liebe Phyl,

diese Briefschreiberei ist schon fast zur Sucht geworden. Stört es Dich? Wenn ja, sag's mir bitte, und Du bekommst einen Entschuldigungsbrief.

Was habe ich Dir über Michael Robertson erzählt? Habe ich gesagt, daß er ein selbstverliebter Besserwisser ist? Sollte ich das behauptet haben, so vergiß es. Ich habe zwar vergessen, was ich geschrieben habe, aber was immer es war, vergiß auch Du es.

Bevor ich's vergesse: Du machst wohl Witze! Raoul ist ein Heiliger. Aber nächstes Mal bitte keine Eierwärmer. Und mach die Platzdeckchen aus Zink, steck die Babys *zuerst* in Schokolade und spiel dann Puccini.

Jetzt aber: Michael Robertson ist vermutlich der intelligenteste Mann, dem ich je begegnet bin. Und es ist faszinierend und geradezu ein Privileg, mit ihm zusammenzuarbeiten. Auch wenn . . . Naja, zugegeben, meine Arbeit ist nicht unbedingt kreativ oder intellektuell befriedigend. Noch nicht mal körperlich auslastend, wie es die Arbeit mit meinem Flugzeug war. Was ich zu tun habe, erschöpft sich darin, Michaels Notizen abzutippen oder einzugeben; er hat einen Laptop. Es ist ganz erstaunlich, wie viele Notizen er bereits gemacht hat! Und wir müssen noch mit ein paar Hundert Leuten reden! Er hat gefragt, ob ich die Bänder mit den Interviews transkribieren würde, und ich habe ja gesagt.

Ich weiß, das ist langweilig. Ich weiß, ich bin zur Sekretärin degradiert, ohne ein entsprechendes Gehalt zu bekommen. Aber ich weiß nicht, wie ich es Dir erklären soll . . . Er hat so etwas Gewinnendes. Zuerst dachte ich, er sieht aus wie Marcello Mastroianni, aber jetzt sehe ich sogar Spuren von Robert de Niro an ihm. Habe ich schon erwähnt, daß er nicht verheiratet ist?

Das kam heute abend ans Licht. Wir beide und Fleischman waren zum Essen im Brick. Dann mußte Fleischman ein paar Patienten verarzten, daher gingen Michael und ich allein in das Büro, das Maurice für das Forschungsprojekt zur Verfügung gestellt hat. Er saß an dem alten Schreibtisch und ich auf dem Sofa. Michael holte aus der Schublade eine Flasche Remy Martin und zwei Gläser. Er schenkte beide Gläser voll und gab mir eines.

„Auf Alaska“, sagte er. Ich nickte und nahm einen Schluck. „Nun sagen Sie mir, Maggie, warum?“

„Warum was?“

„Warum Alaska? Warum Cicely? Was treibt eine so schöne Frau wie Sie an einen solchen Ort?“

„Die Flucht aus Grosse Pointe“, sagte ich – ein bißchen zögernd, aber doch so, als hätte ich diese Frage in den letzten sechs Jahren mindestens hundertmal beantwortet. „Die Flucht vor an mich gestellten Erwartungen.“

„Gut für Sie.“

„Michael“, sagte ich, „behandeln Sie mich nicht wie ein Kind.“

„Ich behandle jeden so. Ich bin Arzt.“

Ich mußte lachen. Dann sagte er: „Aber ich verstehe, was Sie meinen. Es ist eine schlechte Angewohnheit. Schlimmer noch, es ist beleidigend. Ich bitte um Entschuldigung. Aber das kommt davon, wenn man in die Forschung geht. Meine guten Manieren sind verkümmert.“

„Vergeben und vergessen“, erwiderte ich und trank noch etwas Cognac.

Jetzt bemerkte er: „Ich wette, Joel zeigt in allen Lebenslagen nur die besten Manieren, oder?“

Es lag irgend etwas Anzügliches in seinen Worten, deshalb fragte ich scharf: „Was soll das heißen?“

Er lachte. „Nichts weiter. Beruhigen Sie sich. Ich meine nur, daß er wahrscheinlich gut mit seinen Patienten umgehen kann.“

„Ja, das kann er. Ein bißchen zu kühl, ein bißchen herablassend und überheblich, aber sonst schon. Er kommt gut mit den Patienten zurecht. Er respektiert sie.“ Lächelnd fügte ich hinzu: „Er *versteht* sie allerdings nicht, zumindest die hiesigen. Aber er versucht, ihre Macken zu respektieren.“

„Natürlich tut er das.“ Er nahm einen großen Schluck

Cognac. „Er gehört schon der neuen Generation an. Das ist eines ihrer Anliegen. Humane Medizin. Alle zehn Jahre will eine neue Welle von Internisten den ganzen Beruf umkrempeln. Ich habe das auch getan, aber ich bin darüber hinaus." Plötzlich sah er mir direkt in die Augen. „Sind er und Sie ein . . . ein Gespann?"

„ICH und FLEISCHMAN? Nicht einmal im Traum!"

„Ich habe das auch nicht ernsthaft geglaubt. Er ist zu . . ." Und dann schüttelte er den Kopf und machte eine Handbewegung, als wollte er den ganzen Gedanken wegwischen.

Also drängte ich ihn natürlich und erklärte ihm, daß man einen solchen Satz nicht halbfertig in der Luft hängen lassen darf. Er zuckte die Achseln, trank seinen Cognac aus, stellte das Glas mit einem Klirren auf den Tisch und beugte sich dann über den Schreibtisch zu mir. Er sprach sehr leise. „Ganz entre nous. Nur zwischen mir und Ihnen und den Abhörgeräten?" Ich nickte und hatte plötzlich ein ganz komisches Gefühl im Bauch. Michael fuhr fort: „Dr. Joel leidet an einem akuten Anfall von Finalem Rechthaben. Man findet dies oft bei jungen Heißspornen. Sie können es an seiner Art zu sprechen bemerken. Diese übertrieben selbstbewußte Diktion. Jede Äußerung ist ein offizielles Bulletin."

Ich weiß zwar nicht, warum, aber jedenfalls erwiderte ich: „Nun, er will sich eben präzise ausdrücken."

„Oh, absolut. Ich kritisiere das ja auch nicht. Und Sie sollten daran denken, daß es nicht sein Fehler ist. Arzt in der ersten Generation, das heißt, er ist nicht mit der ganzen Tradition aufgewachsen. Er *kann* damit nicht locker umgehen. Also bemüht er sich zu sehr. Hat das Gefühl, über seine eigentliche Stellung hinauszugreifen. Das macht ihn unsicher, und diese Unsicherheit kompensiert er durch Überheblichkeit."

„Gut, manchmal ist es einfach ein bißchen zuviel, aber . . ."

„Dennoch beneide ich ihn in gewisser Beziehung. Wenn ich diese . . . diese phantastische Eloquenz hätte, wäre ich vielleicht erfolgreicher."

„Sind Sie nicht Chef Ihres eigenen Instituts? Mir kommt das schon ziemlich erfolgreich vor."

„Das ist eine Sprosse auf der Karriereleiter", erwiderte er mit wegwerfendem Tonfall. „Darüber sind noch andere. Aber ich meine, offen gestanden, eher den Erfolg bei Frauen."

„Wie bitte?" Ich grinste unwillkürlich, schaute in mein Glas und mußte noch mehr grinsen. „Sie werden mich kaum davon überzeugen, daß Sie keinen Erfolg bei Frauen haben."

Er lehnte sich zurück. „Manchmal geht es ganz gut. Aber warum lebe ich immer noch allein?"

Was sollte ich sagen? Ich schaute weg, er schaute weg, und dann sagte ich aus irgendeinem Grund – und ich weiß natürlich, daß Du diesen Grund kennst: „Sie meinen, Sie sind nicht . . ."

„Nicht was? Verheiratet? Nein. Ich weiß, daß auch Sie nicht verheiratet sind." Bevor ich irgend etwas antworten konnte, setzte er sich auf und sah über mich hinweg in die Ferne. „Warum sind wir nicht verheiratet, Maggie?"

Ist das vielleicht ein Beispiel dafür, was die Illustrierten „Das neue Flirten" nennen? Einen Satz zu nehmen, den Männer früher immer mit der tiefgründigsten Betonung aussprachen, und ihn ganz nebenher im Plauderton fallen zu lassen? Ich lebe schon so lange in der Wildnis, daß mir diese Bräuche verborgen geblieben sind. Oder glaubte er, ich fiele darauf rein? Da befand er sich auf einem der hier überaus zahlreichen Holzwege. Aber ich mußte etwas erwidern, also stotterte ich: „Wir . . . äh . . . Wir haben einfach noch nicht den Richtigen gefunden."

„Oder die Richtige. Das muß es sein." Er lehnte sich wieder zurück und sah mich scharf an, als hätte ich soeben einen brillanten Vorschlag gemacht. „Ich bin *ihr* in Philadelphia nicht begegnet, und Sie haben *ihn* in Alaska nicht gefunden."

„Noch nicht", sagte ich.

Und er lächelte vielsagend: „Noch nicht."

Frag mich bitte nicht, was das heißen soll!
Maggie

MINNIFIELD COMMUNICATIONS
Cicely, Alaska

Dr. Robert Barlow
NASA
Houston, Texas

12. April

Bob,

Du mußt versuchen, Geduld mit mir zu haben. Ja, die Anomalie im Magnetfeld besteht noch immer, und ja, ich war seit meinem letzten Brief ununterbrochen wach. Aber, nein, Du kannst nicht kommen und die Sache untersuchen. Ich sage Dir auch warum: Ich führe derzeit wichtige geschäftliche Verhandlungen mit einer Persönlichkeit, die sicher durch die Gegenwart Deines Teams abgeschreckt werden würde. Ich kann die Identität dieser Person zum jetzigen Zeitpunkt nicht offenbaren, kann Dir aber sagen, daß es sich um eine sehr bekannte, zahlungskräftige Berühmtheit handelt. Ich hab das Gefühl, daß er oder sie durch die Anwesenheit einer Gruppe von Wissenschaftlern, die überall rumlaufen und Messungen vornehmen, von diesem Geschäft abgehalten würde.

Jedoch bin ich überzeugt, er oder sie wäre nach Abwicklung der Sache entzückt, wenn die NASA sie oder ihn um die Erlaubnis bitten würde, hier eine Meßstation installieren zu dürfen. Ich will aber festhalten, daß ich ihn oder sie noch nicht danach gefragt habe. Sein oder ihr Interesse an Cicely hat mit der Schaffung einer gewissen Privatsphäre zu tun, welche sie oder er durch ein NASA-Projekt gefährdet sehen könnte. Schließlich sagt er oder sie aber vielleicht: In Ordnung, kommt her! Ich kenne ihn oder sie nicht gut genug, um eine Prognose zu wagen. Es läge ganz bei ihr. Oder ihm.

Was ich sagen will: Hier geht es ums Geschäft. Sobald ich mit dem potentiellen Käufer – wovon, sage ich nicht

– abgeschlossen habe, melde ich mich wieder bei Dir. Inzwischen harre aus. Die Sache läuft. Der Köder ist ausgeworfen, und ich erwarte, daß der große Fisch innerhalb weniger Wochen anbeißt.

Beste Grüße,
Maurice

12. April

Sehr geehrter Mr. Salinger,

ich weiß gar nicht, wo ich anfangen soll. Ich meine, es ist nicht so, als hätte ich noch nie ein *Buch* gelesen. Tatsächlich war ich gerade dabei, den Welt-Almanach von 1977 auszulesen, als mir jemand mit der Post Ihr Buch schickte. Ich weiß nicht, wer es war, jedenfalls jemand aus Gainesville in Florida. Ich habe mich an so einem Kettenbrief beteiligt.

Ich habe jedenfalls gerade „Der Fänger im Roggen“ ausgelesen, und es ist, als würde ich Sie kennen und als würden Sie mich kennen. Natürlich nicht wirklich, aber es ist genau, wie Holden sagt: Wenn man ein großartiges Buch gelesen hat, will man am liebsten den Autor anrufen und ihm sagen, wie großartig es war. Das habe ich getan. Zumindest habe ich versucht, Sie im Büro Ihres Verlegers in New York zu erreichen. Aber die junge Frau, mit der ich sprach, wußte nicht, wer Sie sind und sagte, Sie würden dort nicht arbeiten oder höchstens vielleicht als Aushilfe.

Deshalb habe ich beschlossen, diesen Brief an den Verlag zu schicken, dann können Sie ihn abholen, wenn Sie mal reinschauen. Oder man kann ihn an Sie weiterleiten. (Ich weiß natürlich, daß Sie nicht dort *wohnen!)*

Jedenfalls kann ich Ihnen gar nicht sagen, wie süß Ihr Buch ist. Holden ist GANZ GENAU wie dieser Junge in meiner Schule war, Brian Lacombe. Kennen Sie ihn? Er hat rote Haare und war immer still und boshaft. Einmal dachte ich ganz kurz, er wäre ziemlich nett, aber dann schubste Billy McGee ihn gegen einen Schrank, und er fing an zu heulen, und das war's dann.

Ich lebe in Alaska und bin nie in New York gewesen, aber irgendwann möchte ich Sie gern einmal persönlich besuchen und mich für das phantastische Buch bedanken. Bitte schikken Sie mir Ihre Adresse, und ich frage Holling, meinen Freund, wann wir kommen können. Aber keine Sorge, ich kümmere mich darum, daß er vorher Ihr Buch liest! Er ist 63, falls er es also schon gelesen hat, ist das lange her, und er hat bestimmt alles vergessen.

Ihr größter Fan,
Shelly Tambo

12. April

Liebe Ingrid,

es tut mir leid, daß wir dieses Jahr auf die Freude Deines Besuchs verzichten müssen. Meine alten Freunde aus Canaveral-Tagen sind in gewisser Weise noch immer meine liebsten und engsten. Wir Jungs von den Mercury-Missionen hatten immer das Gefühl, daß Du und die anderen immer bei uns wart, auf dem gesamten Trip um die Welt. Wenn wir in unseren Raketen saßen und auf den Abschuß warteten, war es immer, als wärest Du bei uns, würdest mit uns in der Kapsel sitzen. Wenn aber, wie Du in Deinem letzten Brief schreibst, Dein Mann nicht mehr Schneehasen markiert, sondern im Süden Schafe beobachtet, so ist das nicht zu ändern. C'est la vie. Vielleicht nächstes Jahr.

Aber vielleicht ist es auch besser so. Hier spielt sich nämlich etwas ganz Eigenartiges ab, was ich nur der bizarren Schlaflosigkeit zuschreiben kann, von der ich Dir im letzten Brief erzählt habe. Ich bin nun gewiß niemand, der vor der dunklen Seite der Spezies Mensch zurückschreckt. Ich weiß, wozu Männer und Frauen fähig sind. Ich weiß auch, daß tief in unserer Psyche jene wilden Emotionen schlummern, die für unsere Ahnen den Unterschied zwischen Fressen und Gefressenwerden ausmachten. Wenn also, wie es gelegentlich geschieht, hier in der Stadt jemand durchdreht, dann bedaure ich das vielleicht, bin aber nicht überrascht.

Doch der psychische Aufruhr, der sich in Cicely in diesen Tagen vollzieht, paßt, wenn Du meine möglicherweise nicht ganz salonfähige Sprache verzeihst, besser zu einer Sauna voll keifender Friseure und beleidigter Schwuchteln als zu einer Stadt von harten Pionieren im Eis Alaskas. Unabhängig von Alter und Geschlecht, scheint jeder von einer hochgradig ansteckenden, dabei jedoch sehr selektiven Form der Reizbarkeit erfaßt zu sein. Das klingt vornehmer als beabsichtigt. Drastischer formuliert: Hier herrschen Übellaunigkeit, Wut und schiere Mordlust.

Es hat sich herausgestellt, daß jedem Bürger der Stadt ein anderer ganz besonders auf die Nerven geht. Ich selbst habe eine ausgeprägte Aversion ausgerechnet Marilyn Whirlwind gegenüber entwickelt, jener jungen Indianerin, die Sprechstundenhilfe bei Dr. Joel Fleischman ist. Noch im letzten Jahr hätte ich fast ein gemeinsames Geschäft mit Marilyn gemacht; ich hatte nämlich die glorreiche Idee, daß man mit den überdimensionalen Eiern, die ihr zahmer Strauß legt, einen hübschen Gewinn erzielen könnte.

Aber je mehr ich mich auf dieses Unternehmen einließ, desto deutlicher wurde, daß mich diese unsympathische Kreatur schlicht nicht ausstehen konnte. Tatsächlich haßte sie mich wie die Pest. Sie hörte auf, Eier in Melonengröße zu legen, und produzierte statt dessen unansehnliche kleine Dinger vom Umfang einer Billardkugel. Also habe ich mich mit geringen Verlusten wieder aus der Sache zurückgezogen, und Marilyn und ich trennten uns in aller Freundschaft.

Aber jetzt ertrage ich kaum mehr den Anblick dieser Frau. Und das hat nichts mit Straußen, Eiern oder sonstwas zu tun. Es muß am Schlafentzug liegen, obwohl ich mich, wie alle anderen hier, ansonsten völlig normal fühle. Mir scheint, daß Marilyn ähnliche Gefühle gegenüber Holling hegt; Holling wiederum kann meinen Diskjockey, Chris

Stevens, nicht ausstehen. Chris fühlt sich von Hollings Freundin provoziert. Und die bringt Ed Chigliak auf die Palme, der für mich arbeitet. Oder gearbeitet hat, wie ich besser sagen sollte, denn derjenige – von allen Menschen –, dessen bloße Existenz den jungen Ed beleidigt, ist kein anderer als der Verfasser dieser Zeilen. Ähnliche Ketten von Abneigungsbeziehungen kann man in der ganzen Stadt entdecken.

Was schlimm genug ist. Aber in letzter Zeit habe ich auf Teufel komm raus Werbebriefe über Cicely verschickt, an die bedeutendsten Denker und Macher, Immobilienhaie und Trendsetter unserer Zeit. Denn entweder bin ich wahnsinnig, oder eine Stadt, die auf Schlaf verzichten kann, ist tatsächlich *der* Ort schlechthin für Konferenzen, Sanatorien oder Friedensverhandlungen. Was meinst Du?

Und ich verrate Dir noch etwas: Jemand hat Interesse bekundet. Es steht mir derzeit nicht frei, Namen zu nennen, aber derjenige oder diejenige – der oder die internationales Renommee mitbringt – hat exzellente kommerzielle Erfahrungen mit Städten wie Cicely.

Das klappt aber nur, wenn unsere Bürgerschaft aufhört, sich rund um die Uhr mit Streiten und Übelnehmen zu beschäftigen. Was mich zu dem Schluß bringt, daß wir ein Gemeinschaftsprojekt brauchen, etwas, das alle Bürger bei einer gemeinsamen Aufgabe eint, um diese dummen Schranken der persönlichen Abneigung zu brechen und einem Gefühl kollektiver Harmonie Platz zu schaffen. Ich weiß aber beim besten Willen nicht, was das sein könnte. Ein Picknick kommt kaum in Frage. Jedenfalls nicht bei dem Wetter.

Herzliche Grüße an Deinen Mann, und ich schreibe Dir bald wieder.

Alles Liebe,
Maurice

Steve Cohen
Anwalt des Volkes
Pittsburgh, Pennsylvania

12/4

Lieber Steve,

ich will nicht vorgreifen, aber ich stehe auf bestem Fuß mit Dr. Mike Robertson, was bedeutet, daß mein, okay *unser,* Aufsatz in „Nature" oder einer anderen wichtigen Zeitschrift so gut wie gedruckt ist. Allerdings muß er noch geschrieben werden. Ja, unsere Theorien und Schlußfolgerungen müssen noch ausformuliert werden. Ja, die Untersuchung muß noch zusammengefaßt und ausgewertet werden. Eigentlich ist sie noch nicht mal beendet.

Aber ich gehe das alles mit ungebrochener Entschlossenheit und Zuversicht an. Warum? Weil heute morgen, bei einem „Arbeitsfrühstück" im Brick, Mike und ich ein Gespräch unter Männern führten und dabei auf eine Unmenge Gemeinsamkeiten stießen. O'Connell schuftete derweil im Projektbüro und transkribierte Bänder mit Interviews. Basketball – auch wenn wir für unterschiedliche Mannschaften sind –, Bier – da konnten wir uns rasch auf Pilsner Urquell einigen – und last not least Frauen.

Dieses Thema brachte er auf. Das folgende Protokoll ist zwar nicht genau wörtlich, gibt aber den . . . nun ja, den Sinn wieder:

„Mal ernsthaft, Joel. Was sind denn hier die Vergnügungen der Leute?"

„Ich weiß nicht." Ich knabberte nachdenklich an einem Stück Toast und fuhr bedeutungsvoll fort: „Eine Menge Leute trinken. Aber ich hab's nicht so damit."

„Was gibt es hier sonst? Das Kino, wo gerade ‚Die letzte Vorstellung' läuft. Und sonst? Indianisches Roulette?"

Ich lachte. „Für die Indianer, ja . . ."

„Oder haben Sie eine Freundin?"

„Lassen Sie mich dazu nur sagen, daß ich zu Hause eine hatte, aber wir haben Schluß gemacht."

„Oh, das tut weh. In gegenseitigem Einvernehmen?“
„Schlußendlich ja.“
Er schlürfte seinen Kaffee und stellte seine Tasse geräuschvoll ab. Das Ganze hatte etwas Theatralisches, aber ich wußte natürlich, warum: Da saß dieser einsachtzig große, gutaussehende, elegante Fremde mit geschliffenen großstädtischen Umgangsformen und zarten, feingliedrigen Händen, dessen Hauptbeschäftigung es war, seine wohlgeformte Nase ins rauhe Leben jedes Besuchers von Hollings Bar zu stecken. Deshalb versuchte er, sich leutselig zu geben. Dann sah er mich lauernd an und sagte: „Oder ist da etwas zwischen Ihnen und Maggie?“
Hätte ich in diesem Moment Kaffee im Mund gehabt, er wäre ihm mit gewaltigem Überdruck ins Gesicht geschossen. *„Ich* und *O'Connell?“* Ich lachte. „Hat sie Ihnen das erzählt?“
„Um Gottes willen, nein. Wir haben überhaupt nicht von Ihnen gesprochen. Nicht, daß ich kein Verständnis hätte. Sie ist eine sehr schöne Frau.“
„Ja“, gab ich zu. „Sie . . . Sie hat ein hübsches Gesicht.“ Dann fügte ich hinzu: „Aber ihr Charakter, mein Freund! Kritisch ist da noch geschmeichelt. Maggie O'Connell ist ohne jede Frage die empfindlichste, verklemmteste, emotional unzugänglichste und dabei moralisch scheinheiligste, gleichzeitig selbstgerechteste und aggressivste Person, der ich je das Pech hatte zu begegnen.“
„Gute Figur.“
Ich gab vor, noch nie über O'Connells Figur nachgedacht zu haben, und bemerkte nachdenklich: „Nun . . . Wenn man . . . Nun ja . . . Wenn man auf so etwas steht, auf . . .“
„Frauen.“
„Richtig.“ Dann setzte ich hinzu: „Hey, Mike, höre ich da etwa ein gewisses Interesse heraus?“
„Ich versichere Ihnen, Doktor, mein Interesse ist rein beruflich.“
Wir tauschten einen langen Blick aus, von Mann zu Mann. Dann sagte er: „Gott, bin ich froh, daß Sie hier

sind. Stellen Sie sich vor, ich hätte meinen Arsch hierher bewegt und das Ganze ohne einen Verbündeten durchstehen müssen."

„Ohne mich wären Sie niemals gekommen", erwiderte ich. „Ich habe Sie angeschrieben. Haben Sie das vergessen?"

„Natürlich nicht. Es ist gut, einen Gleichgesinnten in seiner Nähe zu haben."

Ich grinste. „Das ist sehr gut, Mike. Sogar super. Unsere Zusammenarbeit, meine ich . . ."

„Also hätten Sie nichts dagegen, wenn ich . . . Wie soll ich mich ausdrücken . . .? Wenn ich ein Auge auf Ms. O'Connell werfen würde?"

„Uh . . ." Eine Sekunde lang hatte ich ein komisches Gefühl, frag mich nicht warum. Ich meine, klar, ich weiß schon warum. Und ich weiß auch, daß Du weißt, daß ich weiß warum: Weil ich eifersüchtig war! Was ich ja offen zugebe. Ich war eifersüchtig. Aber gleichzeitig sagte ich mir, daß Mikes Interesse an O'Connell keineswegs eine Beeinträchtigung oder Bedrohung seiner freundschaftlichen Gefühle mir gegenüber bedeutete. Also sagte ich selbstverständlich: „Ich gebe Ihnen meinen Segen. Essen gezundteh-–heit."

„Das heißt?"

„Nichts wie ran."

Gut, ich gebe zu, unsere Unterhaltung hatte etwas Machomäßiges, das mir, wenn ich es recht bedenke, eigentlich nicht gefällt. Andererseits war es natürlich richtig, daß er fragte, ob ich etwas mit O'Connell hätte. Wenn zwischen ihnen etwas passiert, eine Affäre oder ein Techtelmechtel, gut. Denn a) wird sie dadurch vielleicht ein glücklicherer Mensch und hört auf, andauernd auf mir runzuhacken und mich zu beschimpfen; und b) gibt es wahrlich Wichtigeres im Moment als meine Beziehung zu Maggie O'Connell.

Ich bin mir voll bewußt (und ich denke, Mike ebenso), daß die Erforschung dieser Anomalie, die wir in Angriff genommen haben, der entscheidende Schritt in meiner Karriere sein könnte. Stell Dir nur vor, welchen bahnbrechenden Erfolg wir haben könnten. Was, wenn es uns gelingt, die

Gehirnregion, die das bewirkt, genau zu lokalisieren? Und wenn wir dann ein chemisches Mittel synthetisieren, welches das Schlafbedürfnis, zumindest vorübergehend, abstellen kann? Oder wenn wir, besser noch, einen Bestrahlungsapparat bauen, der, haben wir einmal das Grundprinzip begriffen, vermutlich ebenso leicht herzustellen sein wird wie ein Mikrowellenherd? Die kommerziellen Möglichkeiten sind schwindelerregend.

Ist es also okay, wenn Michael Robertson versucht, bei Maggie O'Connell zu landen? Ich glaube schon, ja.

Muß weg. Sobald sich etwas tut, hörst Du von mir.

Joel

MINNIFIELD COMMUNICATIONS
Cicely, Alaska

Agentur Samuel French
New York, New York

12. April

Sehr geehrte Damen und Herren,

ich möchte eine Laienaufführung eines der folgenden Musicals inszenieren:

1) The King and I
2) My Fair Lady
3) Guys and Dolls
4) Oklahoma!
5) The West Side Story

Lassen Sie mich bitte wissen, welches der genannten Musicals von Ihnen rechtlich betreut wird, und nennen Sie mir Ihre Gebührensätze für Partituren, Tantiemen, Textbücher usw. Ich sage „Laienaufführung“, obwohl ich vielleicht Eintrittskarten verkaufen werde, doch werden sämtliche eventuellen Einnahmen wohltätigen Zwecken zugeleitet. Dabei will ich nicht verhehlen, daß jene Spende sich in der Höhe meiner Rechnung bei einem Lebensmittelversand in Anchorage bewegen könnte, falls die Inszenierung sich als so problematisch und nervenaufreibend erweisen sollte, wie leider zu befürchten steht. Mit anderen Worten, teilen Sie mir die Gebührensätze sowohl für kommerzielle Aufführungen wie für Wohltätigkeitsveranstaltungen mit.

Mit freundlichem Gruß
Maurice Minnifield

Sergeant Barbara Semanski
Alaska State Police, Revier 7
Tok, Alaska

12. April

Liebe Barbara,

ich melde mich heute schriftlich bei Ihnen, statt Sie einfach anzurufen, denn ich möchte, daß Sie sich meinen Vorschlag sehr genau überlegen. Es ist für mich sehr wichtig, und ich bekenne, daß ich gehöriges Fracksausen habe, wenn ich Ihnen meine Frage stelle. Ich fürchte sogar, Sie werden denken, ich mache Witze. Glauben Sie mir, Barbara, ich meine es ganz ernst. Lassen Sie mich Ihnen von Anfang an meine Ernsthaftigkeit bei diesem Projekt versichern: Ich glaube, zusammen können wir alle Schwierigkeiten meistern, die sich aus der gestellten Aufgabe ergeben werden. Und ich bin der felsenfesten Überzeugung, daß für uns beide eine große Erfüllung aus dieser Sache erwachsen kann. Ich weiß nicht, was ich sonst noch dazu sagen soll. Also will ich es wagen: *Werden Sie in meinem Musical mitspielen?*

Ich beabsichtige, eine Laienaufführung eines klassischen Broadway-Musicals auf die Beine zu stellen, besetzt mit

Leuten aus Cicely und Umgebung. Aus reiner Lust an der Freude. Wer die Zuschauer sein werden? Jeder, der nicht mitspielt. Ich habe vor, die Produktion selbst zu finanzieren, alle Rechnungen zu begleichen und meine Ausgaben mit den Einnahmen aus dem Kartenverkauf wieder auszugleichen.

Warum? Seit wir in diese Periode der Schlaflosigkeit geraten sind, gehen sich die Cicelyaner mehr und mehr gegenseitig an die Kehlen, maulen sich ohne jeden Grund an oder prügeln gleich aufeinander ein. Nun wissen Sie natürlich, daß ich kein Wohltäter der Menschheit bin. Der allgemeine Zustand der zwischenmenschlichen Beziehungen in Cicely ist für mich nur von vorübergehendem, rein theoretischem Interesse. Ich kümmere mich um meine Angelegenheiten und erwarte, daß die anderen Leute sich um ihre eigenen kümmern. Ich bin kein Sozialarbeiter, der darüber jammert, wie häßlich die Menschen zueinander sind oder daß sie ihre Q-Tips nicht recyclen.

Aber ich bin auch ein Geschäftsmann, und diese frei umherschwirrende Antipathie ist schlecht fürs Geschäft. Wie soll ich Charlie Rouse oder einen anderen Investor hierherbringen und dazu animieren, 200 bis 300 Millionen Dollar in die Region zu stecken, wenn die dazugehörige Stadt wie ein Verein von Amokläufern wirkt?

Deshalb habe ich gedacht: Führen wir doch ein Musical auf! Denn ganz egal, wie alt einer ist, welchen sozialen Hintergrund er hat oder welche Kunstrichtung er bevorzugt – und ganz Wurst, auf wen er wütend ist oder wie mies seine Laune ist: Steht er bei einem dieser wunderbaren Beispiele für Musiktheater auf der Bühne oder sitzt im Parkett, dann garantiere ich dafür, daß er das Theater nicht ohne ein Lied im Herzen, eine Träne im Auge und ein Lächeln auf den Lippen verläßt. Ein solches Projekt wird die ganze Stadt wieder zusammenbringen. Mich wundert nur, daß ich nicht schon früher auf diese Idee gekommen bin.

Ich werde bald erste Proben abhalten, um die Rollen zu besetzen. Noch habe ich mich nicht für ein bestimmtes

Musical entschieden, doch wird in jedem der fünf, unter denen ich meine Wahl treffen will, eine schöne Rolle für Sie sein.

Bitte erzählen Sie mir nicht, Sie hätten keine Bühnenerfahrung. Erstens sind Sie Polizistin, d. h. Beamtin. Jedesmal, wenn Sie Ihre Knarre umschnallen, spielen Sie schon eine Rolle. Und zweitens geht es allen anderen hier ganz genauso. Ich habe noch nie Regie geführt. Warum sollten wir uns davon abhalten lassen? Das ist Alaska!

Herzlich,
Ihr Maurice

Rudolph Miller
Flanagan, Bender and Zipperstein
265 Michigan Avenue
Chicago, Illinois

17. April

Lieber Rudy,

Sie kennen mich nicht, aber ich bin ein Freund von Ruth-Anne Miller, Ihrer Mutter. Sie hat mich gebeten, Ihnen zu schreiben, um Sie über die neuesten Entwicklungen hier in Cicely zu informieren. Selbst kann sie Ihnen nicht schreiben, weil sie zuviel zu tun hat. Ich soll ausrichten, daß es ihr gut geht und Sie sich keine Sorgen machen müssen. Ich möchte hinzufügen, es geht ihr tatsächlich gut, aber sie hat wirklich keine Zeit.

Sie hat sogar so viel zu tun, daß sie gestern abend nicht mit Dr. Fleischman, Dr. Robertson und Maggie O'Connell reden konnte, die sie für den wissenschaftlichen Aufsatz interviewen wollten, den sie schreiben, um den Nobelpreis zu gewinnen. Er handelt davon, warum wir nicht schlafen.

Maggie fragte Ruth-Anne, ob sie nicht eine halbe Stunde Pause machen könnte, um ein paar Fragen zu beantworten, aber Ruth-Anne meinte, sie müßte noch drei Kisten Campbell's Soup auspacken. Sie hätte aber selbst eine Frage, nämlich ob sie wohl Küchenmaschinen in ihr Angebot nehmen sollte.

Dr. Fleischman sagte: „Absolut, Ruth-Anne, eine ausgezeichnete Idee! Ein paar Popcorn-Maschinen, Mixer . . . Nicht um Holling ins Armenhaus zu bringen, aber immerhin würde das eine Menge Leute autark machen."

Dann sagte Maggie: „Fleischman, nur Sie können auf die Idee kommen, daß ein Mensch autark ist, wenn er sein eigenes Popcorn in seiner eigenen Popcornmaschine machen kann, die beide 500 Meilen weit hierher geflogen werden müssen."

Dr. Fleischman antwortete: „Tut mir leid, O'Connell. Nicht jeder ist ein solches Haushalts-As wie Sie. Hat sie schon mal für Sie gekocht, Mike?"

„Ja, das hat sie in der Tat", bestätigte Dr. Robertson. Er sieht aus wie der Typ in einem Film, der erst ganz toll wirkt, dann aber für den Helden zu einer einzigen Enttäuschung wird.

„Und was gab es? Nein, sagen Sie es nicht . . ."

„Fleischman . . ."

„. . . Lasagne?"

„Ja, Joel, sie hat tatsächlich eine Lasagne gemacht, und sie war abso . . ."

„Und einen Salade Niçoise, stimmt's? Mit hartgekochten Eiern? Man kann über O'Connell sagen, was man will, aber sie weiß, wie man Eier hartkocht."

„Michael", sagte Maggie, „ich rede später mit Ruth-Anne, wenn sie Zeit hat. Gehen wir jetzt ins Büro zurück. Wir müssen noch die transkribierten Interviews ordnen."

Dr. Fleischman protestierte: „Daraus wird nichts, O'Connell. Mike und ich wollen eine Konferenzleitung zu einem Geologen in Seattle anmelden."

„Rufen Sie ihn an, Joel", sagte Dr. Robertson. „Geben Sie ihm die nötigen Informationen, erklären Sie die Situation. Und treffen Sie eine Verabredung für nächste Woche. Ich beteilige mich dann an dem Gespräch. Maggie, booten

Sie Works auf dem Laptop und suchen Sie ein Verzeichnis ‚Outline'. Ordnen Sie die Transkripte nach den Kriterien, die Sie dort finden."

„Okay. Äh . . . Wie?"

„Oh, dann machen Sie das einfach von DOS aus. Ich muß noch ein paar Telefongespräche führen."

„Huh?"

Dr. Fleischman sagte: „Mike, es ist vier Uhr morgens."

„Ich weiß. Ich telefoniere mit Rom."

Dann erinnerte Ruth-Anne sie daran, daß sie noch einen Rat wollte: Ob sie denn nun Küchengeräte führen sollte oder nicht. Zum Beispiel Eismaschinen.

„Eismaschinen?" fragte Dr. Robertson und schaute lachend Dr. Fleischman an. „Das ist, als würde man Erdöl nach Saudi-Arabien exportieren, oder nicht?"

Ruth-Anne sagte nein, es wäre vielmehr, als würde man Ölbrenner nach Saudi-Arabien schicken, und das täte man bestimmt. Es wäre nur, als exportierte man Öl nach Saudi-Arabien, wenn sie Schnee verkaufen würde.

Sie sehen also, es geht ihr gut.

Mit besten Grüßen,
Ed Chigliak

Mr. Barney St. John
State Farm Versicherung
328 Fifth Street
Anchorage, Alaska

18. April

Lieber Barney,

wie geht es Ihnen? Mir geht es gut, Shelly ebenfalls. Ich schreibe Ihnen, weil ich wissen möchte, ob es einen erweiterten Versicherungsschutz für das Brick gibt, der Akte von Vandalismus und mutwillige Beschädigungen einschließt. In letzter Zeit sind alle hier so gereizt, daß vieles zu Bruch gegangen ist. Die heruntergefallenen Gläser und Tabletts gehen auf keine Elchhaut mehr. Gestern abend zum Beispiel ereignete sich folgendes:

Maurice Minnifield kam gegen 19 Uhr herein und hing ein Plakat an der Anschlagswand auf. Das Lokal war brechend voll. Maurice bat um Ruhe und verkündete, daß er „Guys and Dolls" hier inszenieren will, mit Einwohnern von Cicely in sämtlichen Rollen. Dann lud er alle ein, übermorgen zu öffentlichen Besetzungsproben zu kommen.

„Ich habe lange nachgedacht", sagte er, „und bin zu dem Schluß gekommen, daß der Klassiker von Frank Loesser für unsere Zwecke am besten geeignet ist. Die Kostüme können wir leicht selbst machen, wir brauchen keinen englischen Akzent, und im Chor können unbegrenzt viele Frauen und Männer mitmachen."

Sie können sich sicher vorstellen, daß wir nach dieser Ankündigung alle ziemlich perplex waren. Er sagte, er würde Kopien des Textbuches herstellen und eigenhändig jedem Interessierten eine Cassette mit der Musik ziehen. Dann schenkte er uns sein breitestes Lächeln, öffnete die Arme und sagte: „Also wie ist es? Habt ihr Lust?"

Absolute Stille. Die Leute sahen sich verwundert an. Ich dachte, das sind Menschen, die ihr ganzes Leben in der Wildnis verbringen, die wenigsten von ihnen haben je ein Theater von innen gesehen. Vielleicht waren zwei oder drei mal oben in dem kleinen Theater bei Sourdough, aber das war's dann schon.

Maurice lauschte ein paar Sekunden lang bewegungslos dem Schweigen, doch dann blinzelte er und sah sich im Raum um. „Ich habe eine Menge Zeit, Energie und meinen guten Namen investiert, um einige der wichtigsten Köpfe der Nation hierher zu holen. Ein Filmstar, dessen Identität ich noch nicht preisgeben darf, kann jeden Tag mit gezücktem Scheckbuch hier aufkreuzen. Ich will, daß diese Leute eine glückliche und friedliche Stadt vorfinden. Ihr wißt alle, wie sehr wir uns in der letzten Zeit auf die

Nerven gehen. Ich glaube fest daran, daß eine solche Theateraufführung eine gute Therapie für uns alle ist."

Dann stand Don Galen, ein Mechaniker, auf und schrie: „Warum spielen wir nicht ‚Ein Käfig voller Narren'?"

Alle nickten und murmelten: „Das ist ein verdammt gutes Stück" oder so, bis Maurice um Ruhe bat. „Weil wir ein Stück mit ausgeglichener Besetzung von Männern und Frauen brauchen. ‚Ein Käfig voller Narren' spielt nur unter Schw . . . unter Homosexuellen."

„Das ist nicht der wahre Grund", sagte jemand. Maurice schaute sich um und erkannte, wer es war: Ed Chigliak, der seit einiger Zeit ganz besonders sauer auf Maurice ist.

„Nun, Ed, vielleicht sagst du mir auch, warum."

„Wir spielen nicht ‚Ein Käfig voller Narren', weil Sie das Musical nicht mögen. Sie haben mir selbst gesagt, die Musik wäre zum Davonlaufen. Ohne Substanz, die reine Effekthascherei. Genau das haben Sie gesagt, Maurice."

Plötzlich redeten alle durcheinander. „‚Camelot' ist sehr farbenprächtig." – „Mir gefällt ‚West Side Story' besser." – „‚South Pacific', oder ich mache nicht mit." – „‚Oh Calcutta', da brauchen wir keine Kostüme." Und so weiter.

Aber die lauteste von allen war meine Shelly! „Reg dich bloß ab, Ed", schrie sie, während sie gerade ein Tablett mit fünf vollen Biergläsern ins Lokal trug. „Wenn Maurice ‚Ein Käfig voller Narren' nicht mag, wen interessiert das schon?"

Ed, ein sehr wohlerzogener und schüchterner junger Mann, schien verletzt zu sein und sagte mit großen Hundeaugen: „Ich habe doch nur die Wahrheit gesagt."

Bei diesen Worten ließ Shelly das Tablett fallen. Die Gläser zerbrachen, das Bier floß über den Boden, und sie brüllte aus Leibeskräften: „Mach nicht dieses gelangweilte Gesicht! Ich halte das nicht aus! Ich kann dieses gelangweiltlässige Gesicht einfach nicht mehr ertragen!"

„Ich bitte Sie . . .", sagte Maurice. Aber er wurde unterbrochen, denn am anderen Ende der Bar erhob sich Chris Stevens, unser Radiomensch hier. In letzter Zeit finde ich seine bloße Gegenwart schon unerträglich, und als er dann sagte: „Das Gesicht eines Mannes ist seine Seele. Männer färben ihr Gesicht nicht und malen sich nicht die Lippen an", sah ich rot.

Shelly fragte: „Huh, was soll das heißen?"

Ich trat dazwischen: „Chris, ich wäre Ihnen sehr dankbar, wenn Sie mein Lokal verlassen würden."

„Weshalb, Holling?" sagte jemand, und es war Marilyn Whirlwind, eine Indianerin aus unserer Stadt. „Was Chris sagt, ist wahr."

„Marilyn . . .", begann ich . . . Aber in diesem Moment zeigte Maurice auf sie und brüllte: „Verdammt! Läßt du sie so mit dir reden, Vincoeur?"

Inzwischen schrien schon alle durcheinander, standen auf, schüttelten die Fäuste, Geschirr fiel von den Tischen, Gläser zerbrachen oder wurden zertreten . . . Und das Erstaunliche dabei ist, Barney: Es gab keine Schlägerei! Niemand schlug zu. Statt dessen hörte ich einzelne gebrüllte Sätze wie: „Könntest du nicht einmal im Leben einen anderen Gürtel umschnallen!" oder „Ich hasse deinen Bart. Hörst du? Ich hasse ihn!" Und einer nach dem anderen verließ fluchtartig die Bar. Beim Weggehen richteten sie noch den größten Schaden an, warfen Stühle und Tische um, stießen Gläser zu Boden und so weiter.

Als schließlich nur noch etwa acht Leute da waren und sich ein einziges Bild der Verwüstung bot, sah sich Maurice um. Alles war vollkommen still, als er sagte: „Morgen liegt in meinem Büro eine Liste aus, wo man sich eintragen kann. Rollenbeschreibungen finden sich dort ebenfalls. Textbücher auf Anfrage. Also Leute . . ." Er unterbrach sich, um etwas Senf von seinem Ärmel zu wischen, und fuhr dann fort: „Laßt uns zusammen ins Zauberreich der Kunst aufbrechen."

Gibt es einen Versicherungsschutz für so was? Lassen Sie mich das bitte bald wissen. Sie können mich jederzeit anrufen.

Herzliche Grüße
Ihr Holling Vincoeur

Mr. Charles McDevitt
Steuerberater
3383 Fourth Avenue
Anchorage, Alaska

18. April

Charley,

danke, daß Sie die Stundung durchgesetzt haben. Jeder Tag, den wir die fällige Summe noch in unseren Händen behalten, ist ein kleiner Sieg.

Eine andere Frage: Als Teil meines Werbefeldzugs für Cicely beabsichtige ich, ein Musical aufzuführen. Sind die Ausgaben, die dabei auf mich zukommen, steuerabzugsfähig? Ich habe vor, nur lokale Talente einzusetzen. Da jedoch in unser Gemeinde ein geeigneter Ort für eine solche Veranstaltung fehlt, werde ich vielleicht Umbaumaßnahmen in einem meiner Gebäude durchführen lassen, d. h. in ein oder zwei Läden an der Hauptstraße oder sogar in meinem Privathaus.

Wäre solch ein Umbau eine Investition, die den gesamten Besitz aufwertet und so auf lange Sicht absetzbar ist? Oder kann ich ihn als normale Geschäftsausgabe deklarieren? Ich weiß, da ist eine Grauzone. Aber glauben Sie mir, ich tue das einzig und allein, um die Harmonie in Cicely wiederherzustellen und damit das Feld zu bestellen für den Besuch einiger Investoren, die ich persönlich eingeladen habe. Denn es muß etwas geschehen. Hier liegen sämtliche Nervenenden bloß.

Grüße an Bonnie.

Herzlich,
Maurice

Mr. John Newton
KZAK
Anchorage, Alaska

18. April

Lieber John,

ich weiß, ich könnte Dich anrufen, aber ich wollte dies zu Papier bringen, damit es so lange auf Deinem Schreibtisch liegen kann, bis Dein Gewissen schlecht genug ist, daß Du mir meine Bitte erfüllst. Ohne groß auf die Details und Hintergründe einzugehen, von denen es jede Menge gibt, will ich Dir nur kurz mitteilen, daß ich beabsichtige, hier in Cicely „Guys and Dolls“ zu inszenieren. Die Aufführung soll Ende Mai stattfinden. Alle Rollen werden mit Leuten aus dem Ort besetzt.

Da der Zweck dieser Unternehmung eher ein therapeutischer denn ein ästhetischer ist, benötige ich kein Orchester. Tatsächlich genügt mir ein Piano vollauf. Nun haben wir hier in der Stadt eine junge Dame, die verdammt gut Klavier spielt; sie spielt zwar nicht perfekt vom Blatt, aber mit ein bißchen Übung wäre sie absolut ideal.

Der Haken dabei ist nur, daß sie mir in letzter Zeit fürchterlich auf die Nerven geht. Und so ist die ganze Stadt: jeder haßt irgendeinen anderen. Eigentlich ist es weniger Haß als vielmehr eine Art Antipathie, die einen auf die Palme bringt. Nun bringt *mich* ausgerechnet dieses Mädchen auf die Palme. Lieber würde ich mich mit einer Motorsäge rasieren, als sie in meiner Aufführung spielen zu lassen. Deshalb frage ich Dich, ob Du vielleicht jemanden in Anchorage kennst, der daran Interesse hätte. Uns beide verbindet eine große Liebe zum amerikanischen Musiktheater, deshalb traue ich Dir zu, den richtigen Pianisten zu finden.

Ich werde den Musiker, der gern auch eine Dame sein darf, nur eben nicht jene, bezahlen und in meinem Gästezimmer unterbringen. Die Proben beginnen vermutlich am Montag, dem 4. Mai, und werden etwa vier Wochen dauern. Gespielt wird wahrscheinlich die ganze erste Juniwoche.

Es wird sicher kein Zuckerschlecken, denn die ganze Stadt ist gereizt und hoch explosiv. Und selbst unter den denkbar besten Voraussetzungen haben wir es immer noch mit einer Laientruppe von kaum zu überbietender Ahnungslosigkeit zu tun; also sollte der Musiker schon eine gehörige Portion Gelassenheit und Humor mitbringen. Aber laß mich gleich hinzufügen, daß ich an Cicely glaube und weiß, daß meine Mitbürger alles tun werden, damit er oder sie sich hier zu Hause fühlt. Alle außer Marilyn Whirlwind.

Herzlich,
Maurice Minnifield

18/4

Liebste Mutter,

fast hätte ich gefragt: Wie geht es Dir, aber wem will ich was vormachen? Es ist mir im Grunde GANZ EGAL.

Mir geht's gut. Nicht daß ich inzwischen wieder schlafen würde. Nein, das „tun" wir hier alle nicht mehr. Kannst Du Dir vorstellen, welch eine Qual es ist, andauernd in einem höheren Bewußtsein eingesperrt zu sein, 24 Stunden am Tag? Die schmerzhafte Klarheit, die schneidende Bewußtheit . . . Ach, VERGISS ES! Falls Du Dich fragst, ob ein Freund aus Singapur mir kürzlich ein Paket mit Kokosmilch geschickt hat, so lautet die Antwort: Ja! Ich mache Curry-Sauce. Lasse sie langsam köcheln. Köcheln! Bei der geringstmöglichen Hitze, so daß es gerade noch Blasen wirft. Ich stelle den Herd so fein ein, daß ich höchstens alle zwanzig Sekunden eine Blase bekomme. *Es interessiert Dich vielleicht, daß ich ein bleiernes Schwungrad von 15 Zentimeter Durchmesser und 4,5 Kilogramm Gewicht auf der rechten vorderen Herdplatte installiert habe, um möglichst genaue Temperatureinstellungen vornehmen zu können.* Dann sitze ich da und starre in die köchelnde Sauce, und wehe, ein Bläschen wagt sich zu früh an die Oberfläche. Natürlich kostet das Zeit. Aber davon habe ich jetzt mehr als genug. Gestern habe ich die Bläschen 18 Stunden lang kontrolliert, bis ich sicher war, daß alles ordnungsgemäß ablief. Dann ließ ich die Sauce noch einmal 12 Stunden köcheln. Auf diese Art kocht die Kokosmilch fast zu einem Gelee ein. Das Resultat war durchaus akzeptabel.

Dann ging ich in die Stadt. Warum? VIELLEICHT HATTE ES MIT DEM UMSTAND ZU TUN, DASS JENES BLEIERNE SCHWUNGRAD AUF MEINEN NACKTEN „FUSS“ FIEL UND MIR SÄMTLICHE ZEHEN ZERQUETSCHTE.

Ich ging also in die Praxis unseres Arztes, Dr. Fleischman heißt er. Vorne an der Rezeption saß Maggie O'Connell. ICH WEISS, DASS DU SIE NICHT KENNST. Ich war überrascht. Aber in der gegenwärtigen Situation, so stellte sich heraus, arbeitet Maggie tagsüber in der Praxis, und Marilyn – das ist die mit diesem großartigen Totem-Kopf, die einzige Frau in dieser ganzen jämmerlichen Stadt, die ich respektiere – hat die Nachtschicht. Und jetzt eine Darstellung der folgenden Ereignisse . . .

Dr. Joel taucht aus dem Behandlungszimmer auf. Er sieht mich unter den anderen Wartenden. Seine Begrüßung? Ein kurzes, unfreundliches: „Was?“

Natürlich will ich ihm nicht die Genugtuung verschaffen, meine Schmerzen zuzugeben. „Nichts“, gebe ich zurück. „Ich wollte nur ein wenig Unterhaltung, deshalb bin ich hergekommen.“

„Fleischman“, sagt Maggie von ihrem Schreibtisch aus, äußerst mißbilligend! „Der Mann humpelt mit blutenden Zehen hier rein, und Sie kriegen nichts weiter raus als ein dummes ‚Was‘?“

Fleischman, das Schwein, lacht. „Hat er Ihnen das erzählt, O'Connell? Blutende Zehen?“

„Nein, das hat er mir nicht erzählt“, pariert sie. Pariert ist das richtige Wort! „Er mußte mir gar nichts erzählen, Fleischman . . .“

„Weil Sie Hellseherin sind?“ Er wendet sich an die Reihe von unbeteiligt herumsitzenden Indianern, murrenden Holzfällern und schlecht gelaunten IDIOTEN und die restlichen ehrenwerten Damen und Herren im Wartezimmer: „Madame Maggie! Handlesen, Kaffeesatz . . .“

„Fleischman, ich weiß zufällig ganz genau, daß er blutende Zehen hat . . .“

„Und woher, O’Connell?“

„Weil er keine Schuhe anhat.“

Fleischman schaut auf meine Füße. HIERMIT VERFLUCHE ICH DIE FRAU, DIE MEIN GEHEIMNIS PREISGEGEBEN HAT. „Adam, was ist passiert? Sind Sie . . .“

„Bin ich was?“ sage ich, unerschütterlich in meiner Überzeugung, egal wovon.

„Sind Sie zu FUSS hierher gekommen, in diesem Zustand?“

„Nein“, brumme ich. „Ich bin geflogen. Mit ’nem Zettelchen im Schnäbelchen.“

Dr. Fleischman verzieht das Gesicht. Angeekelt! Eines Tages mache ich Hackfleisch aus ihm. Und dabei empfinde ich eigentlich eine so tiefe Zuneigung zu dem Mann . . . „Lassen Sie mich das zuerst verbinden“, sagt er. Und dann, an die anderen im Wartezimmer gerichtet: „Sie haben doch nichts dagegen? Immerhin blutet er . . .“

Niemand hat was dagegen, und als der edle Arzt mich ins Behandlungszimmer führt, stößt seine Sprechstundenhilfe zwischen zusammengebissenen Zähnen hervor: „Ich erwarte eine Entschuldigung, Fleischman!“

Ich drehe mich zu ihr um und antworte: „So empfindlich, Schwester Margaret?“

„Wofür, O’Connell?“ bellt Fleischman.

„Für diesen Witz mit der Hellseherei.“

„Ich entschuldige mich.“

„Sagen Sie es so, als ob Sie es ernst meinten.“

„Ich meine es aber nicht ernst.“

„Sie sind unglaublich, Fleischman! Warum müssen Sie immer das letzte Wort haben? Wenn nicht bei Ihren Patienten, dann bei mir und Michael. Es paßt Ihnen wohl nicht, daß wir so eng zusammenarbeiten.“

„O’Connell, Sie entwickeln offenbar allmählich Wahnvorstellungen! Glauben Sie etwa ernsthaft, daß Ihre Rolle bei dem Projekt auch nur im entferntesten mit meiner vergleichbar ist? Daß meine kollegiale Zusammenarbeit mit Dr. Robertson durch Ihre zweitrangige Funktion als bessere Sekretärin irgendwie gefährdet werden könnte?“

„KINDER!“ hab’ ich da dazwischengeschrien. „WARUM KÖNNEN WIR NICHT ALLE EINFACH AMERIKANER SEIN UND EINANDER LIEBEN?“

Aber sie haben gar nicht hingehört. Das tun sie nie.

Alles Liebe von Deinem Sohn. Ich brauche Geld.

Madame, immer
Ihr Adam

20. April

Liebe Jen,

jetzt ist es passiert! Wir, Michael und ich, waren im Büro und haben gearbeitet. Es war 2.30 Uhr, aber das hieß nur, daß es draußen dunkel war. Feste Arbeitszeiten gibt es hier schon lange nicht mehr. Ich tippte auf dem Laptop, er kontrollierte zunächst Daten . . . Aber plötzlich beugte er sich über meine Schulter. Vielleicht wollte er wirklich nur lesen, was ich schrieb. Jedenfalls flüsterte er: „Maggie.“

Ich hörte auf zu tippen. Sein Gesicht war etwa zehn Zentimeter von meinem Nacken entfernt. „Uh . . . Michael?“

„Im Ernst . . . Waren wir nicht lange genug schüchtern?“

„Uh, wirklich . . .“

Natürlich wußte ich, was auf mich zukam, und vermutlich hätte ich mich dem auch entziehen können. Ein Teil von mir wollte, daß es passierte, was mich nicht überraschte, aber ein anderer Teil wollte es nicht; das überraschte mich um so mehr. Er küßte meinen Nacken, und das war sehr angenehm. Dann setzte er seine Erkundungen fort. Aber als ich gerade kurz davor war, voll darauf abzufahren, ging irgendwo in mir eine Schranke runter. Also wand ich mich los und sagte: „Nicht hier.“

Er schwieg einen Moment, dann sagte er: „Bei Ihnen?“

„Nein . . .“

Er sah mich fragend an. „Bei mir?“

Ich lachte. Er bewohnt ein Zimmer in Ella Capaldis Haus. Ella ist eine neugierige, paranoide alte Schachtel, die Zimmer vermietet, und es bedurfte eines Anrufs von Fleischman – er mußte sozusagen ein *Rezept* ausstellen –, damit sie Michael einen Schlüssel gab und er kommen und gehen konnte, wann er wollte. Die Vorstellung, wir könnten zusammen dorthin gehen, war völlig absurd.

Also schüttelte ich den Kopf und sagte: „Nein, dort auch nicht. Ich glaube, ich will damit sagen . . . nicht jetzt.“

„Noch nicht?“

„Ja. Das heißt . . . Nein. Ich weiß nicht. Einfach im Moment *nicht.*“

Er zuckte die Achseln, nickte und ging wieder an seine Arbeit. Nach ein paar Minuten sagte ich: „Michael?“

„Ja, Maggie?“

„Was ist das Rockstoffen-Experiment?“

„Nichts.“

„Ist es . . . Sind wir in Gefahr?“

„Nein. Vergessen Sie das. Hey, soll ich Ihnen vielleicht den Nacken massieren? Man sagt, ich sei sehr gut darin.“

„Nein, danke.“

„Wie Sie wünschen.“

Habe ich das Richtige getan? Bitte gib mir einen Rat.

Aufgelöst,
Maggie

21. April

Liebe Tante Ilene,

wie geht es Dir? Mir geht es gut. Vermutlich interessiert Dich, was wir zur Zeit hier in Cicely tun: Wir planen eine Inszenierung von „Guys and Dolls“, die wahrscheinlich

Sonntag, den 31. Mai Premiere haben wird. Vielleicht möchtest Du kommen. Ich werde bei der Aufführung Klavier spielen.

Fast wäre es anders gekommen. Aber Maurice Minnifield, der die Sache leitet, kam in die Praxis, wo ich arbeite. Er sagte, daß er mich in letzter Zeit unausstehlich gefunden hat. Ich sagte, daß ich das kenne, weil es mir mit Holling Vincoeur genauso geht. Er meinte, wir alle wären Opfer dieser Antipathie, und die Zukunft Cicelys würde davon abhängen, daß wir das überwinden. Das wiederum würde davon abhängen, daß wir seine Inszenierung von „Guys and Dolls" aufführen, und die hängt davon ab, daß ich dazu Klavier spiele. Er sagte, er wäre nun wegen der Zukunft Cicelys entschlossen, seinen Zorn auf mich zu überwinden, und fragte mich, ob ich Klavier spielen wollte. Ich sagte, das hängt davon ab. Er fragte, wovon. Ich sagte, von einer ganz wichtigen Sache. Er sagte, gut, was denn? Wenn es darum gehen würde, ob er mitspielt oder nicht, dann wäre die Antwort nein. Ich sagte, das ist es nicht. Er fragte, was denn? Ich sagte: Wird Holling mitspielen? Er sagte, nun ja, vermutlich.

Die Besetzungsproben laufen gut, und er könnte mir versprechen, daß Holling keine Hauptrolle bekommen wird. Aber wenn es darum geht, Holling oder Sie zu bekommen, dann könnte ich eher auf Holling verzichten, sagte Maurice.

Ich sagte ihm, ich würde darüber nachdenken. Aber ich glaube, ich sage zu. Klingt ganz spannend. Solange nur Holling nicht neben mir am Klavier sitzt und die Seiten umblättert.

Mit herzlichen Grüßen,
Marilyn

Mr. Kurt Anderson
Spy Magazine
5 Union Square West
New York, NY 10003

23/4

Sehr geehrter Mr. Anderson,

mit einem leichten, doch durchaus spürbaren Mißvergnügen stelle ich fest, daß Sie meinen Brief vom soundsovielten immer noch nicht beantwortet haben. Was ja auch völlig in Ordnung ist. Darin – ich brauche Sie bestimmt nicht daran zu erinnern – bot ich an, für „Spy" einen Artikel zu schreiben über die kleine Stadt in Alaska, in der ich lebe: „Cicely, die Kleinstadt, die niemals schläft", sollte der Titel sein. Das wirkt zunächst nur wie eine Verarschung von Frank Sinatras „New York, New York", ist aber buchstäblich so gemeint, wie's da steht. Also todernst! Was ich sagen will und vielleicht dabei scheitere, ist, daß wir Einwohner von Cicely, Alaska, aufgrund von Sonnenflecken und Magnetfeldfluktuationen seit dem 29. Februar nicht mehr geschlafen haben.

Hiermit will ich mein Angebot präzisieren. Ich arbeite derzeit mit Dr. Michael Robertson vom Wilson-Institut für Neurologie in Philadelphia zusammen. Wir führen eine wissenschaftliche Untersuchung dieses Schlaflosigkeitsphänomens durch und werden in absehbarer Zeit einen Aufsatz in einer der großen medizinischen Fachzeitschriften publizieren.

So ernst also ist die Sache – und deshalb halte ich sie auch für extrem „Spy"-geeignet. Die Einschaltung Dr. Robertsons hat bereits ein gewisses Medieninteresse geweckt. Erst heute früh – damit meine ich 4 Uhr unserer Zeit – gab Dr. Robertson telefonisch ein Rundfunkinterview, das in wenigen Tagen landesweit ausgestrahlt werden soll. Ich war im Büro, als Robert Siegel vom National Public Radio Dr. Robertson interviewte. Es ging dabei um eine Theorie (meine eigene, beiläufig bemerkt), nach der der Sitz jener Störung irgendwo in der neuronalen Verbindung zwischen der retikulären Formation im Mittelhirn und dem Mechanismus der circadianen Rhythmik im Hypothalamus zu suchen ist. Klingt beeindruckend, nicht wahr? Das will ich hoffen! Jedenfalls klang es so, als Dr. Robertson die Hypothese Robert Siegel erläuterte, ohne übrigens, wie ich bemerken mußte, den Urheber der Theorie zu benennen.

Was mir für „Spy“ vorschwebt, ist so etwas wie die James-Watkins/Doppelhelix-Geschichte, also eine Hintergrundstory. Die sich natürlich noch immer weiter entwickelt. Deshalb würde ich nur äußerst ungern meinen Artikel schreiben, bevor die Anomalie restlos aufgeklärt ist, im Idealfall durch Dr. Robertsons und meine Arbeit.

Ich weiß, daß „Spy“ an solchen wahren, aber ausgerasteten Wissenschaftsstories Interesse hat. Hier ist ein wahres und ausgerastetes Phänomen, erlebt von ausgerasteten, aber wahrheitsliebenden Bürgern Alaskas, beschrieben von wahrheitsliebenden, nicht-ausgerasteten Wissenschaftlern. Was wollen Sie mehr?

Ich warte auf Ihre Antwort.

Mit freundlichen Grüßen
Dr. med. Joel Fleischman

MINNIFIELD COMMUNICATIONS
Cicely, Alaska
„GUYS AND DOLLS“

Offizielle Besetzungsliste

Sky Masterson, ein Spieler	Chris Stevens
Nathan Detroit, Veranstalter von Würfelspielen	Joel Fleischman
Sarah Brown, Mädchen bei der Heilsarmee	Maggie O'Connell
Miss Adelaide, Freundin von Nathan	Shelly Tambo
Nicely Nicely Johnson, schwerer Junge	Ed Chigliak
Harry the Horse, dto.	Dave
Big Jule, Chicago-Gangster	Holling Vincoeur
Matilda B. Cartwright, Kapitän der Heilsarmee	Barbara Semanski
Diverse Spieler	N.N.
The Hot Box Girls, Tänzerinnen	N.N.
Angehörige der Heilsarmee	R.-A. Miller, N.N.
Piano	Marilyn Whirlwind

Produktion, Ausstattung und Regie:
Maurice Minnifield

24. April

Liebe Tawni,

schau Dir diese Liste gut an! IST DAS NICHT WAHNSINN!! Kannst Du glauben, daß ich eine HAUPTROLLE in unserer neuen Show bekommen habe? Ich habe Maurice natürlich gesagt, daß es schön wäre, wenn ich auch auf der Bühne Hollings Partnerin sein könnte, daß ich aber Verständnis hätte, wenn es eher jemand in meinem Alter sein müßte. Also ist Dr. Fleischman mein Partner, der tatsächlich auch ganz süß ist. Obwohl es bestimmt komisch sein wird, eine Liebesszene mit seinem ARZT zu spielen.

Jedenfalls spiele ich diese scharfe Nachtclubtänzerin! Ich kann's kaum erwarten. Außerdem habe ich auch ein paar Songs. Einer ist ein SOLO, der Text handelt davon, wie man eine Erkältung bekommt (!!), der andere ist ein Duett mit Dr. Fleischman. Ich bin TOTAL AUFGEREGT. Ich habe Maurice gefragt, wer uns die Tanznummern beibringt, und er sagte, daß er daran arbeitet.

Es gibt nur ein Problem: Da ist ein Junge mit dabei, Ed Chigliak, der mir zur Zeit höllisch auf die Nerven geht. Aber ich glaube nicht, daß ich Szenen mit ihm gemeinsam habe. Natürlich ist uns allen inzwischen klar, daß jeder einem anderen auf die Nerven fällt. Maurice sagt, darum geht es, das ist der Grund, warum wir überhaupt Theater spielen.

Kannst Du kommen? Ich weiß, es sind 700 Meilen, aber trotzdem: Versuche es, unbedingt! Du kannst ein paar Tage bei uns bleiben, und wir stellen die Bude auf den Kopf. Außerdem kannst Du endlich Holling kennenlernen, der, frag Cyndy, ultranett ist. (Ich bin so gespannt, ihn in seinem Kostüm zu sehen! Du wirst es für völlig unmöglich halten, aber er wird tatsächlich einen ANZUG anhaben!!)

Gib mir bald Bescheid.

Shells

25. April

Lieber Jack,

erinnerst Du Dich an den Brief, den ich Dir vorgestern geschrieben habe und den Du wahrscheinlich noch gar nicht bekommen hast? Nun, Du wirst ihn jedenfalls bekommen haben, bevor Du diesen hier erhältst, es sei denn, es kommt irgend etwas dazwischen. Vergiß ihn. Er ist überholt.

Hier der allerneueste Stand: Ich kam heute früh in Fleischmans Praxis. Er war bereits da. Es war, ach egal, so um 9 Uhr rum. Er fragte: „Wo waren Sie?“ Ich: „Was soll das heißen, wo war ich?“ Er: „Wir wollten uns um 7.30 Uhr hier treffen.“ Ich: „Tut mir leid. Sie haben recht. Ich hab's vergessen. Ich habe mit Michael gearbeitet.“

Dem läßt sich schwer folgen, stimmt's? Wie wär's damit:

FLEISCHMAN: „Was haben Sie getan?“

ICH: „Was glauben Sie, Fleischman? Interviews transkribiert.“

F: „Warum muß er dabeisein? Können Sie nicht einfach das Band abhören und tippen, was gesprochen wird?“

ICH: „Wir diskutieren, was relevant ist und was nicht. Was kümmert Sie das?“

F: „Weil es Vereinbarungen zwischen Ihnen und mir betrifft. Ich kann hier nicht rechtzeitig weg, um MEINE Arbeit mit ihm fortzusetzen, die, wenn Sie verzeihen, vielleicht ein klein wenig wichtiger ist als das Abschreiben von Bändern.“

ICH (WÜTEND): „Fleischman, Sie sind unglaublich! Seit zwei Jahren sehe ich mir Ihre Arroganz nun schon an, und es gab Zeiten, da war ich kurz davor, das Guinness-Buch der Rekorde anzurufen, um sicherzustellen, daß Ihnen die verdiente Anerkennung dafür zuteil wird. Aber das . . .!“

F: „O'Connell, was glauben Sie denn, was das ist? Ein Proseminar, wo jeder mal mit dem Professor reden darf? Das ist WISSENSCHAFT, verstanden? Das ist eine professionell durchgeführte wissenschaftliche Forschung. Wo jeder seinen ODER IHREN Job zu tun hat, Verpflichtungen erfüllen muß und wo die Arbeitszeit nicht zum Herumspielen da ist . . .“

ICH: „WAS?“

F: „. . . und man nicht noch rasch eine Stunde mit ‚Michael‘ dranhängt, weil es so gemütlich und nett ist, sich gemeinsam über den Laptop zu beugen.“

ICH: „Wie können Sie es wagen . . .! Nein. Nein. Fleischman, ich werde nicht die Beherrschung verlieren. Weil ich genau sehe, was sich hier abspielt. Sie sind eifersüchtig.

Daddy verbringt mehr Zeit mit der kleinen Schwester als mit dem lieben Joel, und das macht Sie wütend."

F: „Oh, sehr gerissen. Reduzieren Sie nur alles auf Lieschen Müllers Vorstellungen von Psychoanalyse. Offen gestanden, O'Connell, ich bin überrascht. Das ist nun selbst noch unter *Ihrem* Niveau. Oder vielleicht . . . Vielleicht sind Sie sich selbst nicht über Ihre eigene Psyche im klaren."

ICH: „Was soll das heißen?"

F: „Daß Sie sich entscheiden müssen, was wichtiger ist: die Gesundheit der Bürger dieser Stadt oder Ihr Privatleben."

ICH: „Fleischman, sind das vielleicht die verspäteten Folgen des Schlafentzugs? Plötzliche, massive Zusammenbrüche des Denkvermögens? Sind Sie dabei, hier vor meinen Augen Ihr letztes bißchen Verstand zu verlieren?"

F: „Ich brauche Sie hier! In dieser Praxis! Cicely braucht Sie! Es ist hart genug für mich, daß ich hier zwei Schichten abreißen muß UND außerdem Dr. Robertson noch helfe, dieser Sache auf den Grund zu gehen . . ."

ICH: „Entschuldigen Sie, Dr. Schweitzer! Ich vergesse immer wieder, daß Sie ein Heiliger sind und mit Michael aus rein altruistischen Motiven an dieser Sache arbeiten, ohne dabei im geringsten an Ihre Karriere zu denken."

F: „Nein, nein und abermals nein! Doch wenn Cicely medizinisch richtig versorgt werden soll, dann muß immer jemand in der Praxis sein, zumindest eine der Helferinnen. Also . . ."

ICH: „Also was? Was wollen Sie sagen, Fleischman? Spucken Sie's schon aus!"

F: „Sie müssen sich entscheiden: Er oder ich!"

ICH (VERBLÜFFT, MIT OFFENEM MUND NACH LUFT SCHNAPPEND): „. . .??? Wie bitte?"

F: „Sie haben mich sehr gut verstanden. Ich kann meine Praxis nicht ordnungsgemäß führen, wenn meine Sprechstundenhilfe sich anderswo herumtreibt. Entweder Sie arbeiten für Dr. Robertson oder für mich. Sie haben die Wahl."

ICH: „NEIN! Ich werde mich nicht entscheiden! Das ist ohne Zweifel die lächerlichste, die erbärmlichste und albernste . . .“

F: „Gut. Sie sind gefeuert.“

ICH: „Fleischman, BITTE seien Sie nicht so . . .“

F: „Ich bin überhaupt nicht irgendwie. Ich versuche nur, meinen Beruf vernünftig auszuüben.“

ICH: „Sie sind wirklich eifersüchtig, stimmt's? Das ist . . . irgendwie süß, wenn auch auf eine empörende, abstoßende Art . . .“

F: „Ich bin sehr beschäftigt, O'Connell. Bitte entschuldigen Sie mich!“

. . . Und er verschwand türenschlagend in seinem Sprechzimmer. Was bedeutet das alles? Es bedeutet, daß ich wieder Ruth-Anne im Laden helfen werde und Holling im Brick. Was ja ganz in Ordnung ist. Es bedeutet aber auch, daß Fleischman und ich uns meiden werden wie die Pest, zumindest, bis das alles vorbei ist, was wohl noch ewig dauern kann. Es bedeutet, daß Michael zwischen uns steht.

Und es bedeutet, daß ich nicht in dem Musical mitspielen werde. Allein der Gedanke, mit ihm auf der Bühne zu stehen, auch wenn Nathan Detroit und Sarah Brown kaum gemeinsame Auftritte haben und es nicht einmal eine richtige Bühne gibt, ist im Augenblick einfach zu viel für mich.

Ansonsten geht's mir gut. Und Dir?

Küßchen,
Maggie

25/4

Liebe Mom,

es tut mir leid, aber Du wirst Deine Reservierungen streichen müssen. Ich werde nicht in „Guys and Dolls“ mitspielen, wie ich am Telefon angekündigt hatte. Es ist eine lange Geschichte, aber schlußendlich liegt es daran, daß ich meine ärztlichen Verpflichtungen nicht vernachlässigen will. Ich weiß, Ihr habt Euch beide gefreut, mich hier zu besuchen, aber die Aufführung findet nun definitiv ohne mich statt. Aufgeschoben ist nicht aufgehoben, vielleicht bietet sich ja demnächst eine andere Gelegenheit.

Danke übrigens fürs Pastrami. Und für den Gefilten Fisch, obwohl es hier so viel frischen Lachs gibt, daß es in Zukunft vielleicht genügt, wenn Du mir ein Rezept dafür schickst; ich kann das dann selbst zubereiten. Die Eskimos trocknen den Lachs in der Sonne und essen ihn aus der Hand. Sie nennen das Eskimo-Bonbons. Und wenn Du Dir das schon schlimm vorstellst – was es nicht einmal ist –, dann versuche einmal Eskimo-Eis. Jemand hat mir welches angeboten, und ich hab' gedacht: Oh, eine Art Eskimo-Kuchen, Vanilleeis mit Schokoladensauce. Nun, nicht wirklich. Tatsächlich ist es geschlagenes Seehundöl mit bitteren Beeren und Schnee vermischt. Aber täusche Dich nicht: Das schmeckt noch schlimmer, als es sich anhört.

Du siehst also, wie sehr ich mich freuen würde Euch zu sehen, aber leider gibt es hier nicht nur nichts zu essen, sondern auch kein Musical. Grüße an Pop.

Alles Liebe,
Joey

MINNIFIELD COMMUNICATIONS
Cicely, Alaska
„GUYS AND DOLLS“
Revidierte Offizielle Besetzungsliste

Sky Masterson, ein Spieler	Maurice Minnifield
Nathan Detroit, Veranstalter von Würfelspielen	Chris Stevens
Sarah Brown, Mädchen bei der Heilsarmee	Barbara Semanski
Miss Adelaide, Freundin von Nathan . . .	Shelly Tambo
Nicely Nicely Johnson, schwerer Junge . . .	Ed Chigliak
Harry the Horse, dto.	Dave
Big Jule, Chicago-Gangster	Holling Vincoeur
Matilda B. Cartwright, Kapitän der Heilsarmee	Ruth-Anne Miller
Diverse Spieler	N.N.
The Hot Box Girls, Tänzerinnen	N.N.
Angehörige der Heilsarmee	N.N.

27. April

Liebe Tawni,

es gibt hier große Veränderungen. Maggie und Dr. Fleischman haben sich gestritten und spielen deshalb nicht mehr mit. Also spielt Maurice die Hauptrolle, und Chris wird mein Partner. Was von mir aus voll in Ordnung ist. Aber unser neues Problem ist: Wie Ed mich aufregt, so geht's Chris mit mir. Wir wissen alle, daß es keinen Grund dafür gibt, aber wir würden trotzdem am liebsten laut losschreien. Also wird Maurice alle Hände voll zu tun haben. Er führt weiterhin auch Regie, obwohl er jetzt selbst auf der Bühne steht.

Trotzdem, komm her! Auch wenn die Vorstellungen wahrscheinlich furchtbar sind, wird es doch zumindest ziemlich lustig. Erinnerst Du Dich an unsere „Macbeth"-Aufführung in der Schule? Zum Brüllen! Ich glaube immer noch, meine große Szene wäre besser angekommen, wenn die Nonnen mir nicht verboten hätten, auf der Bühne „verdammt" zu sagen. Denn 1) ist es Shakespeare, stimmt's?; und 2) klingt „Fort, blöder Fleck! fort, sag' ich!" verdammt lahm.

Aber es hat Spaß gemacht. Und so wird es diesmal auch sein. Ruf mich an!

Shelly

R. M.
S., V., B & K.
Adresse
New York City

30/4

Lieber Richie,

danke für die Bücher. Mit dem Stephen-King-Roman lasse ich mich in der Öffentlichkeit sehen, das andere aber – ich möchte den Titel lieber nicht erwähnen . . . Das werde ich wohl allein unter der Bettdecke lesen. Beide sind jedenfalls hoch willkommen. Unsere „Leihbücherei" bestand aus drei leeren Regalen, bis eine unserer naiveren Mitbürgerinnen, Ms. Shelly Tambo, sich an einem Kettenbrief beteiligte (gegen meinen ausdrücklichen Rat), bei dem es um Bücher ging. Resultat: Sie und ihr Freund (Tatsächlich! Er ist 63!) bringen sie kistenweise, zu Hunderten, in den Leihverkehr. Und nicht alle sind Mist!

Ich habe oben „unter der Bettdecke" geschrieben, doch habe ich den Ausdruck rein idiomatisch, oder, in meinem speziellen Fall, idiotisch gebraucht. Ich verbringe keine

Minute unter irgendeiner Decke. Ich schlafe nicht, und von einem Liebesleben kann weiß Gott keine Rede sein. Der einzige Vorteil einer solchen Lebensweise besteht darin, daß ich nie Bettwäsche waschen oder auch nur mein Bett machen muß. Ist das die Sache wert? Die Antwort ist ein gebrülltes Nein! Aber es läßt mir mehr Zeit für meine Arbeit, die derzeit daraus besteht, zwei volle Arbeitstage innerhalb von 24 Stunden in der Praxis zuzubringen und dazu noch ein aufwendiges Forschungsprojekt durchzuführen mit einem Experten für Schlafstörungen und Gehirnfunktionen aus Philadelphia. Der mir vor rund einer halben Stunde eröffnet hat, daß er für zwei Wochen zurück nach Philadelphia muß und mir den Kampf für die gute Sache so lange allein überläßt. Da habe ich dann auch mehr Zeit zum Lesen . . . und mich mit Maggie O'Connell zu streiten. Vielleicht habe ich Dir von ihr erzählt. Offensichtlich hassen wir einander wie die Pest. Aber ich nehme das nicht persönlich. Immerhin werden die nächsten zwei Wochen auch in dieser Beziehung nicht gans uninteressant werden. (War das nun ein Tippfehler oder eine Freudsche Fehlleistung???).

Und der Rest der Stadt? Danke für die Nachfrage. Alle werden in einer Inszenierung von „Guys and Dolls“ auftreten. Ich habe eine der Hauptrollen abgelehnt, deshalb ist die ganze Stadt sauer auf mich. Wenn Du also wegen Karten anrufst, erwähne meinen Namen nicht. Es könnte unangenehme Folgen haben.

Die ich Dir nicht wünsche,
Joel

3

Husch, husch, ins Bettchen!

Herr Kriminell
Wolfgang Puck
Spago/Chinois/Eureka/Sonstwo
Los Angeles, Kalifornien

2. Mai

Puck!

Ich WARTE immer noch. Warte darauf, daß Du Dich wie ein GENTLEMAN benimmst und endlich nicht mehr wie der jämmerliche Waschlappen, der Du BIST, wie wir beide wissen. Warte, daß Du mir auf meine berechtigte Forderung hin das Geld überweist, das mir zusteht. Warte, daß DU ENDLICH VOR ALLER WELT VERKÜNDEST, DASS ICH ES WAR, DER DIE ENTENWURSTPIZZA ERFUNDEN HAT, UND NICHT DU, Du widerlicher, aber genialer kleiner Plagiator.

Soll ich Deine vernebelte Erinnerung ein wenig auffrischen? An diesen Nachmittag vor so vielen Jahren im Ma Maison? Als ich in einem Anfall von berechtigtem Entsetzen in die Küche zurückgestürmt kam und aus den Resten und Überbleibseln des Geflügels (das man niemandem mehr anbieten konnte!) MIT MEINEN EIGENEN HÄNDEN jenes Gericht schuf, für das Du Schuft jetzt unverdient berühmt geworden bist. Oh ja, jetzt erinnerst Du Dich wieder an alles. Der gehackte Ingwer. Der Hauch von (frischem) Koriander. Der blitzschnell ausgerollte Mürbteig. Ich WARTE!

Du kennst meine Bedingungen. Ein Dollar für jede Entenwurstpizza, die Du seit der Eröffnung serviert hast. BAR! Du wirst antworten: „Aber Adam, mein lieber Junge, warum kann ich keinen Scheck schicken?“ Weil ich Dir nicht über den Weg traue, nein, weder Dir noch Deiner bezaubernden, hochbegabten Frau.

Da wir gerade davon sprechen: Meine eigene geliebte Eva ist hochschwanger. Da ist Leben in der Frau, Leben, das ans Tageslicht will, Puck. Ich weiß, daß Du ihr und mir das Allerbeste wünschst. Wie sicher alle anderen auch. Habe ich erwähnt, was gestern passiert ist? Als ich gezwungen war, aus einem verfrühten väterlichen Gefühl heraus, den widerlichen Laden von Ruth-Anne Miller zu betreten, weil die Mutter meines Nachwuchses mein Angebot einer Crème brûlée mit Ahornsirup (Nimm die Idee auf! Versuch's selbst! Ruiniere sie!) . . . Weil sie also lieber ein NUTS wollte?

Ich bin rein in das Ladenlokal und fand mich einem einzigartigen Anblick gegenüber: Unser guter Dr. Fleischman, der, wie Dir bekannt sein dürfte, mein Arzt ist, und Margaret O'Connell, die, wie Du weißt, meine bevorzugte Pilotin ist. Diese beiden gaben sich alle Mühe, sich gegenseitig zu ignorieren, und führten dabei jenen gezierten Pas de deux auf, durch den einer dem anderen eine leidenschaftliche Gleichgültigkeit zu demonstrieren sucht, hinter der sich aber nichts anderes als ein rasendes Interesse verbirgt. Natürlich fing ich sofort an, die beiden zu provozieren.

„Wen haben wir denn hier", stichelte ich. „Den sensiblen jungen Arzt und die geistvolle junge Pilotin. Die irische Moosblüte mit Abitur. Was ist los mit euch, ihr Sommerfrischler. Ihr habt doch nicht etwa Krach?"

„Ziehen Sie Leine, Adam", antwortete Fleischman.

„Wie geht's Eve?" fragte O'Connell.

„Sie wollen wohl das Thema wechseln, Margaret?" konterte ich. „Und was ist mit dem gutaussehenden Dr. Robertson? Sind Sie immer noch seine Sklavin? Tippen immer noch seine Notizen ab wie die brave Ehefrau eines Grundschullehrers?"

„Das muß ich mir nicht anhören", sagte O'Connell. „Wo ist Ruth-Anne?"

„Erledigt hinten die Post", sagte Fleischman. „Aber warten Sie, ich glaube, er ist da auf einer richtigen Spur. Das war ein sehr gescheiter Kommentar, Adam. Brave Ehefrau eines Grundschullehrers. Sehr treffend."

„So reden Sie über ihn?" Ich drehte mich zu Fleischman um und fixierte ihn mit einem anzüglichen Grinsen. „Während Sie für ihn arbeiten wie ein namenloser Lehrling in der Werkstatt des Meisters?"

„Touché", freute sich O'Connell.

„Nichts da, warten Sie mal . . .“

Ich schnappte den gewünschten Schokoriegel, strahlte den Doktor an und sagte: „Zahlen Sie das. Setzen Sie's auf meine Rechnung.“ Dann machte ich auf dem Absatz kehrt und schlenderte lässig hinaus.

Das ist der Mann, den Du aufs Kreuz legen willst, Puck. Ein Dollar pro Pizza! „Aber mein lieber Adam“, höre ich Dich schon säuseln, „wie um alles in der Welt soll ich wissen, wie viele der von Dir kreierten Entenwurst-Pizzen ich seit der Eröffnung verkauft habe?“ Tu, was jedes Schulkind tut: SCHÄTZE!

Aber sei dabei so akkurat wie möglich, oder mach Dich auf etwas gefaßt. Und fang sofort an. Die Preise steigen nach dem 31. Mai.

Immer Dein
Adam

3. Mai

Lieber Tony,

erstens kommt es anders und zweitens als man denkt und drittens manchmal sogar noch schlimmer . . .

Von den fünf Mädchen, denen ich geschrieben habe (Du erinnerst Dich), haben nicht weniger als drei meine Einladung angenommen. Und sind am 29. April hier eingetroffen! Alle auf einmal! Mit ein und demselben kleinen Flugzeug aus Anchorage.

Das klingt nach dem Anfang einer schlechten Komödie, aber Du hättest dieses Bild sehen sollen, Mann. Drei Frauen steigen aus dem Flugzeug aufs Rollfeld und schauen sich neugierig um, wie eine tourende Rockband, die in noch einer namenlosen Kleinstadt gelandet ist, entschlossen, das Beste draus zu machen. Der einzige Unterschied: Sie waren *sauer!* Jede von ihnen war äußerst begierig nach irgend etwas oder irgend jemand – in diesem Fall nach *mir* –, der die

Sache aufklären und die Gemüter besänftigen würde. Diese drei gutaussehenden Damen in ihren bunten Anoraks und enganliegenden Jeans, das Haar gebürstet und nur die Lippen ein bißchen für die Reise geschminkt, sahen mich kommen und nahmen mit über der Brust verschränkten Armen wenig einladende Haltungen ein. Obwohl es mich natürlich danach drängte, zu ihnen zu gehen und mich wortreich zu entschuldigen, mußte ich doch stehenbleiben und das Bild erst einmal einen Moment lang auf mich wirken lassen.

Auch wenn mich mit jeder einzelnen dasselbe verband, war es doch ein ziemlich unerwartetes Vergnügen, sie plötzlich *zusammen* zu sehen. Als wären drei Gegenstände meiner Gefühlswelt – die einzelnen Beziehungen, die ich zu jeder von ihnen hatte – aus mir herausgenommen und knapp 20 Meter von mir entfernt neben dieses Flugzeug plaziert worden. Dabei hatten sie allesamt eine Veränderung durchgemacht, die sie nun miteinander verband.

Verstehst Du, was ich sagen will? Menschen aus ganz verschiedenen Phasen deines Lebens treten plötzlich in eine völlig unerwartete Konstellation ein? Ein Stück deiner inneren emotionalen Befindlichkeit objektiviert sich da außerhalb von dir in einem überraschenden – und keinesfalls unerotischen – Bild? Der langen Rede kurzer Sinn: Es war wie ein Traum.

Also war ich bei meinem Versuch, den Rückweg in mein Unterbewußtsein zu finden, bereits auf eine Goldader gestoßen. Leider dauerte das Gefühl nur so lange, bis ich bei ihnen war und sie begrüßte. Überrascht es Dich, daß ich der einzige war, der lächelte?

Katherine, die Intellektuelle, sagte trocken: „Du hast überbucht."

Kay, die politische Aktivistin, fügte hinzu: „Das ist ein Affront."

Kimberlee, die Künstlerin, brachte es auf den Punkt: „Das ist ein starkes Stück, Chris."

Von da an war's teils eine Schmierenkomödie, teils ein Proteststück. Aber ich verschwendete keine Zeit damit, um den heißen Brei herumzureden. Ich spielte sofort meinen

Trumpf aus, und keine konnte ihn überbieten: Ich sagte, Katherine, Kay und Kimberley stünde eine ganz neue und einzigartige Erfahrung bevor. („Oh, bitte“, „Nein, danke“ und ähnliche kritische bis abfällige Bemerkungen folgten.) Ich entschuldigte mich für das Durcheinander in meiner Terminplanung, aber versprach diesen Frauen gleichzeitig, daß sie um Mitternacht noch ebenso frisch und munter wie jetzt sein würden und daß sich daran bis auf weiteres auch nichts ändern würde.

„Ach, wirklich?“ und ähnliche ironische Bemerkungen zeigten, daß sie den objektiven Realzustand der Stadt für reine sexuelle Protzerei meinerseits hielten. Ich bat um Nachsicht, flehte um Vergebung, machte ihnen schöne Augen – kurz, ich tat das Notwendige.

Schließlich erklärte ich ihnen, daß es nur zwei Möglichkeiten gab: Sie konnten entweder sofort wieder in das Flugzeug steigen, mit dem sie gekommen waren, oder einen Flug für den nächsten Tag buchen, und dann würden sie sehen, daß ich die Wahrheit sagte. Also warum nicht die eine Nacht riskieren? Nach einem kurzen Palaver, in dem ihre schwesterliche Solidarität zu meinen Gunsten ausschlug, stimmten sie zu.

Jetzt brauchten wir Zimmer – nicht zum Schlafen natürlich, sondern zum Waschen, Umziehen, Rumsitzen usw. Dazu mußten zwei Zimmer gefunden werden, denn ich bot an, meinen Wohnwagen mit einer von ihnen zu teilen, selbstverständlich unter den Bedingungen, die sie für angemessen hielten. Ich war ziemlich kleinlaut, als ich das sagte, und habe es vielleicht sogar ernst gemeint.

Wir gingen in die Stadt, wo ich Maggie O’Connell und Joel Fleischman dazu überredete, die Damen bei sich wohnen zu lassen. Joel sieht seine Wohnung kaum, und die von Maggie ist so spartanisch eingerichtet wie eine Klosterzelle, da ihr gesamtes Hab und Gut vernichtet wurde, als ihre Mutter ihr Holzhaus niederbrannte. Aber das macht ihr nichts aus. Seit wir hier in Cicely nicht mehr schlafen, sind unsere Wohnungen mehr oder weniger zu Umkleidekabinen geworden.

Maggie und Joel waren beide einverstanden, aber auf eine unkonzentrierte Art, als handelte es sich nur um eine lästige, völlig belanglose Nebensache. Sie arbeiten beide für einen Wissenschaftler aus Philadelphia und scheinen um dessen Gunst zu buhlen. Unser Arrangement läuft mittlerweile bereits seit vier Tagen, und Katherine, Kay und Kimberley bestätigen übereinstimmend, daß Maggie und Joel zwar nach außen durchaus freundlich und höflich sind, doch ganz offensichtlich kein großes Interesse haben, als Gastgeber zu fungieren. (Wenn Du es *unbedingt* wissen willst: Meine drei Besucherinnen haben ein Rotationsprinzip eingeführt, nach dem eine der Damen immer bei mir weilt, während die anderen beiden bei meinen Nachbarn logieren.)

Wir werden also bald andere Unterbringungsmöglichkeiten finden müssen. Davon abgesehen, finden die drei das anormale Cicely äußerst interessant und ein Leben ohne Schlaf geradezu faszinierend.

Für mich ist das alles freilich recht anstrengend. Aber ich kann von signifikanten Ergebnissen berichten. Diese Anomalie hat keinerlei feststellbaren Effekt – weder positiv noch negativ – auf meine Sexualität. (Hinterher sind wir erschöpft, aber wir pennen nicht. Wir ruhen uns aus.) Ich muß jedoch einen markanten Rückgang meiner künstlerischen Produktivität erkennen. Aber ob der Grund dafür im Ersetzen der Triebsublimierung durch die Sache selbst liegt oder einfach in einer Lebensweise, die sich vornehmlich im Bett abspielt, wobei der Schweißbrenner unberührt bleibt, das ist mir noch nicht ganz klar.

Also werde ich wohl in meiner Untersuchung fortfahren müssen!

Im Dienste der Wissenschaft,
Chris

4. Mai

Liebe Cyndy,

rate, was passiert ist! Wir haben mit den Proben zu „Guys and Dolls“ begonnen! Oder zumindest haben wir versucht, damit zu beginnen. Vielleicht fällt das ganze vorerst ins Wasser. Was mich gewaltig ärgern würde, denn meine Rolle, die ich zuerst für ein Nachtclub-Flittchen gehalten hatte, entpuppt sich jetzt als STRIPPERIN.

Ich habe diesen fantastischen Song, „Take Back Your Mink“. Er handelt davon, wie ich wütend auf den Typen bin, der mir einen Nerzmantel und anderes Zeug nur deshalb geschenkt hat, damit ich es MIT IHM TREIBE. (Das habe ich das erste Mal total überlesen, aber Maurice hat's mir jetzt erklärt. Er ist der Regisseur.) Also gebe ich ihm das ganze Zeug zurück! KAPIERT? Ich ziehe den Nerzmantel aus und werfe ihn ihm ins Gesicht. Ich ziehe das Kleid aus, die Schuhe, die Kette . . . Und, siehst Du: Ich ziehe eben nicht nur diese Kleider aus, sondern ICH ZIEHE MICH AUS.

Ich weiß nicht, wie weit wir damit gehen wollen . . . Und noch weniger weiß ich, ob wir überhaupt eine Aufführung zustande bringen. Bei der ersten Leseprobe hat Maurice allen alles erklärt und einen Probenplan für die einzelnen Szenen vorgelegt usw. Dann forderte er uns auf, Fragen zu stellen.

Ed Chigliak – Mr. Unsympath, wer sonst??? – meldete sich und fragte: „Wie sollen wir an den Songs arbeiten?“

Maurice zuckte die Achseln und sagte: „Na, hör dir einfach die Platte an und lerne deinen Song davon.“

Ed sagte: „Uh, Maurice! Könnten Sie versuchen, mich nicht als Trottel hinzustellen? Ich meinte natürlich die Gesangsarrangements.“

Maurice sah ihn verärgert an: „Mein Gott, Junge, du hast doch zwei Ohren. Du hörst dir die Gesangsaufnahme an und rekapitulierst das.“

„Und wenn wir keine erfahrenen Rekapitulatoren sind?“

Das ist typisch Ed. Warum muß er Rekapitulatoren sagen? Warum kann er nicht einfach Sänger sagen? Maurice schaute jedenfalls Marilyn, unsere Pianistin, an und schnitt eine Grimasse, denn er ist so sauer auf sie wie ich auf Ed: „Marilyn, beantworten Sie mir bitte eine einfache Frage: Würden Sie das für mich tun? Mit einem Minimum an indianischer Undurchschaubarkeit?"

„Okay."

„Können Sie mit den Sängern die Arrangements erarbeiten, oder können Sie das nicht?"

„Nein."

„Hey, Maurice", meinte Chris. „Soweit ich mich erinnere, tanzen die Jungs und ich im zweiten Akt zu ‚Luck be A Lady'. Werden Sie das choreographieren?"

Also schauen alle zu Chris, der – man höre und staune – gleich mit DREI Freundinnen da ist. Wir schlafen zwar nicht, also haben wir alle viel Zeit übrig für . . . hm . . . alles mögliche. Trotzdem . . . Maurice sagte: „Was ich über Choreographie weiß, das können Sie auf ein Pfefferkorn schreiben und haben immer noch Platz fürs Vaterunser."

Da stand ich auf und sagte: „Und wer soll mir dann das Strippen beibringen?"

Sofort sprang Holling auf: „Ich weiß nicht, ob ich überhaupt will, daß jemand dir das beibringt, Shelly." Das war das Signal für alle, gleichzeitig durcheinanderzureden. Maurice versuchte, Ruhe herzustellen und uns zu versichern, daß er genau weiß, was er tut. Den meisten aber schien dieses Treffen nur zu beweisen, daß er eben NICHT weiß, was er tut.

Als das Treffen dann abgebrochen wurde, waren alle total sauer. Barbara Semanski sagte: „Maurice, man stellt keine Mannschaft zusammen, wenn man sie nicht trainieren kann."

Hinterher im Brick sagte jeder, wie schade, es wäre bestimmt lustig geworden. Als wär die Sache damit schon gestorben.

Aber ich lerne trotzdem meinen Text, man kann ja nie wissen. Als ich Maurice fragte, wie ich sprechen sollte, antwortete er: „Das Stück spielt in New York, fragen Sie also Fleischman." Holling war wütend und sagte, er läßt mich nicht strippen, aber ich erklärte ihm, daß ich nicht bis zum Äußersten gehen würde (die Gründe liegen nicht nur auf der Hand!), sondern nur weit genug, um eine Publikumsreaktion zu kriegen. Er fragte, was für eine Reaktion. Ich meinte, ein paar Pfiffe. Er fragte, was für Pfiffe. Ich sagte, nette Pfiffe. Er sagte, er will darüber nachdenken.

Erinnerst Du Dich an den Kettenbrief, den ich Dir geschickt habe? Wenn Du ihn weitergeschickt hast, dann mach Platz auf Deinen Regalen. Bisher habe ich 642 Bücher bekommen. Hast du je vom „Foucaultschen Pendel" gehört? Wir haben 13 Exemplare bekommen. Frag rum, ob jemand eins will, aber sag gleich dazu, daß es völlig unlesbar ist. Und was zum Teufel ist „Der Koran"? Wir haben jetzt acht davon!

So, jetzt muß ich Pickles kleinschneiden. Wir könnten sie zwar schon geschnitten kaufen, aber was sollen wir dann den Leuten vorsetzen, die ganze wollen? Grüße an Wayne.

Love,
Shells

Mr. Sidney Pollack
Mirage Productions
Universal City, Kalifornien

Cicely, den 4. Mai

Lieber Sidney,

ich schreibe Ihnen heute nach langer Zeit wieder einmal, weil wir hier in einer äußerst interessanten Situation sind, bei der wir Ihre Hilfe gut brauchen könnten. Wegen Sonnenflecken hat sich das Magnetfeld der Erde so geändert, daß wir nicht mehr schlafen können. Wir arbeiten alle viel, gehen uns aber gleichzeitig gegenseitig furchtbar auf die Nerven. Einer von uns, Chris Stevens, sagt, das kommt vom Schlafentzug. Er ist ein Philosoph und Diskjockey, also muß er das wissen.

„Wir sehen hier einem zweischneidigen Damokles-Schwert

voll ins Gesicht: Erstens ist jeder von uns vierundzwanzig Stunden am Tag damit beschäftigt, er selbst zu sein. Wir sind also etwa ein Drittel mehr wir selbst als normalerweise.“ (Da kann man nicht viel entgegnen, wenn jemand so redet, also nicke ich nur, und er macht weiter.) „Zweitens genießt keiner von uns die Wohltaten des Schlafs, in dem wir unsere Erfahrungen verdauen und verarbeiten. Deswegen sind alle so wütend. Wir sind ganz wir, 24 Stunden jeden Tag und jedem anderen direkt vor der Nase. Wir sind ganz wir selbst. Nur etwas mehr als sonst.“

Ich verstehe das zwar nicht, aber es klingt sehr einleuchtend. Um also die Bürger wieder zusammenzubringen und um in guter Stimmung zu sein, wenn Kim Basinger kommt, die die Stadt kaufen will (das ist ein Geheimnis, bitte erzählen Sie es vorläufig nicht weiter), wollen wir „Guys and Dolls“ aufführen. Das Problem ist nur, der Mann, der Regie führen soll, ist Maurice Minnifield. Er ist vielleicht ein guter Astronaut gewesen, aber als Regisseur ist er fürchterlich. Jetzt droht die ganze Aufführung ins Wasser zu fallen, weil keiner mit Maurice arbeiten will und der sowieso nicht weiß, was er tut.

Deshalb wende ich mich an Sie. Sie haben eine gute Hand mit Schauspielern. Können Sie uns ein paar Tips geben, wie Maurice mit uns arbeiten müßte? Ich würde Ihre Anregungen an ihn weitergeben, obwohl er mir so auf den Geist geht, daß ich mich kaum dazu überwinden kann. Doch weil es um Cicely geht, will ich's versuchen.

Noch besser wäre natürlich, wenn Sie herkommen und selbst Regie führen würden. Ich weiß, was Sie jetzt denken: Wäre Maurice nicht enttäuscht, wenn Sie ihm die Regie aus der Hand nehmen? Vielleicht. Aber im Grunde geht es ihm nur darum, die Aufführung über die Bühne zu bringen. Damit er den Deal mit Miss Basinger über dieselbe Bühne bringen kann. Er hat mir gesagt: „Zum Teufel, ich habe keine Ambitionen, als großer Broadway-Regisseur in die Geschichte einzugehen. Aber wir müssen etwas für die Stimmung unter den Bürgern dieser Stadt tun, wenn uns der Deal mit Miss Basinger nicht durch die Lappen gehen soll.“

Maurice hätte also wahrscheinlich nichts dagegen, wenn Sie seinen Job übernehmen. Außerdem weiß er so gut wie wir alle hier, daß ohne Hilfe von außen unser ganzes Unternehmen vermutlich baden geht. Bezahlen können wir Sie leider nicht, aber immerhin würden wir Ihnen zeigen, wie ein Leben ohne Schlaf ist. Ziemlich komisch.

Ihr Fan,
Ed Chigliak

PETERSBURG – „Klein Norwegen“
Auf Mitkof Island gelegen, ist diese bezaubernde und wunderschöne Stadt die Heimat der größten Fischereiflotte des Staates.

5. Mai

Lieber Michael,

gefällt Ihnen die Karte? Nun, ich habe gedacht, wenn Sie wiederkommen, könnten wir eine Wanderung machen. Im Zelt übernachten, Lagerfeuer, Schlafsack usw. So kann ich Ihnen mehr von Alaska zeigen als nur Cicely. Ich schreibe Ihnen, damit Sie die notwendige Ausrüstung mitbringen. (Keine Ahnung, wann wir aufwachen werden. Oder ob wir überhaupt schlafen.)

Bis dann,
Maggie

Der helle Toklat Grizzly ist eines der gefährlichsten Tiere Alaskas. Grizzlys können bis zu 60 km/h erreichen.

5/5

Mike,

beachten Sie den Bären auf der Rückseite. Auf dem Bild hält er Ausschau nach mir, um mich zu fressen. Eine Idee: Wenn Sie ein EEG organisieren, was ist dann mit der elektrostatischen Aufladung? Gibt es vielleicht einen van der Graff Generator dazu? Oder hieße das, mit elektrischen Stühlen nach Spatzen werfen? Nur so eine Idee. Bis nächste Woche.

Joel F.

John Newton
KZAK
Anchorage, Alaska

5. Mai

Lieber John,

Sie sagten, ich solle Sie über die Fortschritte meiner Inszenierung von „Guys and Dolls“ auf dem laufenden halten. Dies sei hiermit getan: Gestern war unsere erste Sprechprobe oder besser Stotterprobe, obwohl ich mich nicht beschweren sollte, denn an deren Ende ereignete sich so etwas wie ein Wunder.

Schon ganz am Anfang wollten die Mitwirkenden von mir wissen, wer das Gesangstraining übernehmen würde und wer die Choreographie. Bitte glauben Sie mir (aber behalten Sie es für sich), daß mir diese Gedanken überhaupt nie gekommen waren. Oh, irgendwie wußte ich schon, daß am Gesang würde gefeilt werden müssen und die Tanzerei nicht dieses ungeordnete Gehopse sein dürfte, das man aus heutigen Diskotheken kennt (wenn auch nur vom Fernsehen). Doch mein Enthusiasmus war so groß, daß ich es schlicht versäumte, mich mit diesen grundsätzlichen Fragen zu beschäftigen.

Dafür habe ich hart bezahlt, ich habe mein Gesicht verloren. Für eine Zeitlang zumindest. In der Kirche von Cicely liegt es, wo ich mit meiner laienhaften Laientruppe probte. Die meisten von ihnen hatten das Musical nie gesehen, manche hatten es nie gehört, und zumindest einer meiner „Stars" hatte gar noch nie *davon* gehört. Es war erst unser zweites Treffen, und bereits jetzt mußte ich ein paar der Leute auf Knien bitten, dabeizubleiben. Miss Adelaide fragte mich dauernd: „Wer bringt mir das Strippen bei?", und mein Nicely Nicely Johnson verlangt, daß ihm jemand zeigt, wie er zu singen hat. Ich hatte auf alle Fragen beruhigende Antworten gegeben, die sogar mir bald hohl vorkamen. Da nahm mich mein Nathan Detroit, Chris Stevens, der als Diskjockey für mich arbeitet, beiseite. Ich verkündete eine kurze Pause und setzte mich zu ihm.

Mit ihm waren drei junge Damen gekommen, die derzeit bei ihm zu Besuch sind. Katherine vom Bryn Mawr College, Kay aus Berkeley und Kimberlee, die an einem College in Tacoma arbeitet. Chris stellt sie vor und erklärt, daß sie meinen Ruf als Theaterregisseur wieder auffrischen könnten.

„Sie können das natürlich reines Glück nennen, Maurice", sagt Chris. „Aber andererseits muß man sich fragen, wo der Zufall endet und das Schicksal beginnt, eine höhere Macht, die ganz bewußt Energien aussendet. Katherine ist ‚zufällig' Tänzerin. Kay arrangiert die Stimmen für einen Chor. Und Kimmee hier ist diplomierte Grafikerin."

Ich war verblüfft und sagte nach einer kurzen Atempause: „Das heißt . . ."

„Das heißt, mein Freund, wenn Sie es klug anstellen, dann sitzen Sie hier mit Ihrer Choreographin, Ihrer musikalischen Leiterin und Ihrer Bühnenbildnerin." Dann lachte er und ergänzte: „Sehen Sie nicht mich so an, ich bin ebenso überrascht wie Sie!"

„Gut“, sagte ich. „Aber wie stelle ich es an, daß ich es klug anstelle? Wenn es eine Geldfrage ist . . .“

„Wir wollen kein Geld“, sagt Katherine. „Wir brauchen eine Unterkunft.“

„Ein Zimmer reicht, wir können es in Schichten benutzen“, fügte Kay hinzu.

„Ein Bett ist nicht nötig, Stühle genügen“, sagte Kimberlee.

„Zur Zeit wohnen sie bei Joel und Maggie“, erklärte Chris. „Aber die Atmosphäre dort ist recht gespannt.“

Ich will Sie nicht mit den Einzelheiten langweilen. Es genügt, daß die drei aufgrund von irgendwelchen Fehlplanungen alle gleichzeitig hier sind. Gegen Unterkunft und Verpflegung in meinem Haus habe ich also ein erstklassiges Team bekommen, von dem selbst ein großer Broadway-Regisseur nur träumen kann. Das System funktioniert wunderbar, besonders für Chris, der nun wie ein Sultan seine Haremsdamen nacheinander in seinem Zelt empfangen kann. Sie fragen sich vielleicht, ob ich bei mir zu Hause nicht gelegentlich auch einen begehrlichen Blick auf die jungen Damen werfe, aber offen gestanden, sie sind zu jung. Oder ich bin zu alt. Und im Moment geht es mir ausschließlich um die Aufführung.

Aber hier habe ich mich zurückhaltender dargestellt, als ich das bin, John. Ich habe einen anderen Grund, weshalb ich bei den Mädels nicht mein Glück versuche. Habe ich Ihnen gesagt, daß ich selbst den Sky Masterson übernommen habe? Als meine erste Besetzung den Hut nahm, konnte ich der Versuchung nicht mehr widerstehen. Nun ist meine Sarah Brown eine Polizistin aus dem Norden namens Barbara Semanski, der schon seit langem mein Interesse gilt, wie ich bekennen muß. Wie sie es geschafft hat, die Zeit zu finden, um bei diesem Unternehmen mitzuwirken, das kann ich Ihnen beim besten Willen nicht sagen. Es ist ein weiteres Mysterium in diesem Frühling voller Geheimnisse. Daß sie die Rolle überhaupt angenommen hat, war die größte Überraschung für mich, aber vom Typus her ist es so verwunderlich nicht. Sarah Brown ist gewissenhaft, pünktlich und bis zur Besessenheit pflichtbewußt. Ich sagte Barbara, diese Rolle wäre ihr auf den Leib geschrieben. Gerne würde ich sie dort lesen – was ich ihr einstweilen allerdings noch verschwiegen habe.

Das Leben geht manchmal schon seltsame Wege. Ich habe dieses Projekt geplant als ein selbstloser Geschäftsmann, dem es nur darum ging, den Frieden in der Stadt wiederherzustellen. Plötzlich finde ich mich nun in einer Hauptrolle wieder und spiele klassische Szenen mit dieser Zierde der Weiblichkeit!

Ich freue mich über Ihr Interesse. Die Freikarten werden rechtzeitig bei Ihnen sein.

Herzlich,
Maurice Minnifield

Matthew Miller
c/o Oregon Freight Inc.
Portland, Oregon

8. Mai

Lieber Matthew,

Ruth-Anne Miller, Ihre Mutter, wie Sie wissen, bat mich, Ihnen zu schreiben, daß es ihr gut geht. Sie sagt, sie kann nach einem langen Arbeitstag den Anblick eines Bleistifts nicht mehr ertragen, daher kann sie Ihnen nicht selbst schreiben. Außerdem bat sie mich, Ihnen zu sagen, daß sie sich entschuldigt, mich für sich schreiben zu lassen. Wenn das von Ihrer Seite aus nicht in Ordnung geht, lassen Sie es mich bitte wissen, ich sage es ihr dann.

Ich soll Sie über die neuesten Entwicklungen in Cicely unterrichten. Also fangen wir an. Alle schreiben jede Menge Briefe. Sehr viele lesen auch. Wir wollen ein Musical namens „Guys and Dolls“ aufführen. Ruth-Anne spielt mit, und sie hofft sehr, lange genug vom Postamt weg zu können, damit sie bei den Proben dabeisein kann. Maurice, der Regisseur, hat sie gefragt, ob sie in einer Szene eine große Trommel vor dem Bauch tragen würde, wenn er eine bekommen kann. Das hat sie aber abgelehnt.

Was gibt es sonst noch? Shelly kriegt Tausende von Büchern mit der Post. Und das, obwohl sie sich eigentlich mehr für Illustrierte und fürs Fernsehen interessiert. Jeden Tag fliegen zwei oder drei Flugzeuge die Bücher ein. Maggie O'Connell, unsere flugunfähige Pilotin, sieht ihnen traurig nach . . . den Flugzeugen, meine ich.

Ach, und noch etwas. Dr. Robertson, der Freund von Dr. Fleischman, ist wieder da. Vielleicht ist er in Wirklichkeit eher Maggies Freund. Das weiß niemand so genau. Jedenfalls kam er her, um zu untersuchen, warum keiner von uns mehr schlafen kann. Er mußte für einige Zeit nach Philadelphia zurück, aber jetzt ist er wieder hier und hat ein EEG-Gerät mitgebracht. (Es gab eine ziemliche Aufregung über ein Mißverständnis von mir wegen diesem EEG, aber darum brauchen Sie sich keine Sorgen zu machen.) Jetzt will er die Gehirnwellen aller Leute hier untersuchen. Ich habe Dr. Fleischman gefragt, ob das weh tut, aber er sagte nein, das wäre sowas wie ein Lügendetektor. Sie schließen das Gerät an Ihrem Kopf an und beobachten die Aktivitäten im Gehirn. Ich sagte, ich wäre beeindruckt, daß sie jetzt schon eine Maschine hätten, die feststellen kann, ob man überhaupt an eine Lüge denkt. Aber was wäre denn der Unterschied zwischen einem Gedanken an eine Lüge und etwas völlig frei Phantasiertem? Dr. Fleischman klopfte mir auf die Schulter und meinte, darüber sollte ich mir keine Gedanken machen. Dann wünschte er mir noch einen schönen Tag.

Ich hoffe, das beantwortet alle Ihre Fragen, wenn Sie überhaupt welche hatten. Ruth-Anne sendet Ihnen ihre herzlichsten Grüße.

Mit freundlichen Grüßen,
Ed Chigliak

10/5

Liebe Anita,

seit meinem letzten Brief ist alles noch ein bißchen komplizierter und verrückter geworden. Wir bekommen jetzt alle Elektroenzephalogramme. Habe ich das richtig geschrieben? Ich könnte im Wörterbuch nachschauen, aber das Wort fühlt sich an wie ein Schritt im Moor nach einem langen Regen. Ein EEG jedenfalls.

Dieser Dr. Robertson aus Philadelphia hat so ein EEG-Gerät hergebracht, und Dr. Fleischman hat uns gebeten, uns freiwillig einem einstündigen Test zu unterziehen, bei dem unsere Gehirnwellen aufgezeichnet werden. Das Büro, das Maurice Dr. Robertson überlassen hat, sieht jetzt aus wie eine Mischung aus Friseursalon und dem Labor von Dr. Frankenstein. Die Leute sitzen wartend herum, lesen oder unterhalten sich, während einer mit Elektroden am Kopf auf einem Tisch liegt.

Earl Farner hat Robertson und Fleischman um eine Kopie seines Tests gebeten, und jetzt wollen alle eine haben. Jedesmal, wenn das Papier mit den gezackten Linien aus der Maschine kommt, muß Maggie es abreißen und damit in Ruth-Annes Laden laufen, um es auf einem Münzkopierer zu fotokopieren. Die Kopie gibt sie dann dem Untersuchten, und das Original bekommt Dr. Robertson. Die Leute sprechen einander auf der Straße oder im Brick an und vergleichen die Muster, streiten darüber, ob diese oder jene Spitze beweist, daß einer klüger ist als der andere.

Edith Merkle schrie heute nachmittag, daß ihr EEG genau wie die Westflanke des Mount Alyeska aussieht. Sie war fast schon in einer religiösen Ekstase, bis Ed Chigliak ihr zeigte, daß sie das Papier falsch herum hielt. Apropos Religion, in jedem Wohnzimmer Cicelys hängen EEGs wie Weihnachtsschmuck herum, mit Magneten befestigt oder mit Tesafilm an die Kaminsimse geklebt.

Als ob das nicht schon alles verdreht genug wäre, werde ich auch noch in einem Musical mitspielen! Maurice inszeniert „Guys and Dolls“ und hat mich als großen Gangster aus Chicago besetzt. Ich bin ziemlich aufgeregt, aber wenigstens muß ich nicht singen. Was mich mehr beunruhigt, ist Shelly. Sie spielt eine Striptease-Tänzerin. Alle versichern mir, daß nichts Unziemliches geschehen wird. Ich war kurz davor, Shelly zu bitten, aus dem Stück auszusteigen, aber nachdem Maggie und Joel das schon getan haben – und sie sollten Hauptrollen übernehmen –, traue ich mich nicht mehr. Jeder in der Stadt ist enttäuscht, daß die beiden nicht mitmachen. Schlimmer noch, sie giften sich nur noch an. Und diesmal ist es mehr als ihre gewöhnliche Frotzelei, diesmal sieht es so aus, als wären sie wirklich böse aufeinander. Wahrscheinlich hat das mit Dr. Robertson zu tun, aber genau weiß ich das nicht.

Ich weiß allerdings, daß die Atmosphäre in ihrem Büro ziemlich gespannt ist. Da ist dieser große, gutaussehende Doktor aus Philadelphia, der mit den Elektroden hantiert, während Maggie und Joel mit den Patienten scherzen und miteinander streiten. Dann legt sich der Patient auf den Tisch, die Nadeln der Maschine schlagen aus, und Maggie und Joel reden beide auf Dr. Robertson ein, damit er den jeweils anderen ignoriert. Das reicht für eine gehörige Menge an Gehirnwellen.

Sag mir Bescheid, wenn Du kommen willst, um Dir die Aufführung anzusehen. Ich glaube nicht, daß Maurice wirklich weiß, was er tut, aber er scheint von Leuten umgeben zu sein, die sich auskennen. So nimmt das Ganze allmählich Formen an.

Herzlich,
Dein Holling

12. Mai

Liebe Jen,

angefangen habe ich bei Michael Robertson als Halbtagskraft, und jetzt bin ich als Sekretärin und Assistentin den ganzen Tag (und das heißt bei uns, auch die Nacht) in

Anspruch genommen. Die anderen Jobs im Laden und im Café mußte ich aufgeben und arbeite jetzt 12 bis 18 Stunden pro Tag mit Michael. Natürlich würde ich sofort alles liegen- und stehenlassen, wenn ich wieder fliegen könnte, aber solange das nicht geht, ist es eine ganz interessante Arbeit. Wir haben jeden in der Stadt interviewt und nehmen jetzt von allen EEGs. Michael macht das großartig, ist freundlich und kann gut mit den Menschen umgehen. Es gelingt ihm, das Vertrauen dieser mißtrauischen Hinterwäldler und ängstlichen Kinder zu gewinnen. Unglücklicherweise ist Fleischman immer dabei, er kommt andauernd aus seiner Praxis rübergerannt, um sich in die Untersuchungen einzumischen – in dem äußerst durchsichtigen Bemühen, bei Michael Eindruck zu schinden. Michael nimmt das gelassen hin, ich glaube, er stimmt Fleischman nur zu, um ihn ruhigzustellen.

Als Michael in Philadelphia war, schickte ich ihm eine Postkarte, auf der ich ihm eine gemeinsame Wanderung vorschlug. Er hat zwar noch nichts dazu gesagt, aber mir fiel auf, daß er bei seiner Rückkehr Wanderschuhe und einen Rucksack dabei hatte. Was auf einer solchen Wanderung „passieren" wird, steht in den Sternen. Aber deren Funkeln entnehme ich doch einiges. Was mir nur recht wäre. Daß etwas passiert, meine ich. Es hängt allein davon ab, was wir unter „etwas" und „passieren" verstehen. Solange es nur nicht hier passiert. Auch das hängt natürlich davon ab, was es ist. („Hier" bedeutet im Büro, bei mir oder so . . .) Draußen, in der Natur, ist es mir recht. Vielleicht. Hängt davon ab.

Armer Fleischman! So gierig nach dem Lob seines Mentors, so peinlich bloßgestellt in seinem Versuch, ein Musterschüler zu sein! Traurig irgendwie. Andererseits macht es mich aber wütend, und ich wünschte, er ließe uns in Ruhe. Was albern und kindisch ist, ich weiß. Aber Fleischman provoziert das.

Die einzige Chance, wieder zu fliegen, wäre, aus Cicely wegzugehen. Das ist für mich unvorstellbar. Aber man muß trotzdem darüber nachdenken.

Küßchen,
Maggie

Steve Cohen etc.
Etc.
Pittsburgh, Etc.

12/5

Lieber Steve,

nicht, daß Du mich danach gefragt hättest, aber in etwa zehn Minuten werde ich eine Autorität sein auf dem Gebiet der Elektroenzephalographie – als eine Kombination zwischen Diagnosetechnik und Inneneinrichtung. Wir untersuchen die Gehirnwellen der ganzen Stadt. Ein Typ glaubte, wir unterzögen sämtliche Bürger einem Test mit dem Lügendetektor. Er war total widerspenstig, und als wir ihn endlich auf dem Untersuchungstisch hatten und die Elektroden anschlossen, da bekannte er sofort freiwillig, daß er seinem Bruder einen Schraubstock gestohlen habe. Ich ließ ihn mit einer Verwarnung davonkommen.

Aber alle Daten, die wir erhalten, untermauern aufs vortrefflichste meine Theorie über den Zustand des Magnetfeldes und seine Auswirkungen auf das, was hier als das menschliche Gehirn gilt. Ich will Dich jetzt nicht mit Einzelheiten langweilen. Warte, bis ich alles für die Publikation in einer der renommiertesten medizinisch-wissenschaftlichen Fachzeitschriften zusammengestellt habe, unter meinem und Mike Robertsons Namen; *dann* werde ich Dich auch mit den Einzelheiten langweilen. Im Prinzip geht alles gut, und wir sind noch immer wach.

Das heißt, mir geht es gut. Aber ich mache mir Sorgen um O'Connell. Sie hat so offensichtlich völlig unangemessene Gefühle auf Mike übertragen, so daß man kaum noch hinsehen mag. Das nennt man doch Übertragung, oder? Der psychologische Fachausdruck für die Verwandlung einer normalen Erwachsenenbeziehung zwischen Arzt und Patientin oder Chef und Angestellter in ein idealisiertes, libidinöses Pappi-Tochter-Verhältnis. Wie sie Mike anbetungsvoll anstrahlt, das ist unnatürlich, ja, pervers. Sie tut alles und jedes, was er von ihr verlangt, von der langweiligsten Tipparbeit (sie schreibt seine Notizen ab oder transkribiert Interviews) bis zum Kaffeeholen. Was für das Projekt sicher nützlich ist, bis ich sie um etwas bitte . . . Dann sagt sie mir, ich soll es selbst machen. Warum? Weil „sie nicht meine Sekretärin“ ist!

Was Mike angeht, so gefällt ihm die Situation natürlich. Er hat mir gewisse Absichten anvertraut, die mich völlig kalt lassen und mich überhaupt nicht berühren. Doch was, wenn ich ihm erzählen würde, daß *ihre letzten fünf (!!!) Freunde ausnahmslos einen frühzeitigen und oft gewaltsamen Tod gestorben sind . . .*

Aber das ist undenkbar. Sie wäre wütend auf mich, weil ich damit in ihre knospende Beziehung zu Mike eingreifen würde. Und er wäre sauer, weil ich ihn durch gemeinen, irrelevanten Klatsch ablenken wollte. Nein, ich sollte das einzig Richtige tun, nämlich ihm eine anonyme Botschaft zukommen lassen. Sie vielleicht an einen Stein binden und durch seinen Computerbildschirm werfen.

Oder gibt es schon Programme, die das automatisch tun? Ha, ha! Bald mehr.

Das Leben in vollen Zügen genießend,
Joel

13. Mai

Lieber Bernard,

der Ansturm des Frühlings, seine milden Winde und angenehmen Temperaturen haben nichts gegen unser Übel vermocht. Cicely bleibt auf Wacht bei Tage und bei Nacht. Die einzigen, die ein wenig näher an die tröstlichen Wohltaten des Schlummers kommen, sind die Kinder, die dem unendlich langweiligen Unterricht in der Schule ausgesetzt sind. Da mag manch ein Auge doch zufallen. Ich hatte einige Erwartung an den Fortschritt auf der Kreisbahn unserer Mutter Erde geknüpft, daß sie endlich aus der Zone der

Anomalie heraustr\u00e4te und uns in Orpheus' Arme entlie\u00dfe. Doch ach!, es hat nicht sollen sein.

Ich finde das noch immer h\u00f6chst beunruhigend. Einige Indianer ebenfalls. Sie haben begonnen, rituelle T\u00e4nze zu veranstalten, um jene indianischen G\u00f6tter zu bes\u00e4nftigen, die Einflu\u00df auf Apoll und seine Flecken haben. Bislang ohne Erfolg. Nicht, da\u00df hier katastrophale Zust\u00e4nde herrschten, die Leute sind eigentlich noch ganz okay. Das Musical, von dem ich Dir schrieb, n\u00e4hert sich langsam der B\u00fchnenreife, und meine Darstellung des komischen Helden (m. E. keineswegs die richtige Rolle f\u00fcr mich) hat einige h\u00f6fliche, wenig \u00fcberzeugende Komplimente provoziert.

Meine Partnerin ist Shelly Tambo, die mir in letzter Zeit fast metaphysisch auf die Nerven ging. Interessanterweise hat sich mein Verh\u00e4ltnis zu ihr k\u00fcrzlich gebessert, ist nun beinahe schon wieder in Ordnung. Ihre unverstellte Fr\u00f6hlichkeit, ihre ehrliche Naivit\u00e4t pr\u00e4gen ihre Rolle im Musical (eine Nachtclubt\u00e4nzerin) auf eine Art, die ich schon fast LIEBENSWERT finde. Das f\u00fchrt dazu, da\u00df unsere gemeinsamen Szenen nicht die Folter dritten Grades sind, die ich erwartet hatte. Wenn sie mir gegen Ende des St\u00fccks noch einmal ihre Liebe erkl\u00e4rt und ich mich abermals weigere, sie zu heiraten, dann ist da etwas in ihrem Ausdruck, in ihren Augen . . . das mich r\u00fchrt.

Ich bin bereit, ihr zu verzeihen. Ich mu\u00df nur noch rauskriegen, wof\u00fcr.

Herzlich,
Chris

14. Mai

Liebe Tawni,

mein ganzes Leben ist völlig durcheinander. Einmal mache ich meine normale Arbeit im Café. Noch immer haben wir rund um die Uhr auf, und seit Maggie O'Connell nicht mehr mitarbeitet, sind wir einer weniger hinter der Theke. Ich weiß nicht, was mit Maggie los ist, sie wirkt total gestreßt. Ich glaube, sie fährt ziemlich auf diesen Neurotiker aus Philadelphia ab, den Dr. Fleischman hergebracht hat. (Gestern nahm er mir Gehirnwellen ab, mit einer Maschine, die man am Kopf anschließt.) Wenn Maggie allein ist, kommt sie mir ganz normal vor, aber wenn sie diesen neuen Typen dabei hat, mit ihm ins Brick zum Mittagessen oder so kommt, dann wirkt sie abgehoben und total weg. Daß sie den Kram hier hingeschmissen hat, um voll für den neuen Typen zu arbeiten, hat mich dann schon nicht mehr gewundert.

Dazu spiele ich noch bei diesem Musical mit, von dem ich Dir geschrieben habe, und es geht phantastisch! Ich habe einen Song, der davon handelt, daß ich einen Schnupfen kriege, weil mein Freund mich nicht heiraten will. Heute morgen serviere ich wie immer Frühstück, und als ich zur Theke zurückkomme, muß ich niesen. Sofort schaut Holling mich an und sagt: „Was willst du damit sagen?" (!!!)

Natürlich ist der einzige Grund, daß es so gut läuft, die Theatererfahrung der drei Freundinnen von Chris. Maurice ist keine große Hilfe. Ich sehe natürlich, daß er sowohl Regisseur als auch Star des Stücks ist, also alle anbrüllen *muß*. Aber etwas anderes tut er überhaupt nicht. Ed, der mir persönlich auf die Nerven geht und noch immer sauer auf Maurice ist wegen . . . wegen allem halt . . . Ed also hat eine Szene mit Chris und Dave. Ed fragt Maurice: „Bin ich Nathan Detroits Angestellter oder sein Freund?"

Maurice sieht ihn voller Abscheu an und sagt: „Um Gottes willen, Ed, das ist ein Musical, kein Film von Ingmar Bergman!"

Ed nickt auf seine bescheuerte, überhebliche Art und

sagt: „Maurice, solange Sie den Unterschied zwischen einem Angestellten und einem Freund nicht kennen, werde ich nicht mehr für Sie arbeiten."

„Gut, Ed", antwortet Maurice wie eine beleidigte Leberwurst. „Achte nur auf die Markierungen auf dem Boden und lies deine Dialoge. Ich gebe mir die größte Mühe mit dieser Aufführung, um die Stadt wieder zusammenzubringen, und das wird mir nicht gelingen, wenn wir hier alle nur rumstehen und über Freundschaft quatschen."

Zum Glück kamen gerade in diesem Moment Katherine und Kay dazu und erklärten, daß Nicely Nicely Johnson (Eds Rolle) ein Angestellter ist, der seinen Chef mag. Eds Gesicht hellte sich wieder auf, er nickte und schaute mit seinem Dackelblick zu Maurice: „Ich glaube, daraus können wir alle etwas lernen."

Die Kulissen sind schon fast fertig – kein Problem für die Jungs hier, die ja alle ihre Häuser selbst bauen – und werden bemalt. Ein paar Frauen nähen die Kostüme. Marilyn ist super am Klavier. Kay redet ständig „vom Buchstaben D nach dem Refrain" oder so, und Marilyn nickt, findet die richtige Stelle in ihren Noten und haut in die Tasten. Ich wußte nicht, daß Menschen zu sowas fähig sind. Aber sie ist eine Indianerin, hat also ein tiefes spirituelles Leben, und die Geister werden ihr wohl helfen. Sogar Maurice war schwer beeindruckt.

Weil wir gerade dabei sind: Ed hat eine Solonummer, er singt einen Song vor allen Männern und Ruth-Anne und anderen Offizieren der Heilsarmee. Obwohl ich zur Zeit nur auf Heavy Metal stehe und Maurices Evergreens, die er manchmal im Radio spielt, zum Kotzen finde, muß ich doch zugeben, daß es ziemlich bewegend ist, wie Ed so dasteht und singt, auch wenn seine Stimme entsetzlich ist. Also habe ich mich vielleicht doch in ihm geirrt.

Ich muß weg. BITTE versuche unbedingt zur Aufführung herzukommen!

Küßchen,
Shelly

15. Mai

Lieber Bernard,

heute war mein großer Tag, der Tag meiner Visite im Büro von Dr. Michael Robertson. Dr. Mike hat ein EEG-Gerät hergeschafft und läßt sich nun von tout Cicely zerebrale Autogramme geben.

Zur verabredeten Stunde war ich zur Stelle. Anwesend waren Dr. Mike, Joel und Maggie – die beiden letzteren glänzen durch Abwesenheit von unserem theatralischen opus magnum. Joel wollte mich an die Drähte anschließen, und ich sagte: „Hört mal, ich fürchte, das ist gegen meine religiösen Überzeugungen."

„Komm schon, Chris", sagte Maggie. „Alle machen es. Michael sagt, wir brauchen ein vollständiges Spektrum der Stadt."

„Tut mir leid, ich hab's mir anders überlegt. Jede Benutzung meines Gehirnprogramms ist wegen der Gefahr einer Virenübertragung verboten."

„Chris", säuselte Dr. Mike in seinem männlichen Bariton und machte Filmstaraugen dazu. „Ich habe Ihre Radiosendung gehört. Sie sind ein sehr gescheiter Mann. Nicht . . ."

„Nicht wie der Rest von Cicely? Ist es das, was Sie sagen wollen, Mike?"

Sein Lächeln war herrlich leer. „Sie mögen mich nicht, Chris. Warum?"

Ich zuckte die Achseln und gab zurück: „Ich mag keine Ausbeuter, das wird's sein."

Joel schaltete sich ein: „Chris, glauben Sie mir, ich kann Ihnen das sehr gut nachfühlen. Aber wir sind keine arroganten Anthropologen, die über ein Stammesdorf herfallen und alles aus dem Gleichgewicht bringen. Michael und ich sind nur hier, um Daten zu sammeln. Mehr nicht."

„Hören Sie auf, Joel!" lachte ich. „Das haben sie den Einwohnern des Bikini-Atolls auch erzählt. Dann brachten sie sie in Schiffen weg und warfen eine Wasserstoffbombe ab."

„Chris“, mischte sich nun Maggie in flehendem Tonfall ein, „sei doch nicht so. Michael sagt . . .“

Plötzlich hatte ich eine Eingebung und hob die Hand: „Stop! Ist der Schädel von Dr. Mike schon abgehört worden?“

Dr. Mike sagte: „Ich wohne nicht hier.“

„Und was ist mit dir, Maggie? Und mit Ihnen, Joel?“

„Hey“, antwortete Joel, „Sie wollen, daß ich es tue? Gut. Ich habe keine Probleme damit. Machen wir einen Deal: Ich zeige Ihnen mein EEG, wenn Sie mir Ihres zeigen. Einverstanden?“ Ich nickte. „Sehr gut. O'Connell, würden Sie bitte Ihres Amtes walten?“

Sprach's und legte sich auf den Tisch. Maggies Gesicht zeigte ein Wechselbad der Gefühle, Aufregung, Mißfallen, Besorgtheit, Ärger, während sie die Elektroden befestigte. Ich sah zu. Und eine sehr interessante Szene rollte vor mir ab. Offensichtlich ist eine der Regeln, daß das Versuchskaninchen nicht sprechen darf. Dadurch wurde ich Zeuge einer Unterhaltung zwischen Maggie und Dr. Mike, an der Joel, der bewegungslos vor ihnen lag, nicht teilnehmen konnte. Die komplizierte Gefühlsbeziehung von Maggie und Joel ist Gegenstand nicht enden wollender Spekulationen in Cicely. Jeder hat seine eigene Theorie dazu (ich auch), aber niemand weiß wirklich, was sich zwischen den beiden abspielt. Also werde ich den Dialog wörtlich wiedergeben und nicht versuchen, den Subtext zu erhellen.

„Offen gestanden, Fleischman, wird es bereits ein signifikantes Untersuchungsergebnis bedeuten, wenn wir feststellen, daß Sie überhaupt ein Gehirn haben“, sagte Maggie. Joel lächelte gezwungen und drohte ihr mit dem Finger.

„Aber Maggie, Sie sollten meinen Oberassistenten nicht so ärgern“, bemerkte Dr. Mike.

Joel runzelte mißlaunig die Stirn. Maggie bemerkte das und sagte lächelnd zu Dr. Mike: „Er ist ein ausgezeichneter Assistent, nicht wahr?“

„Erste Klasse.“

„Ja, wir sind so froh, daß er uns hilft. Haben Sie übrigens die Postkarte bekommen, die ich Ihnen nach Philadelphia ins Büro geschickt habe?“

„Natürlich, Maggie. Und ich nehme Ihre Einladung dankend an.“

Schon wieder runzelte Joel die Stirn, und als er sah, daß ich das bemerkt hatte, schickte er ein selbstsicheres Lächeln hinterher, dem es allerdings an jeglicher Glaubwürdigkeit mangelte. Auch Maggie war das nicht entgangen: „Großartig! Dann lassen Sie uns einen Termin vereinbaren.“

Ich konnte das nicht länger ertragen. Wie ein arroganter Anthropologe brachte ich sie aus dem Gleichgewicht, indem ich sagte: „Einen Termin vereinbaren? Hey, heiratet ihr beiden etwa?“

Gezwungene Heiterkeit! Maggie antwortete: „Nein, nein, ich habe Michael überredet, mit mir eine Wanderung zu machen.“

Provozierend fragte ich: „Eine Tageswanderung?“

„Mein Gott, das will ich nicht hoffen“, sagte Dr. Mike. „Ich meine, an einem Tag kann man doch kaum etwas machen. Sind Sie nicht derselben Ansicht, Maggie?“

„Absolut. Wir übernachten unterwegs.“ Sie seufzte und wandte sich vom schafsgesichtigen Joel zur Maschine, um die zitternden Stifte und die Gebirgsformationen, die sie aufs Papier malten, zu begutachten. „Wir nehmen Zelte mit . . . und Schlafsäcke . . . Obwohl ja abzuwarten bleibt, ob wir weit genug von Cicely wegkommen, um überhaupt schlafen zu können. Vielleicht erzählen Sie mir dann endlich, was das Rachtstoffel-Experiment ist.“

„Oh, das ist völlig unwichtig“, wiegelte Dr. Mike ab. „Wir hätten viel Dringenderes zu besprechen, will ich meinen.“

„Wir werden sehen“, sagte Maggie ausweichend. „Wie wär’s mit dem Tag nach der Aufführung?“

Dr. Mike ließ verlautbaren, wie ausgezeichnet ihm das passen würde, und Joels EEG – wenn Du mich fragst, ein Todesqualen leidendes Profil – war beendet. Dann drängten sie mich, der nächste zu sein, doch ich weigerte mich, vor Maggie untersucht zu werden. Sie stieg auf den Tisch, und Joel, ganz „cooler Profi“, legte die Drähte an. Weißt Du schon, wie’s weitergeht, Bruder? Genau so. Jetzt mußte

Maggie still daliegen, während die beiden Doktoren über ihren Kopf hinweg ein Konsilium abhielten.

„Nun, Mike", begann Joel, „ich denke wir sind so weit, daß wir ein Exposé rausschicken können. Wir sollten uns ein bißchen Zeit nehmen, um einen ersten Entwurf zu erstellen."

„Machen *Sie* das, Joel. Sie können besser schreiben."

„Klar. Warum nicht." Joel lächelte gekünstelt auf Maggie herab, die mit einem ebenso unnatürlichen Lächeln antwortete. „Sagen Sie Mike, kann ich mir dafür Ihre Sekretärin ausborgen?"

„Maggie? Selbstverständlich."

Maggie starrte Joel beleidigt an, der nun sein entzückendstes Smiling aufsetzte. „Natürlich frage ich mich", fragte er sich nicht, „ob ich ein ebenso großes Arbeitspensum aus ihr herausholen kann wie Sie. Glauben Sie, sie würde für mich dasselbe tun, was sie für Sie tut?"

Dr. Mike stieß einen obszönen Lacher aus und bemerkte: „Das müssen Sie schon selbst rausfinden." Die beiden Ärzte kicherten ein bißchen über ihre scheinbar gelungenen Witze, und dann fuhr Dr. Mike fort: „Nein, nein, ich mache nur Spaß. Natürlich wird sie das. Das heißt, sie tut es bestimmt, wenn ich es ihr sage. Nicht wahr, Maggie?"

„Für Sie täte sie alles, Mike."

„Oh, das wird man noch sehen, Joel!"

Maggies Gesicht versteinerte. Joel, der am Gerät stand, hielt ihren Streifen hoch, wedelte damit in der Luft herum und sagte: „Da haben wir sie."

Dann kam ich dran. Maggie fragte, ob ich eine Kopie meines Streifens wollte, aber ich lehnte dankend ab. Wozu auch? Mit all diesen üblen Geistern, die im Äther Amok laufen? Ich distanziere mich von jeder elektromagnetischen Unterschrift, die mein Gehirn unter diesen Umständen leisten mag. Leben ohne Schlaf ist kein wirkliches Leben. Diese Linien und Spuren sind eine Fälschung.

Kesho,
C.

Marx
Anwaltskanzlei
New York City

18/5

Ricardo,

bis über die Ohren in Arbeit am Exposé, das wir über den (von mir) sogenannten „Cicely-Effekt“ präsentieren wollen: Elektromagnetisches Blahblah, bewirkt durch solaren Hokuspokus, affiziert den Hirnstamm und etc.

Mike wertet in der Zwischenzeit die EEGs aus und erfaßt die Ergebnisse statistisch. Völlig außerhalb meines geistigen Horizonts. O'Connell und er wollen in zwei Wochen zu einer *Wanderung* aufbrechen. Ich ertappe mich immer wieder bei der Frage, was das zu bedeuten haben mag. Nicht, daß es mich etwas anginge, aber ich gebe gerne zu, daß ich etwas besorgt bin. Ich fühle zwar kein Bedürfnis, mit ihr um seine Zuwendung zu buhlen, aber was denkt sie eigentlich, wer sie ist? Ist das nur ein Kompott, um ihn ins Bett zu kriegen – oder, der Not gehorchend, nicht der eignen Untugend, in den Schlafsack? Nur zu. Will sie dann mit ihm nach Philadelphia gehen, wenn seine Arbeit hier beendet ist? Ich hoffe nicht. Er ist nicht ihr Typ. Für eine Wanderung vielleicht. Für mehr aber ganz bestimmt nicht.

Wenn sie doch mit ihm geht, wird natürlich das Flugzeug abstürzen, sie entkommt wie durch ein Wunder unverletzt, er aber stirbt auf eine besonders aufsehenerregende und bizarre Art, und sie kann zurückkommen. Also spielt es vielleicht überhaupt keine Rolle. Trotzdem bin ich dagegen. Obwohl es natürlich ihre Sache ist. Obwohl das nicht so sein müßte. Maggie O'Connell ist der lebende Beweis, daß Frauen, auch wenn ihnen der soundsovielte Zusatzartikel zur Verfassung das Wahlrecht zugesteht, bei der Wahl ihres Lebensgefährten diese Freiheit nicht uneingeschränkt haben sollten. Aber sei's drum. Ich muß arbeiten.

Methodisch,
Dein Joel

MINNIFIELD COMMUNICATIONS
Cicely, Alaska

Ms. Kim Basinger
co/Weisman, Miller & Davis
1100 Avenue of the Stars
Century City, Kalifornien

21. Mai

Sehr verehrte Ms. Basinger,

ich habe Ihren Brief vom 15. d. M. erhalten und bestätige Ihnen gerne, daß Montag, der 1. Juni, ein höchst passender Termin für Ihre Ankunft in und Inspektion von Cicely wäre. Mein Anwalt informiert mich, daß er Ihnen seine Kommentare zur Legalität des Ankaufs der Stadt Cicely und über die dazu notwendigen Schritte zugeleitet hat. Nach meiner Einschätzung sind nunmehr sämtliche Hürden beiseite geräumt.

Was die Haltung unserer Bürger zum geplanten Verkauf ihrer Stadt anlangt, so habe ich das Thema hier noch gar nicht aufs Tapet gebracht. Ich habe mich entschieden, dies erst nach Ihrem Besuch zu tun. Natürlich werde ich Ihre Anwesenheit hier damit begründen, daß Sie Investitionsabsichten in Cicely hegten. Ich kann Ihnen versichern, daß Ihnen und Ihrer Begleitung jede Annehmlichkeit geboten wird.

Ich freue mich, Sie am Flughafen abholen zu dürfen, und sehe unseren künftigen Geschäftsbeziehungen mit großer Zuversicht entgegen.

Hochachtungsvoll
Maurice Minnifield

27. Mai

Liebe Phyl,

was tue ich? Weißt Du es? Wenn ja, antworte bitte postwendend.

Ich arbeite nun seit Wochen intensiv mit Michael zusammen, erledige die stupidesten Arbeiten für ihn und habe nebenher alle Hände voll zu tun, mich seiner „Avancen" (nennt man das noch so?) zu erwehren. Nicht, daß ich ihn unattraktiv fände – schließlich wollen wir bald für eine Nacht in die Hügel aufbrechen –, sondern ich kann mich einfach nicht dazu überwinden, hier in der Stadt irgendwas anzufangen. Ich habe ein furchtbar schlechtes Gewissen: Ich vernachlässige meine Freunde, bin aus dem Musical ausgestiegen, das die ganze Stadt beschäftigt, die größte Sache, die hier seit Urzeiten gelaufen ist . . . Ich streite mich mit Fleischman rum wie ein ungezogenes Kind . . .

Ich verlange ja gar nicht, daß das, was ich mit Michael erlebe, *Liebe* ist, aber könnte es sich nicht wenigstens fühlbar von Übelkeit unterscheiden? Die Vergangenheit ist wie immer keine große Hilfe. Ich bin nicht sicher, aber als das mit Dave anfing . . . Ja, das war Liebe. Oder nein, aber es war immerhin romantisch. Er schrieb ein Buch, und wir zogen nach Alaska; das ganze Drumherum war eben romantisch, aufstehen und sich anziehen war romantisch . . .

Glen, hm, den liebte ich wohl. Glaube ich jedenfalls. Wenn man's nur glaubt, ist es dann Liebe? Sei's drum. Bruce, nun . . . Nächste Frage: Harry? Ich weiß nicht. Es war die Art Liebe, die so lange überzeugend wirkt, wie man nicht genauer hinschaut. Und dann Rick. Ja, ich würde definitiv sagen, das war Liebe. Auf eine ganz spezielle Art.

Mit Michael? Ich bin mir nicht sicher, habe aber den Verdacht, daß das nicht Liebe ist. Das ist Kuchen. Hier meine neueste Analogie: Du gehst durch die Stadt und bleibst vor dem Schaufenster einer Konditorei stehen. Dort siehst du die üppigste, aufwendigste, übertriebenste Schokoladentorte mit Zuckerguß und allem Drum und Dran. Blätterteig mit Buttercreme gefüllt und Tortenguß überall und

Nüsse, kandierte Früchte, Schokostreusel, Zuckerröschen usw. Zuerst willst du die Torte haben, denn in ihrer Fülle und Pracht sieht sie ausgesprochen *gut* und verlockend aus. Aber andererseits weißt du, ist dir voll *bewußt:* Sie ist schlecht . . . *für dich.* Was, zugegebenermaßen, manchmal nichts ausmacht. Eine Menge Sachen, die schlecht für dich sind, sind gut für dich. Aber diesmal weißt du auch, daß du dir hinterher dumm vorkommen wirst, daß dir leicht übel sein wird und daß du dasselbe – nein, Besseres – erleben kannst, wenn du dir etwas weniger kunstvoll Gearbeitetes, weniger Verführerisches aussuchst, etwas Anspruchloseres, aber Unverfälschtes.

Nun stehe ich also vor dem Schaufenster der Konditorei, und das Ding sieht verdammt gut aus. Ganz egal, was ich darüber *weiß.*

Ich wünschte, alles könnte wieder normal sein. Cicely könnte wieder schlafen, ich wieder fliegen, Fleischman und ich könnten einander wieder milde frotzeln, Michael wäre wieder in Philadelphia. Ist das möglich? Antworte bitte postwendend.

Der Versuchung nachgebend,
Maggie

30. Mai

Liebe Anita,

eigentlich ist schon Sonntag, der 31., denn es ist 3 Uhr früh. Ich komme gerade von der Generalprobe unseres Musicals und muß sagen, es lief sehr gut. Die Kostüme sind wunderbar. Seltsam, sobald man in seinem Kostüm steckt, ist man einfach tiefer in der Rolle drin, strengt sich mehr an. Die Männer tragen alle weite Nadelstreifenanzüge, schwarze Hemden und helle Krawatten. Du kannst Dir also vorstellen, wie komisch und fremd ich mir vorkam.

Wir spielten das ganze Stück durch, unterbrachen nur hier

und da für geringe Änderungen. Einmal stand ich mit Katherine, einer von Chris' Freundinnen, in den Kulissen. Sie hat die Tanznummern mit uns einstudiert, sogar mir hat sie das Tanzen beigebracht, denn ich muß zu „Luck Be a Lady" tanzen. Sie schien ihr Lachen unterdrücken zu müssen, als wir diese Szene spielten, und als ich sie dann fragte, wie sie die ganze Aufführung jetzt finden würde, sagte sie: „Holling, sie könnte gar nicht besser sein."

Ich muß sagen, Chris war sehr gut, zumal er eine Rolle hat, für die er anfangs gar nicht unbedingt geeignet schien. Und seine Szenen mit Shelly sind sehr bewegend. Ich weiß zufällig – die ganze Stadt weiß das *zufällig* –, daß er Shelly in letzter Zeit unausstehlich gefunden hat. Aber heute nacht sagte er ihr, daß sie super war, und entschuldigte sich.

Und sie ist wirklich super. Vielleicht ist es ihre Erfahrung bei der Wahl zur Miss Northwest Passage und bei anderen Schönheitswettbewerben, aber jedenfalls ist sie die geborene Schauspielerin. Wenn sie „Marry The Man Today" singt, worin es darum geht, daß sie und Barbara Semanski Chris und Maurice erst einmal heiraten sollten, um sie später dann zu ändern, dann scheint sie das richtig ernst zu meinen.

Ich weiß, Du wirst das kaum glauben und denken, es wäre nur, weil er sich bei Shelly entschuldigt hat, aber Chris war mir heute viel sympathischer, als er es in der letzten Zeit gewesen ist. Um genau zu sein, konnte ich ihn schon seit Ende Februar nicht mehr riechen. Als er heute auf der Bühne stand und eine sehr komische Szene mit mir spielte, änderte sich das plötzlich. Alles, was mich an ihm gestört hatte – seine übertrieben poetische Sprache, sein Predigen über Figuren aus Büchern und Religionen, sein Herumkritteln an den Ansichten anderer Leute, die Art, wie er Beethoven „Ludwig" nennt und Freud „Old Siggy" und so weiter –, das alles konnte ich ihm mit einemmal verzeihen. Frag nicht, warum.

Natürlich steht Maurice im Mittelpunkt. Ursprünglich sollte Chris die männliche Hauptrolle, Sky Masterson, übernehmen und Joel den Nathan Detroit spielen. Aber als Joel dann das Handtuch warf, besetzte Maurice Chris als Nathan und übernahm den Sky Masterson selbst. Ich kenne Maurice Minnifield seit zwanzig Jahren und weiß, daß er über enorme Fähigkeiten auf vielen Gebieten verfügt und fast alles erreicht, was er sich vornimmt. Aber die Darstellung des Sky Masterson scheint nicht gerade eine seiner herausragendsten Leistungen zu sein. Ich möchte da nicht ins Detail gehen, doch mag es damit zu tun haben, daß Barbara Semanski seine Partnerin spielt . . . Sarah Brown, die Dame von der Heilsarmee. Maurice hat eine unerwiderte Leidenschaft für sie, und das merkt man.

Immerhin hat er das Ganze aus dem Nichts zustande gebracht. Einst waren wir einfach nur eine normale Stadt in Alaska, deren Einwohner aufgehört haben, zu schlafen. Jetzt stehen wir unmittelbar vor der Premiere. Ich ziehe den Hut vor ihm.

Wenn ich Dich morgen hier sehe, dann war dieser Brief überflüssig. Wenn nicht, dann hoffe ich Dich bald ein andermal zu sehen.

Herzlich,
Dein Holling

Steve Cohen
Kanzlei
Stadt, Staat

31/5

Lieber Steve,

geschafft! ich habe das Exposé fertiggeschrieben und es Mike für den letzten Feinschliff gegeben. Ich nehme an, er schickt es morgen mit einem Anschreiben los. Unmittelbar bevor er und O'Connell zu ihrer Wanderung aufbrechen. Sie ist jetzt zu Hause und erledigt noch ein paar dringende Sachen bis morgen. Was heißt, daß sie die Aufführung verpassen wird. Aber das Musical läuft wohl die ganze

Woche, also wird sie – ebenso wie ich – eine spätere Vorstellung erwischen. Mir ist heute abend nicht nach großer Gesellschaft zumute.

Außerdem könnte meine und O'Connells Anwesenheit die allgemeine Begeisterung dämpfen. Die Leute würden uns fragen, warum wir aus der Produktion ausgestiegen sind. Die braven Bürger von Cicely nehmen kein Blatt vor den Mund, sie fühlen sich von uns verraten und verkauft. Und manchmal habe auch ich keine Scheu zuzugeben, daß sie damit nicht ganz unrecht haben.

Also habe ich aufgeräumt, Patienten verarztet, Zeit totgeschlagen. Wie bei jedem großen Projekt, folgt dem Ende der Arbeit unweigerlich ein Loch, in das man fällt. Ich werde . . .

Da bin ich wieder. Es trat eine Unterbrechung von etwa fünf Minuten ein, als Ed Chigliak, ein junger Mann mit einer ausgeprägten Abneigung gegens Anklopfen, plötzlich in meiner Praxis stand und grinsend den Arm zum Gruß erhob. Das passiert andauernd. Ich schreibe oder lese oder träume vor mich hin, und wenn ich aufschaue, dann steht er *da,* mit seiner schwarzen Lederjacke und einem Blick, als wäre er gerade aus der Enterprise hergebeamt worden. Ich bitte ihn immer wieder, doch anzuklopfen, aber er antwortet nur: „Indianer tun das nicht, Dr. Fleischman. Es ist unhöflich." Oh!

Ed sagte, er sei gekommen, um mir „etwas Wichtiges" zu geben, steckte seine Hand in eine Jackentasche und brachte sie leer wieder zum Vorschein. Er hatte es in seinem Kostüm gelassen . . . das „etwas Wichtige". Jetzt ist er es holen gegangen. Ich habe gefragt, was es ist. Eine Postkarte, meinte er.

Mir ist klar, daß dieses Exposé und die gründlichere Arbeit, die noch folgen wird, mich zu einem gefragten Mann machen können. Man lädt mich vielleicht zu Kongressen ein. DANN KOMME ICH VIELLEICHT ENDLICH AUS DIESEM GOTTVERDAMMTEN ALASKA RAUS!

Halte aus, Herz! Einst hast du noch Hündischeres ausgehalten. Bitte entschuldige mich jetzt, ich gehe Abendessen. Vielleicht gebe ich nach beziehungsweise bringe den Mut auf, mir die „Premiere“ doch anzuschauen. Wenn sie mich nicht als Verräter steinigen, sobald ich dort auftauche. Ich könnte es ihnen nachfühlen. Aber die Wissenschaft verlangt Opfer, stimmt's? Ich werde dem Lynchmob erklären, daß Du das gesagt hast.

Auf der Schwelle zum Ruhm,
Joel

3. Juni (!!!)

Liebe Jen und Phyl,

setzt Euch beide erst einmal hin. Ihr seht, das ist eine Fotokopie. Ich habe nicht viel Zeit zum Schreiben und schon gar nicht, dasselbe zweimal zu erzählen, also macht Euch auf Fortsetzungen gefaßt. Eines Tages werden wir uns alle drei einmal treffen, und Ihr lernt Euch kennen. Ihr habt viel gemeinsam. Das fängt bei Folgendem an:

Das letzte Mal schrieb ich Euch beiden am Tag vor der großen Premiere von „Guys and Dolls“, zwei Tage vor meiner Wanderung mit Michael Robertson. Also nehmen wir den Faden an dieser Stelle auf. Die Vorstellung sollte um 20 Uhr beginnen. Ich wollte nicht hingehen; erstens, weil ich ein schlechtes Gewissen hatte, denn ich war ausgestiegen und hatte meine Freunde im Stich gelassen; zweitens, weil Michael mich gebeten hatte, einen Brief und eine handgeschriebene Einführung in den Laptop zu füttern, damit beides am nächsten Tag zur Post gehen konnte. Also blieb ich zu Hause und tippte die ganze Nacht. Michael mußte andere Dinge erledigen, Leute anrufen und dergleichen, und wollte gegen halb elf abends dann zu mir kommen, um einen letzten Blick auf die Einführung zu werfen.

Die Uhrzeiten sind wichtig. Merkt sie Euch gut! Um etwa 21.30 Uhr klopfte es an der Tür. Michael, dachte ich, also öffnete ich in guter Stimmung, wenn auch leicht nervös. Aber es war nicht Michael, sondern Fleischman. Er sah furchtbar aus – überarbeitet, deprimiert, unentschlossen. Aber natürlich nahm ich sofort meine Verteidigungsstellung ein, sträubte die Borsten, machte mich zum Kampf bereit.

„Was gibt's, Fleischman? Ich bin sehr beschäftigt."

„Ich weiß . . ." Er machte ein verstörtes Gesicht, wie immer, wenn er nicht Herr der Lage ist.

„Ich will noch Michaels Brief in den Computer geben, damit alles erledigt ist, wenn wir wandern gehen."

„Verstehe . . . Darf ich reinkommen?"

Ich blieb einen Moment unschlüssig stehen, dann trat ich, alles andere als erfreut, zur Seite und ließ ihn rein. Er bewegte sich wie jemand, der einen Safe mit sich rumschleppt.

„Und jetzt?" fragte ich. „Sehen Sie, wir sind nicht gerade sonderlich gut miteinander ausgekommen in letzter Zeit, also . . . lassen Sie uns . . ."

„Ich glaube, Sie sollten morgen nicht wandern gehen", sagte er.

Ich fühlte mich, wie wenn die Tastatur des Laptop unter meinen Fingern blockiert: Im Geist fahre ich noch immer fort, aber irgend etwas in mir ist verschlossen, und ich erkenne es noch nicht. Ich brachte nur heraus: „Wie kommen Sie auf die Idee, daß Sie dabei etwas zu sagen haben könnten, Fleischman?"

Er lief im Zimmer auf und ab. „Ob ich etwas zu sagen habe oder nicht, spielt keine Rolle, O'Connell. Ich habe eine Meinung. Und diese wohldurchdachte Meinung lautet: Bitte gehen Sie nicht mit ihm auf diese Wanderung."

Da verstand ich endlich und sagte: „Sie sind eifersüchtig. Sie wollen nicht, daß er mich mehr mag als Sie. Fleischman, ich bin bloß die Sekretärin, haben Sie das vergessen? Sie sind der Kollege. Wir sind keine Konkurrenten. Wir haben ganz verschiedene Interessen. Was ist also das Problem?"

„Er ist nicht das, was Sie glauben. Er ist . . ." Er schluckte, sah aus wie ein Häufchen Elend. „Okay, legen wir die Karten auf den Tisch. Sie nehmen Schlafsäcke mit, stimmt's?"

„Und?"

„Und Sie werden über Nacht wegbleiben, stimmt's?"

„Mindestens eine Nacht."

„Mindestens, ja. Gehe ich also recht in der Annahme, daß es eine physische Ebene in ihrer Beziehung geben wird? Und seien Sie aufrichtig, O'Connell, denn ich weiß zufällig, daß er diese physische Ebene von Anfang an im Auge hatte."

„Und woher wissen Sie das?"

„Er hat's mir selbst erzählt."

Ich lachte. „Sehr gut! Ich fühle mich geschmeichelt! Und vielleicht empfinde ich ja genauso! Und nun lassen Sie mich abschließend noch bemerken, daß Sie das in jedem Fall einen feuchten Dreck angeht!"

„Ich weiß, ich weiß! Lassen Sie mich nur noch eine Frage stellen." Ich schwieg, also fuhr er fort: „Was sind Ihre Absichten dabei? Sind Sie etwa in diesen Typen verliebt oder was?"

„Fleischman!"

„Nun?"

Das war genau die Frage, die ich nicht gestellt bekommen wollte. Auf eine dämliche Art gewann er die Oberhand, nur weil er diese Frage gestellt hatte. Ich mußte wegschauen und seufzend sagen: „Ich weiß es nicht. Das heißt, nein. Aber es könnte noch passieren. Es könnte sich ergeben." Ich wandte mich zu ihm, als wäre das alles – die ganze Schlaflosigkeit – seine Schuld: „Denn wenn es in Cicely so bleibt, wie es ist, dann werde ich kaum hier bleiben können. Wenn ich nicht fliegen kann, dann muß ich irgendwo anders hingehen und etwas anderes tun."

„Irgendwo anders? Wo ist das? Vielleicht in Philadelphia?"

„Philadelphia gehört durchaus zu diesen möglichen Irgendwos."

Er drehte mir den Rücken zu, ging im Zimmer auf und ab und murmelte vor sich hin: „Ich renne seit einer Stunde in der Stadt herum und denke darüber nach, wie ich das anpacken soll."

„Da gibt es nichts, was Sie anpacken müßten, Fleischman., Danke für Ihr Interesse, und kommen Sie gut nach Hause."

„Nein, Sie irren sich, das ist eine äußerst delikate Angelegenheit. Moralisch delikat, sehr kompliziert. Meine Motive sind nicht eindeutig. Ich frage mich, warum ich das tue? Ich sage mir: O'Connell? Sie ist schließlich erwachsen. Sie allein ist für ihre Handlungsweise verantwortlich. Sie ist in der Lage, ihr Bett zu machen, sie kann darin liegen, Ende der Geschichte."

„Danke."

„Aber ich will nicht, daß man Ihnen weh tut. Ich habe zwar vielleicht noch Dutzende andere Motive und geheime Absichten, aber ich will auf keinen Fall, daß irgend jemand Ihnen weh tut."

Trocken, sehr trocken, gab ich zurück: „Wie nett von Ihnen. Kann ich jetzt gehen?"

„Ed . . ." Er unterbrach sich, griff in seine Jackentasche und zog etwas daraus hervor. „Ed hat mir das da für Mike gegeben. Es kam vor zwei Tagen an und ist im Chaos von Ruth-Annes Laden untergegangen."

Er drückte es mir in die Hand. Es war eine Ansichtskarte vom Empire State Building. Plötzlich fing Fleischman nervös an zu lachen und sagte: „Vielleicht bilde ich mir das alles nur ein. Vielleicht wissen Sie es längst. Vielleicht spielt es überhaupt keine Rolle, ob Sie das wissen oder nicht."

„Was soll ich wissen?"

„Lesen Sie!"

„Fleischman, das ist anderer Leute Post . . ."

„Es ist nur eine Postkarte, O'Connell. Auf Postkarten steht nichts Intimes. Lesen Sie. Ich . . . Ich warte nebenan . . ."

Also marschierte er in mein Schlafzimmer, ich zuckte die Achseln und drehte die Karte um. Sie war an Michael adressiert, c/o Ruth-Annes Laden. Eine ausgeprägt männliche Handschrift. Und ich las . . .

Ich mußte die Karte mehrfach lesen, während mein Gehirn die Erkenntnisse meines Körpers allmählich nachvollzog: Ich war nämlich, ob Ihr es glaubt oder nicht, *knallrot* geworden. Mein Gesicht glühte förmlich, und ich fühlte mich . . . nicht wütend, nicht einmal beschämt, aber zutiefst blamiert. Natürlich verstand ich jetzt, worum es die ganze Zeit gegangen war. Ich muß etwa eine Minute lang so stehengeblieben sein, dann trieb es mich irgendwie ins Schlafzimmer. Fleischman war da und las am Bildschirm des Laptop, oder zumindest tat er so. Er blickte mich fragend an.

„Haben Sie's gewußt?" Ich schüttelte den Kopf. Er fragte weiter: „Ändert das irgendwas?" Ich nickte. Er zuckte zusammen, nahm mir die Karte aus der Hand und las sie laut vor: „‚Lieber Mike, Alaska? Unglaublich! Bring Fotos mit. Deine Frau sagt, Ihr beide seid Ende Juni in NY. Wie wär's mit einem Essen? Ruft an. Wendy läßt grüßen. Halt Dich warm. Hal.'" Dann sah er zu mir auf. „Tut mir leid, O'Connell."

„Bitte gehen Sie."

„Ja, klar." Er setzte sich auf mein Bett.

„Bitte, Fleischman . . ."

„Ich gehe schon, ich will nur . . ."

„Fleischman!"

„Ich will nur das hier noch zu Ende lesen", sagte er. „Etwas daran ist seltsam." Er beugte sich über den Laptop, ließ den Text durchlaufen und las.

Ich muß hier abbrechen. Ich schreibe bald mehr. Und Ihr könnt mir glauben, es kommt noch *einiges*. Das war nicht einmal die Hälfte.

Küßchen Euch beiden,
Maggie

Marx
Etc.

3/6

Lieber Richie,

plötzlich steuert alles auf einen Höhepunkt zu. Am Abend der Premiere von „Guys and Dolls“, d. h. kurz vor O'Connells geplantem Ausflug ins Hinterland mit Mike Robertson, komme ich nach dem Abendessen aus dem Brick. Wie kann das Café geöffnet sein, wenn Holling und Shelly und sogar der gefürchtete Dave bei der Aufführung mitmachen? Weil Adam, der verrückteste große Koch der Welt, sich herabgelassen hat, „gegen eine kleine Spende einen kalten Imbiß zu servieren“. Eve, seine Frau, ist schwanger, deshalb braucht er so manche Spende. Das hat den erfreulichen Nebeneffekt, daß ich ausgezeichnet gespeist habe.

Ich kann mich nicht entschließen, ob ich mir die Show ansehen soll oder nicht, aber jegliche Überlegungen diesbezüglich werden mir abgenommen, als Ed Chigliak in seinem riesigen zweireihigen Anzug mit dunklem Hemd und weißer Krawatte (sein Kostüm) aus der Kirche, wo die Vorstellung stattfindet, gerannt kommt (womit er das alte Tabu verletzt, nach dem ein Schauspieler nicht vor der Vorstellung in seinem Kostüm gesehen werden darf) und mich auf der Straße anhält. „Doktor Fleisch-man!“ brüllte er wie ein Kind in einem alten MGM-Film. „Doktor Fleischman!“ Und er gibt mir eine Postkarte für Mike, der anderweitig beschäftigt ist. „Ruth-Anne sagt, die war in Maurices Forbes-Magazin geraten.“ Die Post muß zugestellt werden. Also nehme ich die Karte an mich.

Frage: Man gibt Dir eine Postkarte an eine berühmte Persönlichkeit oder wenigstens an eine bekannte Koryphäe auf Deinem Gebiet. Was tust Du? Antwort: Du liest sie.

Was auch ich tat. Danach wanderte ich durch die Stadt, wo sich das Premierenpublikum in gespannter Erwartung vor der Kirche versammelte. Es sah aus, wie ein New Yorker Premierenpublikum aussehen würde, wenn man jedes einzelne Mitglied dieses Publikums dazu zwänge, dreißig Pfund zuzulegen und alte Flanelljacken sowie Holzfällerhemden anzuziehen. Die Männer müßten sich Bärte wachsen lassen, die Frauen müßten sich Bärte wachsen lassen, alle müßten sturzbetrunken sein und öffentlich ihre Jagdmesser, Hunde oder Tätowierungen zur Schau stellen. Ich übertreibe. Also zwanzig Pfund.

Sie drängelten in die Kirche, als ich die Karte las. Die Karte . . . tja. Es genügt, daß die Karte von einem New Yorker Freund von Mike stammte und daß seine (d. h. Mikes) Frau darauf erwähnt wurde. Frage: Wußte O'Connell, daß er verheiratet war? Antwort: Ich vermutete, nein. Frage: Sollte ich's ihr sagen? Gute Frage.

Tatsächlich tat es mir leid für sie, aber über meine Motive, wenn ich es ihr erzählen *würde,* war ich mir nicht ganz im klaren. War sie nicht schließlich und endlich erwachsen und allein für ihre Handlungsweise verantwortlich? Sie ist in der Lage, ihr Bett zu machen, sie kann darin liegen, Ende der Geschichte!

Aber ich erkannte, daß hinter dieser Haltung noch etwas anderes steckte. Etwas Irritierendes, das aber eindeutig da war: *Freude.* Vielleicht Schadenfreude. Es lag etwas Befriedigendes in dieser Wendung der Geschichte. Warum? Weil sich nach O'Connells ganzen Sticheleien, ihrer großspurigen Haltung mir gegenüber, ihrem Geltungsdrang jetzt herausstellte, daß sie ihren Golfball fröhlich in den größten, ältesten Bunker auf dem Platz socketiert hatte.

Aber es tat mir auch leid für sie. Es macht mir zwar nichts aus, wenn Leuten vor Augen geführt wird, daß sie im Irrtum waren, aber ich will nicht, daß man ihnen weh tut.

Also ging ich zu ihrem Haus – ihrem neuen; ihre Mutter war vor ein paar Monaten zu Besuch gewesen und hatte das alte niedergebrannt. Nach dem unvermeidlichen Schlagabtausch – Du kennst das – gab ich ihr die Karte. Sie las sie, begriff, was los war, und . . . Tja, sie *wurde knallrot.* Es war schrecklich. Ich hatte gehofft, sie würde explodieren, aber ich war nicht darauf gefaßt gewesen, daß es eine Demütigung für sie sein wird. Das ging mir nahe. Keine Schadenfreude mehr.

Sie forderte mich auf, zu gehen, und ich wäre wohl auch sofort verschwunden – obwohl man darüber streiten könnte, ob es in dieser Situation besser für sie war, allein zu sein. Natürlich gibt es ein paar Dutzend Leute in Cicely, bei denen sie lieber Trost gesucht hätte, aber die saßen im Moment ausnahmslos in der Kirche bei „Guys and Dolls". Wie gesagt, ich wäre verschwunden. Aber . . .

Nachdem ich ihr die Karte gegeben hatte, ließ ich sie damit allein und verschwand in ihr Schlafzimmer. Auf einem Tischchen stand der Laptop, den wir bei unserem Projekt benutzt haben. Sie war in Word Perfect und gab gerade Mikes Anschreiben ein. Während ich also wartete, bis sie die Karte gelesen hatte und reagieren würde, las ich diesen Brief. Und konnte es nicht glauben. Ich las ihn zu Ende, sprang zum Anfang zurück und begann wieder von vorn. Da kam O'Connell herein – niedergeschlagen, rot, ein Wrack.

„Bitte gehen Sie", sagte sie.

„Ich gehe schon", sagte ich und hämmerte wie wahnsinnig auf die Tasten. „Ich will nur noch . . ." Ich fand zum Anfang und las den Brief. „Hat er Ihnen gesagt, Sie sollen genau das schreiben?"

Sie schaute verständnislos auf den Computer. „Ich gebe nur ein, was er geschrieben hat." Sie zeigte mir das handschriftliche Original.

Ich stand da wie ein Idiot, mit weit aufgerissenem Mund. Dann sagte ich ziemlich wortgewandt: „Aber . . .", ging aus dem Brief raus, speicherte ihn ab und lud die Datei mit unserem Forschungsbericht. Den *ich* geschrieben hatte! Er erschien auf dem Bildschirm. „DAS KANN DOCH NICHT WAHR SEIN!" schrie ich. „ER HAT MEINEN NAMEN ENTFERNT. ER BEHAUPTET, DAS ALLES WÄRE VON IHM!"

Die arme O'Connell beugte sich vor und starrte auf den Bildschirm: „Was?"

„Er hat meinen Namen aus der Datei entfernt! Schauen Sie . . ." Ich lud den Brief wieder. „‚Meine Arbeit . . . Einige Assistenten und ich . . . Ich weiß nur zu gut, daß meine folgenden Schlußfolgerungen . . .' et cetera . . . et cetera. Ihr Kollege, Dr. Michael Robertson!" Ich . . . Hast

Du jemals richtig *gerast?* Ich tat es. Versuch es. Es ist wie Aerobic. „Dieser DIEB! Dieser GANEFF!“

„Fleischman, es tut mir leid“, sagte O’Connell. Sie sah plötzlich aus, als hätte sie einen gewaltigen Kater. Dann drehte sie sich um und ging zum Fenster. „Ich wußte nicht, was Sie mit ihm vereinbart hatten. Ich habe einfach abgeschrieben, was er mir gab.“

„Ich weiß. Es ist nicht Ihr Fehler, O’Connell.“ Allmählich kam ich wieder zu Atem. „Was hat er sich nur dabei gedacht? Daß ich es nicht rauskriege?“

„Ich weiß nicht“, sagte sie leise und schaute dabei aus dem Fenster.

„Hat er vielleicht gedacht, es wäre mir EGAL? Er würde es mir schon ERKLÄREN?“

„Ich weiß es wirklich nicht!“

„Daß ich es VERSTEHEN würde? Daß es nur ein VERSEHEN war?“

Ich beruhigte mich ein wenig oder versuchte es zumindest. Ich saß auf dem Bettrand, der Wecker zeigte 22.16 Uhr. Ich schüttelte den Kopf. „O’Connell, wollen Sie ein bißchen Jiddisch lernen?“ Sie kam herüber und setzte sich neben mich. Das Bett quietschte. „Fangen wir mit dem Wort ‚meschugge‘ an. Zum Beispiel: ‚Sie und ich sind total meschugge.‘ Jetzt versuchen Sie es.“

„Sie und ich sind total meschugge.“

„Nicht schlecht. Aber legen Sie mehr Selbstverachtung, mehr Wut auf sich hinein.“

„*Meschugge.*“

„Sie und ich . . .?“

„Sie und ich sind total *meschugge.*“

„Ausgezeichnet.“

Da saßen wir, die Uhr tickte, der Computer summte leise. Ich sah sie an. Sie war vielleicht einen halben Meter von mir entfernt. Oder noch weniger. Und das Komische daran ist: Ich bin nun schon seit zwei Jahren hier, und in diesem Moment hatte ich das Gefühl, daß ich mein ganzes Leben lang nur diese Frau angesehen habe. „Sind Sie okay?“ fragte ich.

Sie nickte. „Und Sie?“

Ich nickte ebenfalls. „Er hat Sie angelogen. Zumindest implizit.“

Sie sagte: „Er hat Sie bestohlen. Fast.“

„Tut mir leid, daß ich es Ihnen sagen mußte.“

„Ich bin froh, daß Sie's getan haben.“

Wir sahen uns an. Und mir schien es angemessen, meinen Arm um ihre Schultern zu legen und sie auf eine kameradschaftliche Art an mich zu ziehen. Denn das waren wir doch, oder? Kameraden im Verrat? Das tat ich also. Ich legte meinen Arm um sie und zog sie an mich. Und sie . . . Tja . . . Sie ließ mich gewähren, sie *half* mir sogar, indem sie näherrückte.

Ich schließe hier. Du möchtest wissen, was weiter passiert ist? Mach's wie ich, mein Junge! Zahl Deine Schulden! KOMM NACH ALASKA!

Joel

4. Juni

Liebe Jen und Phyl,

hier nun der zweite und letzte Teil unseres Dramas.

Der Grund, warum Fleischman nicht gehen wollte, als ich ihn dazu aufforderte, war: Er hatte entdeckt, daß Michael das Exposé allein unter seinem eigenen Namen einreichen wollte, mit einer einzigen vagen Erwähnung von Fleischman, der es, wie Ihr Euch erinnert, geschrieben hatte. Also waren wir beide Opfer. Er tobte ein bißchen, und ich versuchte jedes Denken und Fühlen in mir zu ersticken. Schließlich setzte sich Fleischman auf mein Bett und sagte, wir wären wohl beide meschugge. Er hatte recht. Ich setzte mich neben ihn. Dann fragte er mich, ob ich okay wäre, was ich bejahte. Er sagte: „Tut mir leid, daß ich es Ihnen sagen mußte.“

„Ich bin froh, daß Sie's getan haben.“

Er sagte: „Er hat mich bestohlen. Zumindest fast.“

Und ich sagte: „Er hat mich angelogen. Implizit.“

Wir saßen da, schauten uns an. Dann legte er den Arm um meine Schultern, und ich lehnte mich an ihn – fast wie Bruder und Schwester. Und er hielt mich ein paar Sekunden lang so, dann ließen wir uns beide zurücksinken und lagen nebeneinander auf dem Bett.

„Warum haben Sie das getan?“ fragte ich. „Ich meine, warum haben Sie sich so zurückgelehnt?“

„Weiß nicht, ganz plötzlich bin ich müde. Es war ein harter Tag.“

„Ich auch.“

„O'Connell, äh . . .“

„Fleischman . . .?“

Er blinzelte und sagte schnell: „Ich halte nichts davon, sich in Selbstmitleid zu wälzen oder sich als unglückliches Opfer zu fühlen. Ich tue das zwar, die ganze Zeit, aber ich halte wirklich nichts davon.“

„Ich auch nicht“, bestätigte ich. „Ich glaube an offene, ehrliche Empfindungen.“

„Genau. Offen und ehrlich.“

„Aber Selbstmitleid, man selbst das Opfer . . .“

„Vergessen Sie's. Glauben Sie nicht dran. Niemals.“

Ich nickte, und wir sahen uns an. Dann sagte er: „Aber es ist hart. Es ist verdammt hart, so verraten zu werden. Das tut weh. Es ist hart, wenn es weh tut. Es tut weh, wenn einem weh getan wird. Ich bin Arzt, ich kann Ihnen mit der Autorität meines Amtes versichern: Schmerzen tun weh.“

„Ja, da haben Sie recht“, pflichtete ich ihm bei. Wir redeten wie zwei philosophierende Betrunkene. „Schmerzen tun weh.“

Vorsichtig sagte er: „Also ist es gut und ich glaube auch vollkommen legitim, wenn man gegen die Schmerzen ein schmerzlinderndes Mittel sucht.“

„Zuspruch, Milderung, Trost . . .“

„Trost, genau“, sagte er, und dann tat er etwas sehr Seltsames: Er gähnte. „Wir können uns gegenseitig Trost spenden, wegen der Symmetrie unserer Schmerzen, der schmerzenden Schmerzen, die wir gegenwärtig bilateral erfahren, glauben Sie nicht?“

„Das wäre schön“, antwortete ich, und weil er gegähnt hatte, mußte ich auch gähnen, was wiederum ihn gähnen ließ. Also gähnten wir uns ein paar Sekunden lang an, und dann legte er seine Hand auf meine – unsere Augen tränten vom Gähnen – und sagte: „Kann ich . . . noch ein bißchen hier bei Ihnen bleiben?“

Ich sagte: „Ja, das wäre gut. Oh, zum Teufel.“

„Was? Zum Teufel was?“

„Die Uhr. Michael wollte in ungefähr fünf Minuten hier sein.“

Da waren unsere Blicke schon miteinander verschmolzen. „Also, wenn er reinkommt, findet er uns hier“, sagte er. „Er geht durch die Haustür, die nicht abgeschlossen ist, weil wir in Cicely sind, und er wird direkt hier reinplatzen und uns vorfinden. Zusammen. Offensichtlich Zuspruch suchend und heftig mit Trösten beschäftigt. Allein. Hier. Zusammen.“

„Ja, das wird er.“

Fleischmans Gesicht kam ganz nah. „Hey“, sagte er mit einem verschlagenen Lächeln. „Lassen wir ihn . . .“

Und das ist alles, woran ich mich in dieser Nacht erinnere. Ehrlich!

Aufrichtig,
Eure
Margaret O’Connell

4/6

Lieber Steve,

hier der Rest: In irgendeinem Moment war es auf O’Connells Wecker 22.31 Uhr. Sie und ich hatten ein hübsches Tête-à-tête, und als nächstes weiß ich, daß es zwölf nach drei war. Hell draußen, also Nachmittag. Aber welcher Tag? Ich kam mir vor wie „Der Schläfer“ von Woody Allen. Mein Bart hatte nicht die Sandpapierstärke eines gewöhnlichen Morgens, sondern war weich und dick. Nächstes Rätsel: Ich lag unter der Decke, vollständig angezogen, ebenso wie sie. Sie schlief noch.

Ich stand auf, machte das Radio an, aber Maurices Sender war stumm. Ein paar Sekunden lang war ich völlig ratlos. Ich hatte keine Ahnung, welcher Tag, sogar welches Jahr es war. Ich fühlte mich wie nach einem totalen Filmriß. Also griff ich zum Telefon, rief die Auskunft an und fragte, welchen Tag wir hätten und wieviel Uhr es sei. Nach einer längeren Diskussion mit der Frau – sie dürfen nur ein Vokabular von etwa sechs Worten benutzen – fand ich schließlich heraus, was geschehen war: Wir hatten eineinhalb Tage geschlafen.

Vermutlich war es uns während dieses ausgedehnten Schlummers beiden gelungen, unter die Decke zu kriechen. Natürlich hatte ich einen Bärenhunger. Ich wusch mich, machte Kaffee, aß, was ich finden konnte, und wartete, daß O'Connell aufwachte. Vielleicht klapperte ich ein wenig mehr mit dem Geschirr, als absolut notwendig gewesen wäre. Endlich wachte sie auf, und wir sahen einander an, verlegen und fragend zugleich.

Sie sagte: „Haben wir . . .?"

Ich antwortete: „Nein."

Sie: „Oh."

Ich: „Aber beinahe . . ."

Sie: „Wir waren so . . ."

Ich: „. . . verletzt?"

Sie: „Durcheinander."

Ich: „Desorientiert."

Sie: „Verwundbar."

Ich: „Mit dem Klammerbeutel gepudert."

Dann saßen wir da wie zwei vertrottelte Alte und nickten schweigend in den leeren Raum. Schließlich ergriff ich das Wort: „O'Connell, ich weiß nicht . . . Nehmen Sie das bitte nicht persönlich, aber in letzter Zeit fand ich Sie so . . . Ich weiß nicht, wie ich es ausdrücken soll . . . Nicht *abscheulich* unbedingt . . ."

„Lästig?"

„Ja."

„Fleischman, Sie sind mir die letzten drei Monate höllisch auf die Nerven gegangen." Sie unterbrach sich und zuckte die Achseln. „Aber jetzt . . ."

„Ist es vorbei, ja?"

Sie nickte. Wieder starrten wir ins Leere. Dann sagte sie: „Fleischman? Was ist das Rackstoffen-Experiment?"

Ich mußte mich entscheiden. Aber nach allem, was passiert war, konnte ich es ihr jetzt nicht mehr verschweigen. Außerdem schien es auch keine Rolle mehr zu spielen.

„Rechtschaffen. Allan Rechtschaffen. Schlafforscher. Hat 1983 ein großes Experiment zum Schlafentzug durchgeführt. Er gab zwei Ratten unbegrenzt Nahrung und Wasser und identische Lebensumstände, mit einer Variablen. Eine Ratte durfte beliebig schlafen. Der andere arme Bastard wurde per Stromstoß geweckt, sobald er einnickte. Er bekam interessante Resultate . . ."

„Und?"

„Die schlaflose Ratte aß immer mehr, verlor dabei aber drastisch an Gewicht. Der Stoffwechsel war völlig gestört. Schließlich verlor das Tier die Kontrolle über die eigene Körpertemperatur und starb."

Ein respektvolles Schweigen senkte sich auf uns herab, wir gedachten der toten Ratte. Dann sagte O'Connell: „Michael hatte recht. Es ist nicht relevant."

„MICHAEL? Ich, FLEISCHMAN, habe gesagt, daß es nicht rel . . ."

„Oh mein Gott."

Ich fragte: „Oh mein Gott, was?"

Erschrocken sah sie mich an: „Michael. Er war auf dem Weg hierher, als wir einschliefen. Er kam nie an."

„Und?"

„Das heißt, er ist im gleichen Moment eingeschlafen wie wir. IN SEINEM WAGEN. Was bedeutet . . ."

Ich blinzelte: „Sie haben wieder einen verloren?"

„Nein! Das ist nicht fair! Wir hatten gar nichts miteinander. Wir hatten keinerlei Beziehung."

„Aber fast“, warf ich mit einem Ackselzucken ein. „Vielleicht zählt allein der Gedanke. ‚To know, know, know him is to kill, kill, kill him‘ “.

„Fleischman . . .!“ Sie sprang auf, nahm ihre Jacke und rannte raus. Ich mußte mich beeilen, sie einzuholen. Wir fuhren Richtung „Stadt“ und fanden ihn nach einem halben Kilometer. Sein Wagen war von der „Straße“ abgekommen und gegen einen Baum geprallt. Er war benommen, wies aber nur ein paar Schnittwunden am Hals und im Gesicht auf, die von der zersplitterten Windschutzscheibe stammten. Nichts Ernstes. Wir fuhren ihn in die Stadt, wo die Leute auf der Straße herumstanden wie die Überlebenden eines Atomkriegs.

Es gibt noch mehr zu berichten, aber für den Moment will ich es damit bewenden lassen. (Es ist Zeit für ein Nickerchen.) Ach ja, auf mein Betreiben haben wir das Exposé unter unserer beider Namen eingereicht. Robertson mimte eine Entschuldigung, und ich gab vor, sie zu akzeptieren. Ich erwarte, daß unser Artikel nicht angenommen wird, aber man weiß ja nie.

Im Schlafanzug,
Joel

4. Juni

Lieber Tony,

und dann kam die Nacht des 31. Mai. Die Premiere von „Guys and Dolls“, Produktion und Regie Maurice Minnifield, mit keinem anderen als Chris Stevens in jener Rolle, in der Frank Sinatra so seltsam deplaziert und farblos wirkte.

In dieser Nacht geschah etwas Außergewöhnliches . . . Ich fand mich plötzlich in den Straßen von Cicely wieder, wo ich – und übrigens jeder, den ich kenne – Klamotten trug, die direkt aus dem Räumungsverkauf eines Theaterfundus vom Broadway stammen konnten: gepolsterte, zweireihige

Anzüge mit weiten Hosen, dunkle Hemden und helle Krawatten für die Männer; rassige, enge Lycra-Kleider und jede Menge Küß-mich-aber-verschmier-mich-nicht-Make-Up für die Damen. Aber natürlich war Premierenabend, wir waren aufgedonnert, zumindest für einen Theaterdonner. Und da alle in dieselbe Richtung strömten, folgte ich der Menge.

Unser Ziel war die Kirche, so stellte sich bald heraus. Dort habe ich manche konfessionslose Predigt gehalten, und dort finden auch die Gemeinderatsversammlungen statt. Dort hatten wir unser Musical aufgeführt. Irgendwie war die Vorstellung jedoch schon vorüber – was mich überraschte, obwohl ich es doch wußte –, und irgend jemand hatte die Bühne bereits teilweise abgebaut. Was übrig blieb, ähnelte mehr einem Gerichtssaal als einer Kirche. Aber einem äußerst stilisierten Gerichtssaal: Es gab keine Geschworenenbank und auch keinen Raum für sie. Das heißt, die Geschworenenbank waren die Zuschauerreihen. Die gesamte Bevölkerung von Cicely, alle in ihren Broadway-Kostümen, befand sich auf dieser Geschworenenbank. An der Stirnseite des Raums saß, etwas erhöht, der Richter: Dr. Michael Robertson, der Arzt aus Philadelphia, von dem ich Dir erzählt habe. Er trug zwar eine Robe, aber die weiße des Wissenschaftlers. Doch er hatte den Hammer, also wußten alle, daß er der Boß war.

Unterhalb von ihm, an der Seite, wo der Zeugenstand hätte sein sollen, stand ein Tisch – gepolstert wie in einer Arztpraxis. Obwohl mir das alles fremd und unheimlich vorkam, wußte ich doch, daß ich eine wichtige Rolle bei dem Prozeß zu spielen hatte, der hier ablaufen sollte. Ich winkte also den Zuschauern/Geschworenen zu und ging zu einem der Tische gegenüber dem „Richter".

Tatsächlich war ich der Verteidiger. Aber wofür und für wen? Das wurde mir schnell klar. Holling Vincoeur, einer unserer angesehensten Bürger und bis vor kurzem noch Bürgermeister von Cicely, kam von der Geschworenenbank und legte sich auf den gepolsterten Tisch. Der Richter sagte: „Sie können anfangen, Herr Staatsanwalt."

Ich sah nach rechts. Da stand Joel Fleischman, unser Arzt.

„Danke, Euer Ehren“, sagte er. Erst in diesem Moment gewahrte ich einen Elektroenzephalographen, der nahe dem Zeugentisch stand. Joel befestigte die Elektroden an Hollings Kopf, stellte das Gerät an, und die Nadeln zeichneten Hollings Gehirnwellen auf.

„Wir werden beweisen, Euer Ehren, daß Holling Vincoeur schuldig ist“, sagte Joel. Ernste, betroffene Mienen bei den rund 800 „Geschworenen“. Dann riß Joel den EEG-Streifen ab, hielt ihn dem Richter hin und sagte: „Da haben Sie es, Euer Ehren. Die Anklage schließt damit die Beweisaufnahme.“

Unwillkürlich sprang ich auf und schrie: „Einspruch! Holling ist nur er selbst.“

Dr. Mike, der Richter, nickte. Er sagte: „Die Klage wird abgewiesen.“

Alle, mich eingeschlossen, applaudierten, als Holling mit seinem übergroßen Filzhut in der Hand vom Tisch aufstand und auf die Geschworenenbank zurückkehrte, wo er mit Händeschütteln und Gelächter begrüßt wurde. Irgendwie fühlten wir uns alle erleichtert, vielleicht mit Ausnahme von Joel, der wütend auf das Gerät schaute, gegen seine Halterung trat und sagte: „Ich kriege einfach kein vernünftiges Material in dieser gottverlassenen Gegend.“

Dann klopfte Richter Dr. Mike wieder mit seinem Hammer, sagte: „Nächstes Opfer!“, und Maurice Minnifield verließ die Geschworenenbank und legte sich auf den Tisch. Joel schloß ihn an, plädierte auf schuldig, ich erhob Einspruch und wieder entschied der Richter zugunsten der Verteidigung. Dieser Prozeß ging stundenlang so weiter, jeder Einwohner Cicelys wurde für nicht schuldig erklärt, bis ich . . . aufwachte.

Ganz richtig, ich wachte auf! Die gute alte Sonne hat sich erholt, die Flecken sind weg, und Cicely schläft wieder. Mit größtem Vergnügen nehmen wir nun jeden Abend voneinander Abschied, gehen nach Hause und geben uns diesem freiwilligen Verlöschen unseres Bewußtseins hin, das sich das Gehirn in zehn Millionen Jahren Evolution hart erkämpft hat. Die „Anomalie“ ist vorüber.

Für immer? Höchstwahrscheinlich. Maurices Kontaktmann

bei der NASA sagt, die Wahrscheinlichkeit des Auftauchens dieses Phänomens sei eins zu Eins-mit-Nullen-bis-zum-Abwinken. Was haben wir davon gehabt? Schwer zu sagen. Eine Menge Leute haben neue Hobbys entwickelt. Shelly hat über 12 000 Bücher bekommen, von denen manche sogar lesenswert sind. Von den meisten Cicelyanern wurde ein EEG genommen, und die kopierten Resultate schmücken nun gerahmt die Wohnzimmer oder sind mit Magneten am Kühlschrank befestigt.

Nichts davon ist unbedingt außergewöhnlich. Nein, worauf ich am Anfang meines Briefes anspielte, ist die Tatsache, daß der Schlaf uns alle gleichzeitig übermannte: Er fällte uns wie die Sichel das reife Korn – und dabei hatten wir alle, oder zumindest jeder, den ich gesprochen habe, und sämtliche Anrufer in meiner Morgensendung heute, *denselben Traum.* Nämlich den von mir eben geschilderten. Denselben Traum mit demselben Schauplatz, denselben Geschehnissen . . .

Nun habe ich seit jeher ein ambivalentes Verhältnis zu Jungs Begriff des kollektiven Unbewußten. Natürlich weisen verschiedene Mythen dieselben Muster auf. Die Stadien menschlichen Lebens spiegeln sich in Geschichten, die durch Ozeane und Jahrhunderte getrennt sind, daran ist nicht zu zweifeln. Aber in den Gehirnzellen von Individuen? Das klingt mir alles ein bißchen zu sehr nach Lamarck; denn impliziert das nicht die Vererbbarkeit erworbener Eigenschaften, die so widerlegt ist wie der Piltdown-Mensch? Außerdem weiß man nur zu gut, wie sehr Carl Gustav daran gelegen war, sein eigenes psychologisches System zu entwikkeln und gegen das von Old Siggy durchzusetzen. Aber Faktum ist Faktum: Achthundert zuverlässige und ehrliche Cicelyaner träumen denselben Traum, als wären sie alle gemeinsam im Schlaf ins selbe Autokino gefahren.

Wir kennen Massenhypnose und Massenwahn. Wir wissen von kollektiven Ekstasen, religiösen Visionen. Wir wissen, mit anderen Worten, daß es zwischen Himmel und Erde Dinge gibt, von denen Freud (oder Lamarck) nicht einmal geträumt haben.

Nebenbei bemerkt, hatte keiner dieser beiden Herren je das Vergnügen, gemeinsam mit Freunden und Nachbarn drei Monate am Stück wach zu sein. Wer weiß, ob wir nicht in dieser Zeit zu einer Art von hochentwickeltem Volvox geworden sind, diesem vielzelligen Individuum, das aus Tausenden von Einzelwesen gebildet ist, die miteinander zu einer stacheligen Kugel verbunden sind, sich gemeinsam bewegen, essen und vor allem, wie ich mich aus dem Bio-Unterricht erinnere, gemeinsam leben und sterben?

Kay hat mir erzählt, daß ihre Schwester einen Sommer lang als Schauspielerin bei einem Tourneetheater in North Carolina gearbeitet hat. So weit entfernt von New York und ihrer täglichen Routine, begannen alle in der Truppe nach etwa drei Tagen, voneinander zu träumen. Und wir wissen, daß Frauen, die sehr lange gemeinsam arbeiten, ihre Menstruation koordinieren. Könnten da nicht, nach so intensiven und rätselhaften gemeinsamen Erfahrungen, die Einwohner von Cicely ihre Wiedervereinigung mit Orpheus durch einen gemeinsamen Traum feiern?

Leicht zu sagen, faszinierend, darüber nachzudenken. Ich überlasse die wissenschaftliche Theoriebildung ganz den Doktoren Robertson und Fleischman und den anderen Experten auf diesem Gebiet. Was mich betrifft, so könnte ein Nickerchen jetzt nicht schaden.

Bis bald.

Beste Grüße,
Chris

Ms. Kim Basinger
c/o Weisman, Miller & Davis
1100 Avenue of the Stars
Century City, Kalifornien

4/6

Sehr verehrte Ms. Basinger,

ich kann mich nur tausendmal bei Ihnen entschuldigen für den Empfang, der Ihnen bereitet – oder besser nicht bereitet – wurde, als Sie am Nachmittag des 1. Juni hier eintrafen. Ich kann mir Ihre Überraschung und Verärgerung vorstellen, als Sie aus dem Flugzeug stiegen. Sie und Ihre Begleitung sollten von mir und meiner Begleitung am Flugplatz begrüßt werden. Doch niemand war da.

Die Erklärung hierfür, Ms. Basinger, ist, daß wir eingeschlafen waren – plötzlich und tief und fest, die ganze Stadt. Das bedeutet, wie Sie zweifellos schon selbst geschlossen haben, daß die Sonnenfleckenanomalie, die uns so lange wachgehalten hat, vorüber ist. Sie scheint für immer verschwunden zu sein oder zumindest bis auf weiteres. Was wiederum bedeutet, daß wir wieder normal schlafen und aufwachen.

Ich unterliege nicht dem Irrtum, daß ein normales Cicely, wo die Leute sich abends aufs Ohr legen, für Sie eine ebenso attraktive Investition sein könnte wie das vorige, anormale Cicely. Aber lassen Sie mich hinzufügen, daß wir das, was uns nun an elektromagnetisch alterierten Hirnfunktionen fehlt, mehr als wettmachen durch eine wundervolle Landschaft, ein fast unerschöpfliches Potential an Sport- und Freizeitmöglichkeiten und eine dazu passende Bevölkerung, wie Sie sie im Umkreis von 200 Meilen um Los Angeles nicht antreffen werden. Das garantiere ich Ihnen!

Wenn Ihnen das attraktiv genug erscheint, um hier zu investieren oder einfach nur auszuspannen, dann benachrichtigen Sie mich bitte umgehend. Ich verspreche Ihnen hoch und heilig, daß ich beim nächsten Mal am Flugplatz sein werde. Und meinen Dank für Ihr Interesse an unserer Stadt, Cicely, dem Saint-Tropez der Alaskischen Riviera.

Mit vorzüglicher Hochachtung
Maurice Minnifield

7. Juni

Lieber Rudy, lieber Matthew,

ich weiß kaum, wo ich anfangen soll. Ihr habt bestimmt bemerkt, daß dies eine Fotokopie ist. Ich habe nicht die Absicht, dasselbe zweimal zu schreiben, und will auch nicht, daß einer von Euch sich benachteiligt fühlt. Deshalb behalte ich das Original, und Ihr *beide* erhaltet Kopien.

Ich weiß, daß mein guter Freund Ed Euch über die mehr als merkwürdigen Ereignisse hier auf dem laufenden gehalten hat. Es tut mir leid, daß ich das nicht selbst tun konnte, aber Ihr müßt mir glauben, dies ist meine erste freie Minute seit Ende Februar. Die Post zu besorgen, war allein schon ein Full-time-Job, und mit „full time" meine ich: 24 Stunden täglich. Die Leute haben unvorstellbare Mengen an Briefen geschrieben – was nicht so schlimm für mich ist, denn ich muß ihnen nur Briefmarken verkaufen und die Postsäcke füllen. Aber sie haben auch Antwort bekommen und Zeitschriften und Kataloge. Der arme Leon, der die Post aus Anchorage einfliegt, hat sich beim Entladen einen Rückenmuskel gezerrt und klagt jetzt auf Entschädigung. Er verdient sie.

Ich ebenfalls, obwohl ich zugeben muß, daß ich Hilfe hatte. Ed, Maggie und noch andere waren einfach großartig. Der Laden war ständig voll – wer doppelt so lange wach ist wie gewöhnlich, verbraucht auch doppelt so viel. Besonders Konserven und Glühbirnen gingen weg wie warme Semmeln. Und die ganze ankommende Post mußte sortiert werden.

Eines der Mädchen hier ist einem Buchclub beigetreten und hat, eins nach dem anderen, Hunderte, ja, Tausende von Büchern bekommen. Sie stapeln sich kistenweise hinten im Lager. Und dieses Mädchen liest selten etwas anderes als Jugendzeitschriften. Nominell bin ich die Bibliothekarin unserer nominellen Bibliothek, die bislang nur aus ein paar halbleeren Regalen mit Taschenbüchern und Mängelexemplaren bestand. Plötzlich ist nun unser Katalog größer als der der Bibliothek von Anchorage. Glücklicherweise hat Maurice Minnifield sich bereit erklärt, uns das Ladenlokal zu überlassen, in dem Dr. Robertson sein Büro eingerichtet hatte, um unsere Anomalie zu untersuchen. So bekommt Cicely dank Shelly Tambo eine neue Bibliothek. Mein Gott, das Leben geht oft seltsame Wege.

Apropos Dr. Robertson, er ist nach Philadelphia zurückgekehrt. Ich weiß nicht, ob bei seiner Untersuchung etwas herausgekommen ist. Maggie O'Connell fliegt wieder und ist überglücklich. Und da wir gerade von Maurice sprachen: Er kommt mir irgendwie ziemlich niedergeschlagen vor. Er behauptet, es wäre ihm fast gelungen, Cicely an Kim Basinger, die Schauspielerin, zu verkaufen! Aber das Projekt scheiterte, als sie und ihre Begleitung am 1. hier eintrafen. Ihr solltet Maurice erzählen hören, was passiert ist, als Miss Basinger und ihre Leute ankamen, um Cicely zu inspizieren. Wir schliefen alle noch. Also holte sie niemand an der Landepiste ab. Irgendwie fanden sie in die Stadt und entdeckten, daß die ganze Bevölkerung tief und fest schlief. Maurice sagt, sie hätte uns alle für tot gehalten, das hat sie ihm am Telefon erzählt. Sie warf einen Blick auf die Menschen, die auf den Straßen und in der Kirche herumlagen, und schloß daraus, der Widerstand gegen den Ankauf Cicelys durch einen Filmstar sei so groß gewesen, daß wir uns alle umgebracht hätten, wie in Masada. Ihr Assistent sagte etwas wie: „Mein Gott, das ist wie in Jonestown." Darauf sind sie alle geflohen. Das hätte ich gern gesehen.

Noch immer bin ich nicht restlos überzeugt, daß das wirklich passiert ist. Die meisten von uns halten den

Gedanken, irgend jemand (und schon gar Maurice) könnte Cicely verkaufen, für so unerhört, daß sie die Geschichte einfach nicht glauben. Wahrscheinlich ist das ein Glück für Maurice.

Noch etwas war unglaublich, nämlich unsere Produktion von „Guys and Dolls“. Ich hatte eine kleine Rolle als General in der Heilsarmee. Das gab mir eine ideale Perspektive auf das, was als die absurdeste und lächerlichste Theatervorstellung aller Zeiten in die Geschichte eingehen wird. Erst einmal besetzte Maurice sich selbst als Sky Masterson, diesen dynamischen und sexuell attraktiven Spieler, der das Herz der kalten, rechtschaffenen Sarah Brown, ebenfalls bei der Heilsarmee, gewinnt. Und er gab Barbara Semanski, einer Polizistin, die er verehrt, die Rolle der Sarah. Damit war die Katastrophe vorprogrammiert. Maurice mag dynamisch sein, und es gibt vielleicht sogar einige, die ihn für sexy halten (zu denen gehört Barbara Semanski wohl nicht), aber er hat die schauspielerische Begabung eines altersschwachen Grizzly. Und sein Gesang schneidet bei einem Vergleich mit dem Brunftschrei des Elchs, der einmal im Monat durch die Stadt läuft, ziemlich schlecht ab. Barbara hingegen hat eine ganz schöne Stimme, doch verfällt sie leider oft in den Kasernenhofton, der wohl von ihrer Berufsausbildung abgefärbt ist.

Als sie ein Duett sangen – „I've Never Been in Love Before“ –, sahen sich die Leute im Publikum nur bedröppelt an. Ich stand hinter der Bühne, und mir wurde rasch klar, wenn ich nachgeben und auf diese Vorstellung mit dem angemessenen Gelächter reagieren würde, dann würde ich vielleicht nie mehr aufhören können zu lachen, bis sie mich in den Sarg stecken. Aber vielleicht wäre es das sogar wert gewesen.

Es kam noch schlimmer. Chris Stevens gab sich die größte Mühe, und für ein oder zwei Sekunden nahm man ihm den Nathan Detroit sogar ab. Shelly als seine Partnerin, Miss Adelaide, war einfach süß. Aber die männlichen Nebenrollen waren entsetzlich, und ihr Tanz zu „Luck Be A Lady“ sah aus wie Aerobic vor einem Erschießungskommando.

Die Tänzerinnen hinter Shelly („The Hot Box Girls") sangen und tanzten wie kleine Mädchen, die sich verkleidet haben.

Und dann . . . Nun, zu Beginn des zweiten Akts bemerkte ich, daß die Begeisterung des Publikums nachließ. Ich dachte zuerst, es läge daran, daß den Leuten allmählich dämmerte, was für eine Schmierenkomödie ihnen da vorgesetzt wurde. Aber als ich zu einem kurzen Auftritt auf die Bühne mußte, schaute ich mich um, und tatsächlich: Einige Zuschauer schliefen! Das war natürlich eine stimulierende Neuigkeit, aber wir mußten die Vorstellung zu Ende bringen. Bald fingen auch einige Darsteller an zu gähnen und, unglaublich, schliefen auf der Bühne ein!

Ich kann Euch gar nicht sagen, wie seltsam das war. Irgendwann bemerkten alle, was sich da abspielte, und daß es von nun an ein Wettlauf mit der Zeit sein würde. WIR MUSSTEN ZUM ENDE KOMMEN, BEVOR ALLE EINGESCHLAFEN WAREN. Also rasselten die Leute ihre Dialoge so schnell wie möglich runter, versuchten sich durch ermunternde Zurufe wach zu halten, kämpften gegen das Gähnen an . . . Diejenigen, die ihren Auftritt halbwegs wach hinter sich gebracht hatten, rannten glückstrahlend von der Bühne, um der nächsten Szene Platz zu machen. Chormitglieder und Leute ohne Text brachen einfach auf der Bühne zusammen, wie Soldaten, die erschossen worden sind. Ich meine, sie warfen sich ohne Vorwarnung einfach hin und blieben liegen. Schon bald fielen die Leute schneller um, als Bühnenarbeiter sie wegschaffen konnten. Einmal stoppte Maurice, der Regisseur, mitten in einem Vers, gähnte wie der riesige MGM-Löwe, trat an die Rampe und sprach mit Marilyn, die Klavier spielte.

„Jetzt hängt alles von Ihnen ab, Marilyn", sagte er. „Auf jeden anderen können wir notfalls verzichten, nur auf Sie nicht. Bleiben Sie bei der Stange, meine Liebe. Wir schaffen das."

Marilyn nickte nur und spielte weiter. Es erinnerte mich an diesen Film über den Untergang der Titanic. Das Orchester spielte weiter, selbst als das Schiff Schlagseite bekam und schneller und schneller sank. So war Marilyn auch – zuverlässig, ein Kämpferherz bis zum Schluß. Endlich konnte auch Maurice nicht mehr. Er setzte sich auf die Bühne, lehnte sich an eine Kulisse und sagte: „Marilyn, ich nehme alles zurück, was ich über Sie gesagt habe. Sie waren wunderbar." Sprach's und war schon eingeschlafen.

Ed Chigliak brachte seine Nummer mit sehr viel Gefühl, wobei ihn noch ganze zwei Chormitglieder begleiteten, und die gähnten und hielten sich aneinander fest, um nicht umzufallen. Nach seinem letzten Crescendo wandte er sich mit weit geöffneten Armen zum Publikum, und vier Zuschauer klatschten. Sie kamen kaum gegen das allgemeine Schnarchen an. Ed zuckte die Achseln, legte sich flach auf die Bühne und war ebenfalls weg. Das Letzte, was ich noch sah, bevor auch mir die Augen zufielen, waren die wenigen Besucher, die nach Cicely gekommen waren – zwei Freundinnen von Shelly aus Dawson City, John Newton von einer Radiostation in Anchorage und Chris' Bruder aus Portland. Sie waren aufgestanden und betrachteten, wie alles um sie herum schnarchte und sägte. Die Bühne war mit leblosen Körpern bedeckt wie am Ende von „Hamlet". Marilyn klappte ihr Klavier zu, packte ihre Noten zusammen und legte ihren Kopf darauf.

Überflüssig zu erwähnen, daß sich niemand verbeugte und es keine Vorhänge gab.

Wir schliefen alle eineinhalb Tage lang durch. Das war ein wunderbares Gefühl. Wir hatten zwar gedacht, unser ununterbrochenes Wachsein hätte keinen negativen Effekt auf uns, doch nach diesem langen Schlaf sah die Welt für jeden viel schöner aus. Wenn ich jetzt zurückschaue, dann glaube ich, daß wir alle irgendwie unter Streß standen, ob uns das nun bewußt war oder nicht. Alle waren mißgelaunt und aufbrausend und ließen sich von Dingen auf die Palme bringen, die sie normalerweise ignoriert oder gar nicht bemerkt hätten. Habe ich erwähnt, daß jeder von uns denselben Traum hatte? Das war ungewöhnlich.

Was mich betrifft, so bin ich froh, daß alles vorbei ist. Endlich komme ich dazu, den Laden und das Postamt aufzuräumen. Ich habe einige Werbesendungen gefunden, die ich vergessen hatte zu sortieren, einige alte Zeitschriften, und dann kam da leider noch etwas zum Vorschein: Ein Brief, den Joel Fleischman vor zwei Jahren, an dem Tag, als er hier ankam, geschrieben hat. Er war an seine damalige Freundin Elaine adressiert, und ich frage mich jetzt, ob ihre Beziehung vielleicht nicht zerbrochen wäre, wenn ich diesen Brief nicht verlegt hätte. Das werden wir vermutlich nie erfahren. Vielleicht wäre die Sache sogar noch früher vorbei gewesen! Ich weiß natürlich nicht, was drinsteht. Ich wollte Joel den Brief zurückgeben, aber als ich Ed danach fragte, stellte sich heraus, daß er ihn bereits mit dem Rest der Post abgeschickt hatte. Vielleicht bekommt ihn Elaine also doch noch. Was sie wohl denken wird?

Ich werde Joel sagen, was passiert ist, habe aber keine Ahnung, wie er reagieren wird. Ich würde nicht einmal versuchen wollen, sein Privatleben zu enträtseln. Seit wir wieder zum Status quo zurückgekehrt sind, haben sich alle wieder miteinander versöhnt. Nur Maggie und Joel sind weiter wie Hund und Katze – wenn auch nicht so bösartig wie in den letzten drei Monaten, aber dennoch. Das finde ich sehr schade. Die ganze Stadt sieht, daß die beiden wie füreinander geschaffen sind, aber sie weigern sich, das anzuerkennen. Vielleicht ist das heute so, ich weiß es nicht.

Wenn ich länger darüber nachdenke, sind sie vielleicht auch nur für den Scheidungsanwalt des jeweils anderen geschaffen. Es könnte gut sein, daß sie ein Jahr nach ihrer Hochzeit wieder anfangen würden zu streiten und zu sticheln. Ich fand es ziemlich merkwürdig, wie sie um diesen Dr. Robertson gebuhlt haben. Ob sie gar nicht sehen wollten, wie arrogant und herablassend der Bursche war?

Aber was weiß ich schon? Man sollte meinen, je älter man wird, desto weiser wird man, desto besser versteht man das Leben. Bei mir ist es genau umgekehrt. Alles, was ich jetzt sehe, widerspricht dem, was ein weiser Mensch wissen würde, wie ich einmal glaubte. Ist das meine Weisheit? Daß Weisheit schließlich nur Quatsch ist? So kommt es mir vor.

Nach diesen ganzen seltsamen Erfahrungen kann ich Euch nur eins mit auf den Weg geben, Jungs: Werdet alt, aber haltet um Gottes willen nie etwas für selbstverständlich. Nichts. Nicht einmal den Schlaf.

In Liebe,
Eure Mutter

Meine liebe Elaine, 12/6/90

das ist unglaublich! Eine Unverschämtheit! Sie haben mich in dieses Blockhaus, in diese Jagdhütte mitten in der Wildnis gesteckt. Ich komme mir vor wie ein Überläufer in einem Krimi von John le Carré, in einem sicheren Versteck irgendwo in den Wäldern Deutschlands. Meine Vermieterin ist diese schnippische Pilotin, Du weißt schon, so eine Mischung aus Annie Oakley und Amelia Earhart . . . Gut, ich habe den Fehler gemacht, mit ihr wie mit einer Prostituierten zu reden, denn dafür hielt ich sie zuerst. Sie hatte also ein gewisses Recht, beleidigt zu sein . . . Sicher hätte Dich die Antwort, die ich ihr gab, gefreut. Sie lautete etwa so: „Nein danke, ich bin zufällig mit einer Traumfrau verlobt." Denn das bist Du.

Aber das hier ist ein Alptraum! Ich warte den ganzen Tag im Café auf Deinen Anruf. Ich komme mir vor wie ein Aussätziger . . . Nein, streich das, ich komme mir vor wie ein Gesunder, der von Aussätzigen *umgeben* ist. Natürlich brachte mir der Besitzer ein Sandwich, gratis, ohne daß ich ihn darum gebeten hätte, was nett von ihm war. Aber ich gehöre nicht hierher. Mit diesen Leuten habe ich nichts zu tun. Holzfäller mit Bierbäuchen und karierten Flanellhemden? Dazu habe ich mich nicht verpflichtet.

Also ernsthaft, ich weiß, Du hast viel zu tun, aber bitte versuche trotzdem, alle Hebel in Bewegung zu setzen, ruf jeden an, den Du kennst. Es geht um vier Jahre! Du mußt mich hier rausholen. Diese Hauptstraße mit ihren zwei

Blocks und Elchgeweihen über jedem Schaufenster und jeder Tür! Diese Hütte . . . Die einzige Heizung ist ein Holzofen. Und die Eingeborenen, mein Gott, was für Leute; sie werden mich bei lebendigem Leib auffressen! JA! ES GEHT UM LEBEN UND TOD! Ein schmächtiger jüdischer Intellektueller aus New York soll diese Leute auffordern, sich auszuziehen . . . und ihre Frauen auszuziehen . . . und sie anfassen? Doktor spielen? Das ist alles total verrückt. In jeder Beziehung. Das nützt niemandem. Hilfe. Um Gottes willen, Liebling, hilf mir! Ich bin in einem furchtbaren Schlamassel. HILFE!

Ich liebe Dich,
Joel

P. S.: Ich will nicht überempfindlich erscheinen, aber es handelt sich hier um eine völlig falsche Zusammenstellung von Arzt und Patienten. Ich kann nicht einmal wie ein Anthropologe an die Sache herangehen und mich für die primitiven Kulturen hier *interessieren.* Jedenfalls nicht vier Jahre lang, mein Gott. Für einen Tag mag es ja kurios sein. ABER VIER JAHRE! Das wäre keineswegs gut für mich, wie dieses doppelzüngige, hinterlistige Lügenschwein Pete Gilliam behauptet hat. Es wäre sogar schlecht für mich. Für jeden. Sehr schlecht. Diese Leute wollen mich nicht, und ich will sie nicht. Wenn sie kein entspanntes Vertrauensverhältnis zu ihrem Arzt haben können, was für einen Zweck hat dann meine Anwesenheit hier?

Und was mich selbst betrifft, oh mein Gott: Was um alles in der Welt soll ich von diesen Leuten lernen können?

J

▲ TWIN PEAKS ▲

Das geheime Tagebuch der Laura Palmer

gesehen von Jennifer Lynch

Die Ermordung der jungen Laura Palmer, einer hübschen Musterschülerin, zerreißt plötzlich die spießbürgerliche Fassade der amerikanischen Kleinstadt TWIN PEAKS. Im Laufe seiner Untersuchungen um den rätselhaften Mord stößt der FBI-Agent Dale Cooper auf ein Netz von Korruption, Sex, Gewalt und Drogen.

Das ermordete Mädchen, Laura Palmer, personifiziert die Doppelmoral dieser Gesellschaft in übersteigerter Weise: Nach außen ist sie die brave Tochter und Klassenbeste. Unbemerkt führt sie aber ein ganz anderes Leben, das sie nur ihrem »geheimen« Tagebuch anvertraut hat . . .

vgs verlagsgesellschaft

▲ TWIN PEAKS ▲

FBI-Agent Dale B. Cooper

Mein Leben, meine Aufzeichnungen

Eine Biographie

Aufgeschrieben von Scott Frost

Wer ist dieser Mann, der als Spezialagent beim FBI die spektakulärsten Fälle zu lösen hat? Wie verlief sein Leben bis zu dem Tag, an dem er zur Auflösung eines mysteriösen Mordes in das kleine Städtchen Twin Peaks entsandt wurde?

Die Autobiographie des Agenten Dale B. Cooper beschreibt das Leben eines Mannes, der auszog, das Böse zu besiegen und der im privaten und beruflichen Leben immer wieder vor Abgründen steht . . .

vgs verlagsgesellschaft